attachment

アタッチメント
生　涯　に　わ　た　る　絆

数井みゆき・遠藤利彦［編著］

ミネルヴァ書房

はじめに　なぜ，今，アタッチメントなのか

　Bowlbyが提示したアタッチメント理論が，親子関係および人の生涯にわたるパーソナリティについての考え方に，多くの影響を与えてきて，もう50年以上になる。しかし，様々な誤解を生んだり，余分な解釈が付加されたりして，この理論の実態が心理や臨床を学んでいる者の間でも，正確に伝わっていないのではないかと危惧することが多かった。

　そこで，この理論とその研究活動が，BowlbyやAinsworth以後，どのように発展してきたのか，そして，何をどう取り扱っているのかについて，大きな流れと主要な発表を中心に，現段階におけるアタッチメント研究についての，「白書的」な報告を作りたいという気持ちが強くなった。

　すでに，アメリカでは，1999年に *Handbook of Attachment* という本が，CassidyとShaverによって編纂されている［Cassidy, J. & Shaver, P. R. (Eds.) (1999) *Handbook of Attachment : Theory, research, and clinical applications*. New York : Guilford.］。また，近年，RholesとSimpsonによる成人アタッチメントの本［Rholes, W. S. & Simpson, J. A. (Eds.) (2004) *Adult attachment : Theory, research, and clinical implications*. New York : Guilford.］や，KernsとRichardsonによる児童期のアタッチメントの本［Kerns, K. A. & Richardson, R. A (Eds.) (2004) *Attachment in middle childhood*. New York : Guilford］など，続々と出版されている。確かに，これらを読めば，アタッチメント研究とはここまできているのかと驚かれる方も多いと思う。研究者であり，英語で何とか読める方には，ぜひ，一読を勧めたい本である。

　しかし，多くの学生にとって，あるいは，アタッチメントを研究していないが少し知りたい者にとっては，厚さ6 cmにも及ぶ本を読みこなすことは容易ではないだろう。ここに作成した本は，まさにそのような期待に応えていきた

いという目的を持っている。そして，アタッチメントについての，あまりにステレオタイプな紹介を超えて，その本質を理解する内容を提示したいと思う。たとえば，attachmentの訳語の問題がある。日本語では「愛着」と訳されることが多いが，これには語弊が伴う。例をあげると，子どもにとっての"愛着"のあるぬいぐるみ，という言い方の「愛着」とattachmentの訳の「愛着」とでは意味が全く異なる。このような混乱を避けるために，本書では，一部を除いて，"アタッチメント"とカタカナで記すことに統一した。

　また，"愛着"ということばが"愛情"と一緒になって理解されている風潮も見受けられるが，アタッチメントとしての"愛着"にはじつは，特に肯定的な意味合いも，否定的な意味合いもない。アタッチメントは直訳すれば「付着」という意味である。アタッチメントとは，つまるところ「近接」の確保であり，その機能は保護である。"愛着のある関係"とか"しっかりした愛着をつける"という言い回しには，"愛情豊かな関係"というニュアンスが含まれていると思われるが，「愛情」という感情面はまた別の要素であり，アタッチメントの本質からは，ずれるところがある。

　この本の構成は目次にあるとおりだが，それぞれの章の特徴を簡単に解説していく。1章では誤解の多いアタッチメントが，どのような基本的な定義及び枠組みから成っているのかをしっかり理解してもらえるように，理論的な観点をできるだけわかりやすく書いている。そして，アタッチメントの発達がどのようなメカニズムで支えられるのかを2章で説明し，3章ではその個人差の生まれる道筋を示している。アタッチメントは乳児期に集中して研究が行われてきたが，その後，幼児期やそれ以降へ研究者の関心が移ってきている。それを4章で扱う。また，5章では，家庭以外の最初の社会でもある保育所や幼稚園におけるアタッチメントの連続性，非連続性を，仲間関係や教師との関係も含めて，議論している。6章になると，親との関係が中心であったそれまでの時期と比較して，恋愛関係など，いわゆるロマンチック・アタッチメントといわれる領域も含めて，思春期におけるアタッチメントのあり方を探っている。そして，7章に入ると，アタッチメントのもう1つの重要な領域である，養育の仕方，子どもへの関わり方という要因から，親世代のアタッチメントを考察し

ていく。8章ではさらに，中年期・老年期という時期におけるアタッチメントの意味を問い，9章では比較文化の視点からのアタッチメントを説明する。最後の10章では，精神病理との関係から，アタッチメントを改めて総合的に考えていく。

　最後に，ミネルヴァ書房の寺内一郎氏に，心よりの感謝を申し上げる。この本の構想を最初に考えたのはもう，6年以上前になる。そのときに，とにかく，以前からお世話になっている寺内氏にまず，最初に話をしようということになった。そうしたら，数井と遠藤の好きなように書いてくれていいという誠に暖かい支援の言葉をいただいたのである。それから，寺内氏をじらしにじらして，ようやく，出版の運びとなった。忍耐強くつきあっていただいたことには頭の下がる思いである。

　この場を借りて，お礼をお伝えしたい。

　2005年3月

数井みゆき・遠藤利彦

もくじ

はじめに　なぜ，今，アタッチメントなのか

第1章　アタッチメント理論の基本的枠組み…………遠藤利彦…*1*
　　1-1　アタッチメントとは何か？　*1*
　　1-2　アタッチメント理論の始発点　*4*
　　1-3　アタッチメントの心理生物学的機能　*7*
　　1-4　アタッチメントの成り立ちを支えるもの　*10*
　　1-5　アタッチメントの発達プロセス　*15*
　　1-6　本章のまとめとアタッチメント理論の中核的特徴　*18*
　　　TOPIC 1-1　アタッチメントと温かさ（warmth）　遠藤利彦
　　　TOPIC 1-2　アタッチメントと求温欲求　遠藤利彦

第2章　アタッチメントの発達を支える内的作業モデル
　　………………………………………………坂上裕子…*32*
　　2-1　内的作業モデルとは何か？　*32*
　　2-2　内的作業モデルの機能　*34*
　　2-3　内的作業モデルの認知的構造　*35*
　　2-4　他者の心的状態の理解から見る内的作業モデルの発達　*38*
　　2-5　本章のまとめ　*40*
　　　TOPIC 2-1　情動制御システムとしてのアタッチメント　坂上裕子

第3章　アタッチメントの個人差とそれを規定する諸要因
　　………………………………………遠藤利彦・田中亜希子…*49*
　　3-1　アタッチメントの個人差とその測定　*49*
　　3-2　アタッチメントの個人差を生み出す養育環境の役割　*55*
　　3-3　子どもの気質の関与とアタッチメントの
　　　　個人差形成の統合的理解　*58*

3-4　本章のまとめ　　66
　　　TOPIC 3-1　アタッチメントQソート法による"安定性"の測定　　遠藤利彦
　　　TOPIC 3-2　Aタイプの子どもおよびその母親の特徴　　遠藤利彦

第4章　乳幼児期・児童期におけるアタッチメントの
　　　　広がりと連続性……………園田菜摘・北村琴美・遠藤利彦…80
　　4-1　母親以外の家族内対象（大人）とのアタッチメント　　81
　　4-2　親子関係および子どものパーソナリティ
　　　　　発達に見るアタッチメントの連続性　　87
　　4-3　仲間関係に見るアタッチメントの連続性　　89
　　4-4　本章のまとめ　　94
　　　TOPIC 4-1　幼児期（2〜6歳時）におけるアタッチメントの測定法
　　　　　　　　　　　　　　　　　　　　　　　　　　　　　　園田菜摘
　　　TOPIC 4-2　児童期におけるアタッチメントの測定法　　園田菜摘
　　　TOPIC 4-3　「心の理論」の個人差とアタッチメント　　遠藤利彦

第5章　保育者と教師に対するアタッチメント……数井みゆき…114
　　5-1　施設保育と親子のアタッチメントとの関連　　114
　　5-2　アタッチメント対象者としての保育者　　117
　　5-3　学校における教師との関係　　122
　　5-4　本章のまとめ　　123

第6章　青年期・成人期のアタッチメント　安藤智子・遠藤利彦…127
　　6-1　アタッチメント対象の拡大　　127
　　6-2　青年期・成人期におけるアタッチメントの個人差　　132
　　6-3　アタッチメントの連続性　　139
　　6-4　本章のまとめ　　142

TOPIC 6-1　青年期・成人期におけるアタッチメントの測定法
　　　　　　(1)アダルト・アタッチメント・インタヴュー
　　　　　　　　　　　　　　　安藤智子・遠藤利彦
　　TOPIC 6-2　青年期・成人期におけるアタッチメントの測定法
　　　　　　(2)質問紙法　　　　　　安藤智子・遠藤利彦
　　TOPIC 6-3　アタッチメントの連続性を支えるメカニズム　　遠藤利彦
　　TOPIC 6-4　進化心理学から見るアタッチメント　　遠藤利彦

第7章　親世代におけるアタッチメント…………数井みゆき…174
　　7-1　アタッチメントの世代間伝達　*174*
　　7-2　養育システムとアタッチメント　*180*
　　7-3　養育行動の個人差　*182*
　　7-4　養育に影響を与える社会文脈的要因　*190*
　　7-5　本章のまとめ　*193*
　　TOPIC 7-1　男性の養育システムとは何か　　数井みゆき
　　TOPIC 7-2　アタッチメント理論から示唆する育児への考え方
　　　　　　　　　　　　　　　　　　　　　　数井みゆき
　　TOPIC 7-3　離婚家族と非伝統的家族　　数井みゆき

第8章　人生後半期のアタッチメント……菅沼真樹・数井みゆき…209
　　8-1　中年期のアタッチメント　*209*
　　8-2　老年期のアタッチメント　*211*
　　8-3　本章のまとめ　*218*

第9章　文化とアタッチメント…………数井みゆき・利根川智子…223
　　9-1　アメリカ以外の国　*224*
　　9-2　アタッチメント分類の差異の文化的養育背景　*233*
　　9-3　本章のまとめ　*235*
　　TOPIC 9-1　「アタッチメント」概念と「甘え」　　数井みゆき

第**10**章　アタッチメントと病理・障害……………北川　恵…245
　　10-1　アタッチメントが関わる精神病理　*245*
　　10-2　成人の精神病理とアタッチメント　*253*
　　10-3　アタッチメント形成過程における危険要因　*258*
　　10-4　本章のまとめ　*261*
　　　TOPIC10-1　インターベンションとしてのアタッチメント　　北川　恵
　　　TOPIC10-2　外部脅威とアタッチメント　　数井みゆき
　　　TOPIC10-3　発達障害とアタッチメント　　数井みゆき

第1章　アタッチメント理論の基本的枠組み

遠藤利彦

1-1　アタッチメントとは何か？

　生涯にわたるアタッチメントの発達と機能とを考えていく本書の出発点において，まずはそれがそもそも何を意味するのかを明確に定義づけておく必要があろう。そのひとつの答は，それを，本書の副題にもある"絆"，すなわち人が特定の他者との間に築く緊密な情緒的結びつき（emotional bond）であるとするものである。アタッチメント理論の提唱者である Bowlby 自身も，その著作の様々なところで，アタッチメントを情緒的絆そのものとするような記述を行っており（e.g. Bowlby, 1988），また，国内外の種々のテキストブックに散見されるアタッチメントの定義も大概はそれに類するものとなっている。

　しかし，Bowlby がアタッチメントに関して，端からこうした広義の定義を採っていたわけではない。*Attachment and Loss* の第1巻（邦題：「親子関係の理論――愛着」）（Bowlby, 1969/1982）に示されているその定義は，むしろ非常に絞り込まれたものと言える。彼は，そこで，アタッチメントを，危機的な状況に際して，あるいは潜在的な危機に備えて，特定の対象との近接を求め，またこれを維持しようとする個体（人間やその他の動物）の傾性であるとし，この近接関係の確立・維持を通して，自らが"安全であるという感覚（felt security）"を確保しようとするところに多くの生物個体の本性があるのだと考えている。危機あるいは潜在的危機ということばから想定される心的状態は，当然のことながら，恐れや不安といったネガティヴな情動ということになろう。ア

タッチメントとは本来，特に，こうしたネガティヴな情動状態を，他の個体とくっつく，あるいは絶えずくっついていることによって低減・調節しようとする行動制御システムのことだったのである（生物行動的安全制御システム biobehavioral safety-regulating system としてのアタッチメント）。Bowlby によれば，このシステムは，個体の状態や環境条件の変化などに応じて，体温や血圧などを適正な一定範囲内に保持・調整する生理的システムと同じように，特定対象との近接関係をホメオスタティックにコントロールしているという（恐れの情動が強く喚起されるような危機的状況や，病気や疲労の状態にある時などに，その場に適切なアタッチメント行動を発動させ，他個体から慰撫や保護が得られると今度はそれを静穏化させるといった一連の行動連鎖を司る）。そして，Bowlby は，こうした性質を有するアタッチメントが，恐れ（fear），探索（exploration），親和（affiliation）といった他の行動制御システムと有機的・整合的に連携して，その時々の状況に適応的なふるまいを組織化し，個体の生き残り確率を高めていると仮定するのである。

冒頭でも述べたように，近年，アタッチメントを，人と人との情緒的絆，換言するならば，親子関係，恋愛関係，夫婦関係などの緊密な愛情関係の特質一般を指し示すと考えるような向きがより優勢化してきている。しかし，そこにおけるアタッチメントには，単にネガティヴな情動的要素のみならず，例えば，ただ誰かと一緒にいて楽しい，快適であるといったポジティヴな情動的要素も当然含まれることになる。だが，このようにアタッチメントという術語の中に，緊密な愛情関係に関わるあらゆる諸特質を分け隔てなく押し込めて考えてしまうと，本来のアタッチメント概念の特異的な有効性が失われてしまうとし，あえて Bowlby の示した原義に立ち帰るべきだと強く主張するような論者もある（e.g. Goldberg, 2000；Main, 1999）。例えば，MacDonald（1992）は，アタッチメントと温かさ（warmth）／愛情（affection）とが別個の進化論的起源を有することを仮定し，アタッチメントをネガティヴな情動に特異的に結びついた適応システムであると限定的に見なすことを提唱している（→ TOPIC 1-1　アタッチメントと温かさ）。また，Goldberg *et al.*（1999）も，恐れや不安が発動されている状態において，自分が誰かから一貫して"保護してもらえるということ

に対する信頼感（confidence in protection）"こそがアタッチメントの本質的要件であり，それが人間の健常な心身発達を支える核になるのだと論じている。

　また，ややもすると，アタッチメントという概念は，相対的に無力で，絶対的な保護を必要とする乳幼児期および児童期のみに適用され得るもののように錯認されがちである。しかしながら，Bowlbyは，アタッチメントを，個体が自律性を獲得した後でも，形を変え，まさに揺りかごから墓場まで，生涯を通じて存続するものだと仮定している。確かに，行動レベルで見る限り，保護を究極的な目的とするアタッチメントが，乳幼児期に最も顕現しやすいという事実は否みようがない。が，Bowlbyによれば，他個体との近接関係を維持するということは，文字通り距離的に近い位置にい続けるということのみを意味するわけではない。それは，たとえ物理的には離れていても特定対象との間に相互信頼に満ちた関係を築き，そして危急の際にはその対象から助力・保護してもらえるという主観的確信や安心感を絶えず抱いていられるということをも意味するのだという。加齢に伴い，個体は，それまで経験した関係の質に応じて，自己と他者に関する"内的作業モデル"（→第2章）を構成し，そのモデルを適宜想起し，活用することによって（たとえ他者に現実に近接しその他者から保護を得られなくても）その時々の危機的状況にうまく対処し，"自らが安全であるという感覚"および心身状態の恒常性を保持することが可能になっていく。

　Bowlbyにとって，アタッチメントは，依存性（dependency）とは明らかに異なる概念であり，親子関係など，力の差が歴然としたいわば"縦"の関係のみならず，成人期における友人関係・恋愛関係・配偶関係など，それぞれ自律した個体同士の関係，いわば"横"の関係においても十分に成り立ち，生涯にわたって個体の適応に寄与し得るものということになる。

　なお，本書ではこれから様々な研究知見を紹介していくことになるわけであるが，そこにおけるアタッチメントの定義は決して一様なものではない。それこそ，関係性の特質一般の代名詞としてアタッチメントという術語を非常に広義に用いている研究もある。しかし，筆者らの基本的なスタンスは，アタッチメントをBolwby（1969）の示した原義に立ち戻って捉え，また，それを関係

性そのものではなく，あくまでもそれに関わる複数の行動制御システムの中のひとつ，ただしその階層構造において最も上位に位置するもの（Main, 1999）と見なすものである。本書の副題にある"絆"ということばも，危機的状況あるいは不安喚起時などに特定他者にくっつき得るという見通しのもとに，その他者から保護してもらえるという信頼感を基礎にした関係性の特質であると，より限定的に理解されたい。

1-2 アタッチメント理論の始発点

上述したようなかたちで把捉されるアタッチメントの重要性は，その理論の提唱者である Bowlby 自身の児童精神科医としての臨床経験を通して深く認識されるに至ったものと言える。ロンドン児童ガイダンス・クリニックやタビストック・クリニックでの種々の社会情緒的不適応児や施設児などに対する心理臨床的介入（e.g. Bowlby, 1944），さらには第二次世界大戦後に WHO の依頼を受けて行った戦災孤児に関する体系的調査（Bowlby, 1951）などを通して，彼は，子どもの健常な心身発達に果たす，家族関係，特に発達早期における親密な親子関係そのものの大切さを身をもって実感したのだと考えられる（Holmes, 1993）。そして，いわゆる"母性的養育の剥奪（maternal deprivation）"という概念（乳幼児期に，特定の母親的な存在による世話や養育が十分に施されないと，子どもの心身発達の様々な側面に深刻な遅滞や歪曲が生じ，なおかつ後々まで長期的な影響が及ぶという考え）を世に問うことになるのである（Bowlby, 1953）。この概念は，当時，かなりセンセーショナルに受け止められ，その是非や功罪をめぐって様々な物議を醸すことになる（e.g. Rutter, 1972, 1981；Yarrow, 1961）。ただし，当時の劣悪な施設環境の改善や孤児に対する社会政策の推進という点からすれば，その実質的な貢献は相当に大きいものと評価すべきであろう。

もっとも，Bolwby 自身は，この母性的養育の剥奪という概念を提唱した時点において，親子関係それ自体の重要性を深く認識していたものの，それが"なぜ""いかなるメカニズムで"子どもの発達に甚大な影響を及ぼすかを，十

分には理論的に説明できないことにもどかしさを感じていたらしい（Holmes, 1993）。彼はもともと，対象関係論やクライン理論を含む精神分析のトレーニングを受け，それを臨床的実践に活かそうと試みていたのであるが，次第に，子どもの精神内界あるいは主観的な幻想世界ばかりを重視し，現実の親と子の客観的な関係性にあまり注意を払わないこれらの理論とは袂を分かち，新たな理論枠を模索し始めていたと言われている（e.g. Fonagy, 2001）。そのような状況下において，Bowlby が邂逅したのは，他種との比較を通して，ある生物種，とりわけヒトという種一般に共通普遍の行動原理とその生物学的機能を見出そうとするエソロジー（比較行動学）であった。先に示した彼の本来のアタッチメント定義も，エソロジーの理論から想を得たものに他ならない。

　Lorenz（1935）や Tinbergen（1951）などによって発展したエソロジーでは，Bowlby がそれに着目した当時，いわゆる"生得的解発機構"や"刷り込み"の存在が，既に，多くの生物種において確認されていた。それらは，特定の適応的行動に関わる生得的なプログラムが，外界のある特異な特徴パターンを備えた刺激によって解発され（作動し始め），さらには，その，一定期間内に最初に遭遇した刺激そのものが，他に代え難いものとして個体の神経システムに刷り込まれ（インプットされ），その後の適応的行動の発動や維持に不可欠の役割を果たすと仮定するものである。カモやガンなどの鳥の雛が，生後間もない時期に，最初に出会った対象（それは同じ種に限らず，他生物種，例えば人間でもかまわない）の後追いを，その後一貫して行い続ける現象は広く知られるところであるが，これはまさに後追いという近接行動に関わる生得的プログラムが自律的に動く他の対象によって解発され，さらに，その後，そのいったん刷り込まれた特定対象によってのみ，後追いが惹起・維持されるということの典型例と解し得る。

　Bowlby は，これらと同様の機構が，ヒトにも，生得的に備わっているのではないかと考えた。すなわち，ヒトの乳児も，本源的に他者との関係性を希求する存在としてこの世に誕生し，なおかつ早期の接触経験（授乳などを前提としない接触そのもの）によって母親などの特定他者への選好が確立されると仮定したのである。Bowlby 以前において，こうした関係性は，個体が，何より

も飢えや渇きなど，自らの基本的欲求の充足（一次的動因の低減）を求めて，繰り返し他者に依存するようになる結果，あくまでも"二次的に学習される"と理解されていた（二次的動因説）(e.g. Dallard & Miller, 1950)。すなわち，乳児が養育者に近接しようとするのは，乳児にとってその養育者との関係の確立・維持そのものが重要あるいは魅力的だからなのではなく，生存していく上で不可欠な生理的諸条件を満たしてくれる対象がたまたまその養育者であるからに過ぎないと考えられていたのである。しかし，鳥の雛は，栄養摂取など，基本的欲求の充足を求めて後追いをしているわけでは必ずしもない。それは，生理的諸条件が十分に満たされた状況においても依然生起し得る。すなわち，Bowlby は，対象を希求し，それとの近接関係を維持しようとする傾向が，栄養摂取などの欲求から二次的に派生してくるわけではなく，それとは独立に元来，個体に生得的に組み込まれており，そして個体の生き残り・適応に不可欠かつ独自の機能を果たしていると考えたのである。

　こうした Bowlby の仮説は，しばし間接的に，Harlow によるアカゲザルの乳児を扱った一連の実験結果との関連において，妥当なものと判断されることが多い (e.g. Harlow, 1958 ; Harlow & Harlow, 1965)。Harlow は，生後間もないうちに，母ザルから子ザルを引き離し，その子ザルを，特定の操作によってミルクを補給してくれる金網製の模型とミルクは補給してくれないが温かい毛布でくるまれた（実験によってはその上やさしく揺すってくれる）模型とがともに存在する状況下に置き，その様子を精緻に観察した。結果は，ミルクを飲みに行く時以外，子ザルは，金網製の模型には近づかず，大半の時間を毛布製の模型にしがみついて過ごし，また時にはそれを活動の拠点（安全基地）として様々な探索行動を行うというものであった。つまり，子ザルには，接触による慰めおよび安心感を与えてくれる存在に絶えずくっついていることが，栄養摂取とは全く別の意味で重要であったということである（→ TOPIC 1-2 アタッチメントと求温欲求）。

　Bowlby (1969/1982) が言うように，ヒトがまだ狩猟採集の生活を基本としていた石器時代の野性的環境は，"捕食者（predator）"に満ちた非常に危険なところであったに違いない。知覚能力も運動能力もきわめて未熟なヒトの乳児

は捕食者にとって格好の餌食であっただろう。そうした環境の中で乳児は特定対象との近接を維持し，その対象から効率的に自らに対する保護や養育を引き出し得なければほとんど生き延びることはできなかったのではなかろうか。乳児の示す一連のアタッチメント行動（しがみつく，後追いする，泣く，微笑する，定位するなど）は，他個体の関心を自らに引きつけ，他個体から保護を引き出すために進化してきたきわめて合理的な行動レパートリーと理解することができるだろう。

　また，養育者との分離や離別に対して乳児が示す"抗議（protest）"，"絶望（despair）"，"脱愛着（detachment）"といった一連の反応も，野性的環境下での乳児の生存という点からすればじつに合理的なものと言えるかも知れない（Bowlby, 1969/1982）。激しい泣きを伴った抗議的行動が，離れた養育者を再び自らのもとに引き戻すための有効な手段であることは言うまでもなかろう。しかし，この抗議によって養育者が戻らない場合にもなお激しく動き泣き続けることは，エネルギーの多大な消耗を招きまた事故やけがを多く誘発しやすい状況と言える。また，泣きや運動は，捕食者に乳児の存在を知らせるシグナルとなり，かえってその生存を脅かすことにもなりかねない。それならば絶望状態の中で活動水準を最低限に落とし，黙し静かにしている方がはるかに適応価が高いことになろう。さらに，その後に来る脱愛着的行動も（養育者が不在でも通常の活動水準を取り戻し，相対的に自律的・独立的にふるまう）も，新たに保護を提供してくれそうな対象を探し，再びアタッチメント関係をスムーズに構築するには，必須の行動パターンと言えるのだろう。

1-3　アタッチメントの心理生物学的機能

　行動制御システムとしてのアタッチメントの，その時々の至近的な機能は，心理学的に言えば，恐れや不安などのネガティヴな情動状態を制御・低減させ，自らが安全であるという主観的意識を個体にもたらすことである。また，生物・生理学的に言えば，生存に関わる潜在的危機から個体を迅速に回避させ，またそれを通して，一時的に崩れた神経生理学的ホメオスタシスを定常状態

に戻すことである。それは，外界からもたらされるストレッサーと内界の各種神経生理学的機構の間にあって，"緩衝帯（buffer）"の役割を果たし，その状況下での個体の安全と生存を高度に保障するものと言える（Bowlby, 1973 ; Goldberg, 2000）。そして，究極的には，数多くの危機回避を通して，生涯発達過程全般にわたる個体の生存可能性を高め，その生物学的適応度（fitness）の向上に寄与するということになろう。また，心理社会的に言えば，個体を相対的に常時，安定した情動状態に置くことによって，外界への探索活動や学習活動を一貫して促し，また持続的で円滑な対人関係の構築を容易ならしめることなどが想定されるのである（むろんこれも究極的には生物学的適応度の上昇に通じ得るものと言える）。

　こうしたアタッチメントの機能は，私たちにとって，ある意味，あまりにも当たり前過ぎて実感することが容易ではないかも知れない。アタッチメントが個体の適応およびその後の発達全般にいかに重要な役割を果たすかについては，むしろ，アタッチメントの形成が途中で阻害されたり，端からアタッチメント対象を欠いていたりするケースを考察することによって明確になるだろう。

　出生直後に母ザルと隔離され，通常の養育環境を剥奪されて育った（すなわち特定の対象との間にアタッチメント関係を築けなかった）子ザルのその後が，Harlow をはじめ複数の研究者によって報告されている（e. g. Harlow *et al.*, 1971 ; Kraemer, 1992 ; Suomi, 1991）。それらの研究知見によれば，剥奪経験を持つサルは，種々のストレスに対して脆弱で（例えば新奇なものに対しては非常に臆病で）社交性が低いため，集団の中で孤立し社会的に低位に止まる傾向が強く，時に他個体に対してきわめて攻撃的にふるまったりもするという。また，他の異性個体と性的な関係を結ぶのに決定的な障害を示すことも少なくはないという。刷り込みの研究や配偶関係の研究において，個体が早期経験を通して性的パートナーの選択基準を形成するという知見が得られている（e. g. Diamond, 1991）が，アタッチメント経験を剥奪された個体には，配偶・繁殖の上で必要な諸条件が部分的に欠落してしまうということがあるのかも知れない（Kraemer, 1992）。

　また，早期の剥奪経験は，心理社会的行動の発達を阻害するのみならず，成

体時に至ってもなお存続するような，神経生理学的"ハードウエア"の不全状態をも招来すると言われている（e.g. Suomi, 1995）。Kraemer（1992）は，先述したような針金製や布製の模型とともに成育した子ザル，また幼若な仲間だけの環境で育った子ザル，さらには成体の雌ザルによって養育された子ザルの，各種神経伝達物質の分泌量に関する興味深い知見を提示している。それによれば，例えば，生理学的ホメオスタシスの維持・制御に深く関与するノルエピネフリンの分泌量が，成体の雌ザルとともに育った子ザル以外では，いずれも相当低レベルに止まっていたという。Kraemer はこうした知見を基に，通常の養育環境を剥奪されて成育した場合においては，健常な発達の基礎となるシナプス結合や神経化学的システムに，かなり長期的なハンディキャップを抱え込むことになると結論している。この節の冒頭で，アタッチメントを外界からのストレッサーと内界の神経生理学的機構との間に存在する"緩衝帯"と特徴づけたわけであるが，早期段階における養育環境の剥奪は，その緩衝帯としてのアタッチメント・システムそのものの発達を阻害するのみならず，（それがまさに緩衝帯としての役割を十全に果たさないことによって）内界の神経生理学的制御システムの発達にもマイナスの影響を及ぼし得るということであろう。ある研究者ら（Goldberg, 2000 ; Hofer, 1995）は，早期段階に経験するアタッチメント関係のあり方が，"隠れた制御機構（hidden regulator）"，すなわち純粋に生理学的なストレスセンサーやホメオスタシスの維持・調整メカニズムと，"高次の制御機構（higher-order regulator）"，すなわち各種心理行動的方略をもってストレス対処や情動制御を行うメカニズムの両方の形成に作用することを通して，個体のその後の心身発達を左右することになると仮定している。

　こうした他の動物で得られた知見をヒトの乳幼児にそのまま適用して考えることは短絡的かつ危険なことであろう（e.g. 遠藤，2002a；榊原，2002）。人間の発達はより可塑性に富み，かつ弾力的（resilient）であり（e.g. Kagan, 1984 ; Lewis, 1997），また，重篤な発達遅滞や病理につながるのは，単に特定対象との間にアタッチメント関係が築けなかったことのみならず，環境刺激の著しい不足など，複数の要因が複合的に交絡した場合であるという指摘もある（e.g. Rutter, 1997）。ただし，ヒトにおいても，早期の剥奪経験による影響が"皆無"

でないことは，乳幼児期に分離や虐待などの過酷な境遇に置かれて成育した子ども（e. g. Rymer, 1993[1995]）や施設児を扱った研究（e. g. Chisholm *et al.* 1995 ; Dozier *et al.* 1999）などから，ある程度確かであるように思われる。例えば，悪政で知られたチャウシェスク政権下のルーマニアにおいて，そこの孤児院で成育した乳幼児のその後がChisholm（1998）によって報告されているが，それは，これらの子どもが，健全で安定した里親家庭に移されてもなお，他者に対する無差別的態度（特定他者との持続的で安定した対人関係をあまり示さず，その場限りの利益に従って様々な人と日和見主義的・ご都合主義的関係を繰り返す）など，心理社会的な面で種々の問題を相対的に多く抱えやすいことを示している（こうした早期経験の特異性によるアタッチメントの障害については第10章を参照されたい）。また，ヒトの乳幼児においても，発達早期における養育者との緊密な相互作用経験が，直接，神経生理学的システムの構成に作用する仕組み・プロセスが徐々に同定されつつあるようである（e. g. Schore, 1994, 1998）。さらに，早期段階の関係性の問題が，上述した"隠れた制御機構"と"高次の制御機構"の両方に影響を及ぼすことを介して，ある程度長期的に，人間の子どもにおける心身の各種病理や健康などを左右するという理論モデルおよびそれに沿った実証的データなども提示され始めている（e. g. Maunder *et al.*, 1999）。

確かに乳幼児期の剥奪経験が生涯発達を全的に規定するという極端な幼児期決定論は明らかに誤謬であるが，それが他のマイナス要因との絡みで，たとえ小さくとも無視できない影響を長期的に及ぼし続ける可能性があることについては十分な認識を持っておくべきかも知れない（Goldberg, 2000）。

1-4 アタッチメントの成り立ちを支えるもの

上で見たように，アタッチメントは，ヒトを含めた多くの生物種において一様に，その心理生物学的適応に不可欠の役割を果たしていると考えられる。しかし，ヒトは，このアタッチメントの成立に関して，他の生物種には必ずしもない，ある種のハンディキャップを本質的に抱えていると言えるのかも知れない。系統発生的に見た時に，ヒトは本来ならば，"離巣性"の特質，すなわち，

第 1 章　アタッチメント理論の基本的枠組み

母親の胎内に長く止まり十分に成熟した後で，ある程度の"完成体"としてこの世に生誕し，その後比較的早い段階から親にあまり依存することなく，自律的に生活し得る特質を備えていてもおかしくない種だと言われている。しかし，ヒトの乳児の実態は明らかにそれに反するものであり，むしろ，母親の胎内で十分に成熟しないままに生誕し，その後も長く親への依存状態を続けざるを得ない"就巣性"の特質を備えていると言える（ほ乳類の進化は就巣性から離巣性へと徐々に変貌を遂げてきたのだが，ヒトはその流れに反するという意味で，またそれがヒトに特異な生物学的事情から派生的に生じたという意味で，ヒトの就巣性を特に"二次的就巣性"と呼ぶことがある；Portmann, 1951）。

　ある生物学的な試算によればヒトに見合った在胎期間は 20 カ月程度と想定されているが，直立歩行によって，成熟した胎児の体重を十分に支えきれなくなったことや，同じく直立歩行に絡み骨盤に構造的変化が生じ，また母体の産道が狭小化したことなどによって，現実にはその半分の 10 カ月でヒトの子どもは生まれてこざるを得なくなったのだと言われている（Morgan, 1995［1998］）。つまり，ヒトの乳児は一様に"生理的早産"ということになるわけであるが，この早産状態およびそれによる神経系の未発達がヒトの乳児をきわめて生物学的に特異な存在にならしめている。特にその生物学的特異性は，栄養摂取能力の未熟さや，身体運動能力および（体毛がきわめて少なく自ら震えることができないがゆえの）体温維持能力の乏しさなどに顕著に見て取ることができるだろう。また，これに関連して言っておくならば，ヒトの乳児において輪をかけて厄介なのは，こうした圧倒的脆弱性を有しつつも，ヒトの乳児の体重が母体に比してきわめて大きくまた重いということだと言われている（ヒトの新生児の体重はゴリラのそれの約 1.5 倍以上もあることが知られている）。未熟でなおかつ重いという特殊な生物学的事情は，ヒトにおいて子どもの養育負担が際立って重いことを意味し，それが，ヒトにおける特定雌雄の持続的関係性の構築や父母子という基本的な家族ユニットの構成に通じたのだという学説が一般的に有力視されているようである（→ TOPIC 1–1　アタッチメントと温かさ）。

　例えばウマの子どものように，出生直後から自分の足で立ち，移動可能な生物とは異なり，歩行はもちろん這行さえもできない発達早期のヒトの乳児は，

11

当然，自分の方から特定他者に能動的に近接し，独力でアタッチメント関係を築くということができない。養育者をはじめとする周囲の大人の方から近づいてもらえなければ，それはいかなる意味でも成り立ち得ないものなのである。そうした意味からすれば，ヒトの乳児のアタッチメントは，本質的に他者依存的な状態から出発せざるを得ないと言えるだろう。しかしながら，ヒトの乳児がアタッチメントの形成に関して，ただ他者からの近接をひたすら待つだけの存在であるかというと，それもまた的はずれな見方かも知れない。ヒトの乳児には，他者を自分のもとに引き寄せ，自身との相互作用に引き込むためのいくつかの重要な基本的メカニズムが備わっているようである（Flavell, 2002）。

例えば，ヒトの乳児には，きわめて早期段階から，視覚的モードにしても聴覚的モードにしても，特に"人らしいもの"に対して選択的に注意を向ける傾向があることが知られている（Legerstee, 1992 ; Poulin-Dubois, 1999）。それが生得的であるか否かについては見解の相違がある（e.g Johnson, 1999）が，例えば，人の顔（e.g. Goren *et al.*, 1975 ; Maurer, 1985 ; Johnson & Morton, 1991）や声・発話（e.g. DeCasper & Spence, 1986 ; Fernald, 1989），そしてまた歩行あるいは表情をはじめとする特有の動き（e.g. Bertenthal *et al.*, 1987 ; Stucki *et al.*, 1987）などに乳児の視線がより多く注がれやすいことが実験的に確かめられている。じつのところ，これらは，乳児が例えば特定の他者に特別な感情を抱くなどして意識的にそうしているというよりは，むしろ，なぜか自然にそうなってしまうといった，半ば自動化された"社会的知覚（social perception）"およびその結果としての"社会的注視（social gazing）"のメカニズムが存在するということなのだが，もし周囲の大人がそのような視線を向けられた場合には，その注視の背後に乳児の何らかの心的状態をつい仮想してしまいがちになるのではないだろうか（Meins, 1997）。乳児が自分の方に顔を向け，じっと見つめてきたとしたら，大人は，特に養育者ならばなおさらに，それを他ならぬ自分に対する何らかのシグナルと解釈し，結果的に乳児の方に近づき，また抱き上げたりあやしたりする確率が高いだろう。

また，早期段階から子どもが発する様々な情動表出も，周りの大人を操作するのにきわめて有効であると言えるかも知れない。実際には，発達早期の情動

表出についてはいくつかの議論があり，研究者によっては，乳児の情動表出を，意味ある先行事象との明確な対応性をいまだ持たない，かなりランダムなものと見なす者もある（e.g. Camras et al., 1993）。ただし，ここで重要なことは，たとえ少々でたらめであっても，それは十分に機能する可能性があるということである（遠藤，1995a，2002b）。乳児が真に喜び，怒り，悲しみ，恐れ"そのもの"を感じていなくとも，それ"らしき"表情や発声をするだけで，ほぼ確実に周りの大人は，それを乳児の何らかの内的情動状態の現れであると解釈し，結果的に子どもの近くに引き寄せられてしまうからである。子どもの側に明確なコミュニケーション意図がなくとも，機能的な観点から見れば，それは十分に"社会的発信(social signaling)"として働いていると考えられるのである。

社会的知覚とそれに必然的に伴う対人的注視，および社会的発信に加えて，もうひとつアタッチメントの成り立ちに促進的に働いている要素として，乳児の"社会的共振性(social resonance)"を挙げることができるかも知れない。出生後間もない乳児が時に，対面する大人の表情をそっくり"模倣"することが知られている（e.g Meltzoff & Prinz, 2002）。大人が舌を出せば舌を出すし，眉間にしわを寄せしかめ面をすれば，それと似たような表情をするのである。また，顔の表情に限らず，他者の示す動作一般に対してそれとかなり近似した動作をもって反応するという傾向も知られている（"共鳴動作"）。さらに，他者の情動状態に巻き込まれ同様の情動を示す"情動伝染"（e.g. Hatfield et al, 1994）や他者の動きや発話のリズムに同調し，それにタイミングよく応じるような"相互同期性"（e.g. Condon & Sander, 1974 ; Papousek & Popousek, 1979 ; Trevarthen, 1979）などの存在も知られている。これらもまた，乳児が自ら意図して起こした行動とは考えがたい，ほぼ自動化された身体同調システムとでも言うべきものなのだが，重要なのは，乳児がこれらを通して他者との間に，現実に一定の相互作用を持ってしまうということである。子どもの周りに位置する大人，特に養育者にしてみれば，自分の働きかけにタイミングよく随伴的に反応する子どもは，やはり特別な存在と感じられるだろう。そこに，さらに子どもと積極的に関わり，より緊密で豊かな相互作用を展開したいという動機づけが生まれたとしても，それは至極自然なことなのではないだろうか。

以上見てきたように，乳児は自ら近接できなくとも，他者を自分のもとに引き寄せ相互作用に引き込むという形で，確実に特定他者との間にアタッチメントを築いていく。ただ，ここで一点留意しておくべきことは，乳児の側の様々な行動レパートリーが有効に機能するのも，おそらくは，大人の側にそれらに適切に応じるためのある種の生得的なメカニズムが，一定程度備わっているからだということである。ある研究者は，これを"直感的育児（intuitive parenting）"ということばで呼び，親子の円滑な相互作用やアタッチメントなどを支えるメカニズムとして，親子双方の行動レパートリーが"共進化 co-evolution"してきた可能性を論じている（Papousek, 1993）。子どもの親に対するアタッチメントは自身の生存確率の増大を招来するものであるのに対し，養育は親にとって，子孫の生き延びを確実にすることを通して，自身の適応度の増大（遺伝子の再生産）を図る試みと理解できる。その意味で，両者の利害はかなりのところ一致するわけであり，子どものアタッチメント行動と親の養育行動が相互にうまく適合するように進化してきた可能性は否定できない（e.g. Porter & Laney, 1980）。

　いわゆる"幼児図式"の研究（e.g. Lorenz, 1950 ; Tinbergen, 1951）も，こうした共進化の典型的証左を示していると言えるかも知れない。先にもふれたが，Lorentz（1950）は，他個体から特定のある程度ステレオタイプ化された反応を選択的に引き出すメカニズムを"生得的解発機構"と呼び，その代表的な例として，ヒトの乳児（あるいは他の鳥類や動物の子）の顔面および身体の特徴がヒトの成人の養護性や愛情を強く引き出し得るということをあげている。彼によれば，乳児がほぼ一様に備えている，比較的大きな頭，大きいアーチ型の額，大人に比して相対的に顔の下の方に位置する円らで黒目がちな目，ふっくらとした頬，短く太った四肢，ぎこちない運動，柔らかく弾力的な体表，丸みを帯びた体型等（これらを総称して幼児図式という）がそうしたメカニズムを発動させる解発因になっているという。そして，そうした解発因に対する養護的感情の喚起は，思春期以降であれば，どのような文化的背景を持った人でもほとんど変わらないことが知られている（McArthur & Berry, 1987）。まさに，乳児の側の独特の身体的特徴と，それをなぜか魅力的と感じてしまう大人の側の心理

的特質とが，うまく合致するよう進化してきたということであろう。

　もっとも，こうした進化論的メカニズムが存在することと，実際に親子の間で適切な相互作用がなされることとはまったく別次元の話である。特に子どものアタッチメント行動を受け止める親の養育行動には，ここで述べてきた生得的メカニズム以外の実に多くの経験的要因が複雑に影響を及ぼし，広範な差異が生じることが明らかになっている（→第7章）。逆に言えば，アタッチメント理論とは，ヒトという生物種としての私たちが，同じく共通の生得的基盤を持ちながら，それでも一人ひとりあるいは親子一組ひと組が異なってくるのはなぜなのかを整合的に説明する考え方であると言えるのかも知れない（→第3章）。

1-5　アタッチメントの発達プロセス

　既述したように，最早期のアタッチメントは基本的に，乳児の状態に敏感に配慮し，近接し保護してくれる養育者などの他者存在を前提として初めて成り立つものと考えられる。しかし，当然のことながら，子どものアタッチメントはその後もずっとそうした"受け身的な状態"に止まるわけではない。それは，子どもの種々の心身発達に連動して徐々に変質し，特にその"能動性"と"表象的性質"を増大させていくものと言える。ここでは Bowlby（1969）に従って，アタッチメントの発達プロセスを概観しておくことにしたい。彼は，子どものアタッチメントの発達に以下の4つの段階を仮定している。

　第1段階：人物の識別を伴わない定位と発信（出生～少なくとも生後8週頃，たいていは約12週頃）：この時期の乳児にはまだ人を識別する能力がない。特定の人物に限らず，近くにいる人物に対して定位（追視する，声を聴く，手を伸ばすなど）や発信（泣く，微笑む，喃語を発する）といったアタッチメント行動を向ける。この時期には，その人が誰であれ，人の声を聞いたり人の顔を見たりすると泣きやむことがよくある。

　第2段階：一人または数人の特定対象に対する定位と発信（生後12週頃～6ヵ月頃）：第1段階と同様，この段階の乳児は誰に対しても友好的にふるまうが，

その一方で日常よく関わってくれる人に対しては特に、アタッチメント行動を向けるようになる。生後12週を過ぎる頃からは、養育者の声や顔に対してよく微笑んだり声を出したりするなど、聴覚刺激や視覚刺激に対し、人物に応じて分化した反応を示すようになる。

　第3段階：発信および移動による特定対象への近接の維持（生後6カ月頃〜2，3歳頃）：この段階には人物の識別がさらに明確になり、相手が誰であるかによって反応が明らかに異なってくる。家族などの見慣れた人は二次的なアタッチメント対象になるが、見知らぬ人に対しては、警戒心を持ったり、関わりを避けたりするようになる。また、この時期には、はいはいや歩行による移動が可能になるため、反応レパートリーが急速に増大する。例えば、養育者が離れる時に後追いをする、養育者が戻ってきた時に歓迎行動を示す、養育者を安全基地（自分にとって安全や安心感を得られる活動の拠点）として周囲の探索を行うなど、以前には見られなかった行動が多数見られるようになる。

　なお、Bowlbyは、この第3段階の重要な特徴として、養育者に対する子どものアタッチメント行動が、徐々に目標修正的に組織化されるようになることをあげている。1歳前後頃から対象の永続性の理解や手段—目的関係の理解の成立、ある程度明確な意図の出現など、認知的な側面に顕著な発達的変化が生じ、これに伴って、子どもは何が自分の苦痛を終結させ、安心感をもたらす条件であるのかに気づくようになり、その条件を達成するためにどのような行動をとり得るのか、自らの行動の計画を立てられるようになる。そして、自分の設定目標が達成されるまで、状況に応じて行動を柔軟に選択したり、変更したりすることができるようになる。もっとも、この段階の子どもはいまだ、養育者の行動の背後にある意図や設定目標をあまり理解することができず、養育者の行動を変化させるために自分がいかなる手段をとり得るかについて十分な見通しを持ち得ないと言われている。

　第4段階：目標修正的な協調性形成（3歳前後〜）：3歳前後から、養育者の行動やそれらに影響を与えている事柄を観察することを通して、養育者の感情や動機あるいは設定目標やそれを達成するための計画などについて、ある程度、推察することが可能になり、またそれに基づいて養育者の次なる行動を予測し、

適宜，自分自身の行動や目標を修正し得るようになる。つまりは，養育者との間で，独りよがりではない，自分自身と養育者の双方にとって報酬的な，協調性に基づく関係性を徐々に築き始めるようになるのである。また，こうしたことも関係して，この時期，子どものアタッチメント行動は大幅にその頻度と強度を減じていく。アタッチメント対象は自分を保護し助けてくれる存在であるという確信・イメージ（＝内的作業モデル）が子どもの中に確固として内在化され，それが安心の拠り所として機能するようになるため，特に際立ったアタッチメント行動を起こさなくとも，また，短時間ならば，たとえアタッチメント対象が不在であっても，子どもは社会情緒的に安定してふるまうことが可能になるのである（→第2章）。

　上述した発達プロセスを概括すると，アタッチメントは，他者によって受動的にもたらされるものから，子ども自らが能動的に築き上げるものへと，また，安全の感覚をもっぱら"物理的近接"（実際にくっつくこと）によってのみ得られる状態から，それを"表象的近接"（イメージや主観的確信による近接の感覚）によっても部分的に得られる状態へと，漸次的に移行していくものと言えるだろう。ここでのアタッチメントの発達に関する記述は，主に乳幼児期に限定されたものであったが，冒頭で述べたようにBowlbyは，アタッチメントを，個人が心理行動的に十分な自律性を獲得した後でも，生涯を通じて存続するものであることを強調している。青年期，成人期になっても，多くの場合，養育者との間に結ばれたアタッチメントは持続し，また，それらは新たな人物（一般には異性）との間で結ばれたアタッチメントによって補完されていく（Bowlby, 1973）。ただし，児童期までのアタッチメントでは，一方（養育者）が世話や保護を施し他方（子ども）がそれを享受するという"非対称的な関係"が中心であるのに対し，青年期以降のアタッチメント関係では，双方が相互に世話や保護を施し，また相手の安全基地になり得るという"対称的な関係"が中心になると言える（Ainsworth, 1991）。Bowlby（1969/1982）によれば，アタッチメントによって得られるもの，すなわちアタッチメント対象への近接やそれによって得られる主観的な安心感は，生涯を通して変わらない。しかし，それを達成

するための手段は，加齢に伴い，双方向的・互恵的な関係性の中で，徐々に複雑さを増し，多様化するということであろう。

1-6　本章のまとめとアタッチメント理論の中核的特徴

本章では，アタッチメント理論の最も基底にある，主要概念および基本的仮定について概観を行ってきた。ここで見てきたものの多くは，ヒトの子どもあるいはヒトという生物種一般に当てはまる，アタッチメントのいわば"基準的要素（normative component）"に関わるものであったと言える。しかし，アタッチメント理論には，もうひとつの大きな柱として，一人ひとりの人間あるいは一組ひと組の関係を分かつ要素，すなわちアタッチメントの"個別的要素（individual component）"に関わる諸概念および仮定があることを忘れてはならない。これは特に本書第3章以降の主要論点となるわけであるが，本章でもふれたように Bowlby は元来，例えば，幼少期に劣悪な養育環境下に置かれ，種々の剥奪経験にさらされた場合の，子どもの心身の様々な側面における発達の遅滞や歪曲などの個人差にも大きな関心を払っていた。

じつのところ，アタッチメント理論の最も顕著な特質は，これら2つの要素のうちのどちらかひとつを選択的に取り上げるというのではなく，その両方を体系的・整合的に結び合わせたところにあると言えるのだろう。つまり，アタッチメントおよび種々の発達あるいは養育等に関して，ある意味，誰もが共通の遺伝的基盤を有していることを強調しつつ，しかし，それでも，明確な個人差が生じるのはなぜなのかをそれぞれの養育環境の特異性という観点から読み解こうとしたのが，Bowlby のアタッチメント理論だということである。20世紀の心理学において中核的役割を担ってきた他の発達理論，例えば，Bowlby が部分的に依拠したエソロジーが相対的に前者（すなわち種に共通の遺伝 nature）に，また行動主義心理学と一部，精神分析とを源流とする社会的学習理論（e.g. Cairns, 1979 ; Grusec, 1992）が相対的に後者（すなわち環境 nurture）に照準を合わせた理論である（e.g. Holden, 1997）ことを考えれば，アタッチメント理論の特徴がその高い統合性や包括性にあることが理解できるだろう。

もっとも，遺伝的基盤を重視するとは言っても，それはあくまでもヒトという種レベルにおいてであって，個人差の基礎にそれを置いてみることをほとんどしないというのもアタッチメント理論の大きな特徴と言えるかも知れない。例えば，近年隆盛になりつつある行動遺伝学（e. g. Plomin, 1994）のような考え方は，様々な心理行動上の個人差を生み出す背景に一人ひとりの成育環境および被養育経験の違いのみならず，個々人の遺伝的差異を仮定してみるわけであるが，アタッチメント理論は，これに関してほとんどの場合，前者の影響のみをもっぱら重視するのである。また，環境要因といった場合に，個人に"直接"ふれ得る至近的な環境，すなわち子どもであればその養育者の関わり方や人格特性にもっぱら焦点を当てるところにも大きな特徴が潜んでいると言えるだろう。例えば，Brofenbrenner（1979, 1989）の生態学的システム理論などは，個人を取り巻く環境に関してミクロシステム（その場その時の養育者のしつけ行動など），メゾシステム（複数のミクロシステムに通底してある例えば養育者の安定した人格特性など），エクソシステム（近隣環境や養育者の職場環境など），マクロシステム（地域・文化・制度など）といった4つのレベルを仮定し，そのレベル間の複雑な相互作用およびそれらの個人の発達への多層的な影響プロセスを重視するわけであるが，少なくとも初期のアタッチメント理論に関して言えば，このうちのエクソシステムやマクロシステムに関する考慮が相対的に希薄であり，良くも悪くも養育者の絶対的重要性が暗黙裡に想定されていたと言えるかもしれない。

　しかしながら，現今のアタッチメント理論は，こうした行動遺伝学や，生態学的システム理論などの新しい動向を取り込みながら，確実に変容・進化してきているものと考えられる。例えば，アタッチメントの個人差の基礎に子ども自身の生得的個性，すなわち気質の役割を仮定し，また双生児を対象とする行動遺伝学的手法によって直接その個人差の遺伝的規定性を割り出すことを試みるような方向性（→第3章）や，あるいはまた親と子の関わりに"間接的"に作用するであろう社会文脈的状況（ストレスやサポートの構造）（→第7章）や独特の養育文化（→第9章）の役割およびその影響の大きさを明らかにしようとする方向性などが模索され，着実に成果をあげてきているのである。本書では

以後，こうした新しい展開についても可能な限り多くの知見の提示を行うことにしたい。また，Bowlbyが依拠したエソロジーの諸知見は今ではすでに古典的な部類に入るものであるが，その延長線上にあって現在飛躍的に発展してきている進化心理学は，アタッチメント理論をこれまでになく大きく変貌させつつある。本書では，これについても部分的にふれることにしよう（→ TOPIC 6-4　進化心理学から見るアタッチメント）。

―― **TOPIC** 1-1 ――

アタッチメントと温かさ（warmth）

　MacDonald（1992）は，進化論的あるいは行動生態学的な観点からアタッチメントと温かさ（warmth）あるいは愛情（affection）とを明確に区別すべきだという興味深い論考を展開している。この論者によれば，アタッチメントとはあくまでネガティヴな情動に結びついた適応・制御システムのことであり，その主たる機能は脅威およびネガティヴな情動状態から個体を脱却させることである。それに対し，温かさ・愛情とは，ポジティヴな情動に結びついた適応・制御システムのことであり（MacDonald 自身は，このシステムに対してポジティヴな社会的報酬システムという術語を当てている），その主たる機能は，凝集的な家族関係，親の子どもに対する"投資"（investment；Trivers, 1972），あるいは異性（配偶者）選択など，個体間の親密な絆の形成・維持を促進することである。

　MacDonald によれば元来，この温かさや愛情のシステムは，子どもが親からの依存性を脱し，かつ自ら繁殖可能になるまでの時間が相対的に長くかかる種，あるいは子どもが自らの成長発達のために親からより多くの"投資"を必要とする種（より正確には，親が自らの遺伝子を確実に残すために子どもに対してより多くの投資をしなければならない種）において顕在化してきたものだという。高投資型の養育に対する生態学的な圧力がかかった場合，つまりそれなりの投資をしない限り子どもの一定水準以上の生存確率を維持できない生態学的状況にある場合，個体間の緊密な絆の形成および一雌一雄制（monogamy）の確率が相対的に高まる傾向が認められている（e. g. Clutton-Brock & Godfray, 1991）。すなわち，片親だけでは子どもの生存を保証できないために，養育に主として携わる親（哺乳類の場合は一般的に雌）がもう一方の親を自らと子どもにつなぎ止め，子どもの養育に参入させる必要が不可避的に生じる。換言するならば両親の間の緊密な協力体制が必要となるわけである（例えば，主たる養育親は養育期間中，食糧を確保することが相対的に困難になるため，食糧の調達をもう一方の

親に依存しなくてはならなくなる)。

　本文中でも見たように，ヒトの乳児の未成熟さと重さは過重な養育負担，別の言い方をすれば，高投資型の養育スタイルを自ずと養育者に強いることになる。ヒトは，まさにこうしたことからして，緊密な一雌一雄間の絆（pair bonding）といった条件に比較的よく当てはまる種と言えるのである。Daly & Wilson（1987）は，母性（ある子どもの母親であること）は"事実"だが，父性（ある子どもの父親であること）は本来"憶測"の域を出ないとしているが，それでも一雌一雄制によって父性は大幅に"事実"に近づき得る。そして，父性の確実性が増大すればするほど，その子どもに対する投資は自らの遺伝子の生き残りという形で報われることになるので，父親は子どもの養育に対してより多大な投資を行うことになる（遠藤［1995b，1997］に関連する議論があるので参照されたい）。結局のところ，MacDonaldは，ヒトという種において，個体間の持続的で緊密な絆の形成を促し支えるべく，温かさという心理行動制御システムがいわば一種の"感情的接着剤"のようなものとして，（あくまで危機的状況における個体の生存可能性を保証するものとしてある）アタッチメント・システムとは本質的に独立に進化してきたことを仮定し強調するのである。

　MacDonaldの見解の是非に関して，ここで詳細に議論するつもりはないが，少なくとも，それがこれまで我々がアタッチメントに関していかに多義的な，そしてあいまいな概念規定をしてきたかを教えるものであることは確かである。私たちは，おそらく暗黙裡にアタッチメントという術語の中に，MacDonaldの言う本来のアタッチメントと温かさあるいは愛情という両方の意味を区別なく押し込めてきたのかも知れない。

　MacDonaldは無論，アタッチメントと温かさとが何ら関係しないと言っているわけではない。彼は両者の密接な連関を認めつつも，進化論的起源からして，それぞれが独立した適応システムであることを強調しているのである。この論者は，殊に先進型あるいは西欧型の養育文化圏（日本も含まれる）においてはアタッチメントと温かさの両システム間に高い相関関係が存在する可能性を考慮しているし，また，そうした相関関係がある程度，現実のものであることも確かめられている（Vaughn & Waters, 1990; Waters, Wippman, & Sroufe,

1979)。しかし，こうした事情はあくまで文化特異的であると言った方がむしろ正鵠を射ているのかも知れない。MacDonald も指摘しているところだが，Ainsworth（1967）は，ウガンダの母子においては情愛的やりとりが相対的に希薄である（接吻や愛撫などを含め相互にやりとりそのものを楽しむという感じが希少である）という印象を述べている。母子分離に際して，子どもは明確なアタッチメント行動を示し得るし，また母親は子どもの欲求やシグナルに対してきわめて敏感かつ応答的であるにもかかわらずである。また LeVine & LeVine（1988）も，ケニヤの母子に関して同様の見解を示し，その相互作用は機械的ですらある（愛撫や抱擁などのない機能本位のやりとり）と記述している。すなわち，非西欧型のある文化圏では，アタッチメントのシステムと温かさのシステムとが相対的に分離している可能性があるということであろう。MacDonald はこうした知見を受けて，両システム間の重なりの大きさは養育文化に大きく依存すると結論している。

遠藤利彦

TOPIC 1-2

アタッチメントと求温欲求

　本文中でも述べたようにHarlowのアカゲザルの実験は，Bowlby理論の間接的証左として引用されることが多いわけであるが，見方によっては，むしろ，アタッチメントがあらゆる生理的欲求から必ずしも独立というわけではないということを示唆するものとも言える。確かに，それは，栄養摂取の欲求から，特定対象への選択的ななつきが派生的に生じてくるのではないことをはっきりと示している。しかし，そもそも，子ザルが針金製ではなく毛布製の模型にくっついていようとするのはなぜだろうか。それは，おそらく，子ザルの求温欲求（体温を一定水準に保とうとする基本的欲求）により応え得るものだからであろう。じつのところ，Harlowが実験で用いた模型にはいくつもの変異型が存在し，その中には針金製の模型から温風が出る仕組みのものもある。そして，その模型に対しては毛布製の模型以上に子ザルが近接する傾向が認められているのである。このことは，アタッチメントが求温欲求の充足と密接な連関を有することを如実に物語っていると言えよう。

　この求温欲求というものをヒトに当てはめて考えると，その重要性はより際立ったものとなるかも知れない。ヒトの身体的特異性のひとつに無毛あるいは少毛ということがあるが，このことはヒトが他生物種に比して，元来，体温維持においてきわめて不利であることを意味する。なおかつ，発達早期の乳幼児は，身体運動能力に乏しく，また自らふるえることで体温の上昇を引き起こすことさえできない。つまり，ヒトの乳児は（新生児段階から褐色脂肪組織による非ふるえ熱産生というしくみを有してはいるものの）寒さに対して相対的に無防備で脆弱であるということである（Morgan, 1995[1998]）。新生児段階の子どもの平均体温はだいたい37.1度程度と言われているが，裸体のまま放置されると，1時間後にはそれが約1度，2時間後には約3度低下することが知られており，そうなるともはや生命の維持は不可能となる。そうした意味からすれば，求温欲求の充足は栄養摂取の欲求充足以上に緊急性を有するものと言えるだろ

第1章 アタッチメント理論の基本的枠組み

う。

　一部の研究者（e.g. Hofer, 1983）は，ヒトの乳児における体温維持の重要性を，ヒトの乳児に特異な大声をあげての泣きの中に見ている。この大音声を伴う泣きに関しては，それ自体が他者を発信者自らに近づけるためのアタッチメント行動あるいはシグナルとして進化してきたという見方が一般的であるわけだが，それは同時に捕食者に対しても自らの所在を明確に示すことになり，大きなリスクを抱え込むことでもある。これらの研究者は，それでもなお，この大音声を伴う泣きが進化してきた背景には，もともと，シグナルとしてではない別個の適応価があったのだろうと推測する。そして，それが，体温維持において元来，脆弱なヒトの乳児にも可能なエネルギー放散＝体温上昇の手段として生じてきたのではないかと考えるのである。もっとも，泣きによる体温維持の効果はあくまでも短期的なものに止まるのだろう。そこにはやはり，子どもを抱きかかえ，温める養育者等の存在が必須になると考えられる。こうしたことからすると，乳児の声をあげての泣きは，養育者等が近接してくれるまでの応急措置的な体温維持機能と，シグナルとして養育者等を引き寄せアタッチメントを確立した上で持続的に体温維持を確保する機能との両方を果たしていると把捉すべきなのかも知れない。

　Bowlbyは，アタッチメント理論の構築において，主に捕食者からの保護ということを念頭に置いていたようであるが，少なくとも，ことに，発達早期のヒトの乳児においては，それと同等かそれ以上に，寒さや暑さあるいは厳酷な温度変化からの保護ということがアタッチメントの成り立ちに深く関与している可能性を想定しておくべきだろう。また，近年，こうした何ものかからの保護ということではなく，他個体との皮膚接触（touching）そのものが，神経生理学的システムに直接的に作用し，心身の各種発達を解発・促進するということが明らかにされてきている（Field, 2001）。幼若な個体が他個体との近接関係を希求する背景には，種々の発達に必要不可欠な，皮膚感覚への適切な諸刺激を求める生得的な傾向なども関与していると考えるべきかも知れない。

遠藤利彦

第 1 章　引用文献

Ainsworth, M. D. S. (1967) *Infancy in Uganda : Infant care and the growth of love.* Harvard Book List.

Ainsworth, M. D. S. (1991) Attachment and other affectional bonds across the life cycle. In C. M. Parkes, J. Stevenson-Hinde, & P. Marris (Eds.), *Attachment across the life cycle* (pp. 33-51). London : Routledge.

Bertenthal, B. I., Proffitt, D. R., & Kramer, S. J., (1987) Perception of biomechanical motions by infants : Implementation of various processing constraints. *Journal of Experimental Psychology : Human Perception and Performance,* **13**, 577-585.

Bowlby, J. (1944) Forty-four juvenile thieves : their characters and home lives. *International Journal of psychoanalysis,* **25**, 19-52.

Bowlby, J. (1951) *Maternal care and mental health.* Geneva : World Health Organization.

Bowlby, J. (1953) *Child care and the growth of maternal love.* Harmondsworth : Penguin Books.

Bowlby, J. (1969/1982) *Attachment and loss. Vol. 1. Attachment.* New York : Basic Books.

Bowlby, J. (1973) *Attachment and loss. Vol. 2. Separation.* New York : Basic Books.

Bowlby, J. (1980) *Attachment and loss. Vol. 3. Loss.* New York : Basic Books.

Bowlby, J. (1988) *A secure base.* New York : Basic Books.

Boyce, W. T., & Jemerin, J. J. (1990) Psychological differences in childhood stress response. 1. : Patterns of illness and susceptibility. *Journal of Developmental and Behavioral Pediatrics,* **11**, 86-94.

Brofenbrenner, U. (1979) *The ecology of human development.* Cambridge : Harvard University Press.

Brofenbrenner, U. (1989) Ecological systems theory. In R. Vasta (Ed.), *Annals of child development* (pp. 187-249). Greenwich, CT : JAI Press.

Cairns, R. B. (1979) *Social development : The origins and plasticity of interchanges.* San Francisco : Freeman.

Camras, L. A., Sullivan, J., & Michel, G. (1993) Do infants express discrete emotions? : Adult judgments of facial, vocal, and body actions. *Journal of Nonverbal Behavior,* **17**, 171-186.

Chisholm, K. (1998) A three year follow-up of attachment and indiscriminate friendliness in children adopted from Romanian orphanages. *Child Development,*

69, 1092-1106.

Chisholm, K., Carter, M., Ames, E. W., & Morison, S. J. (1995) Attachment security and indiscriminately friendly behavior in children adopted from Romanian orphanages. *Development and Psychopathology*, **7**, 283-294.

Clutton-Brock, T., & Godfray, C. (1991) Parental investment. In J. R. Krebs & N. B. Davies (Eds.), *Behavioral ecology : An evolutionary approach, 3rd ed* (pp. 234-262). Oxford : Blackwell Scientific.

Condon & Sander, (1974) Synchrony demonstrated between movements of the neonate and adult speech. *Child Development*, **45**, 456-462.

Dallard, J., & Miller, N. E. (1950) *Personality and psychotherapy : An analysis of thinking, learning, and culture*. New York : McGraw-Hill.

Daly, M., & Wilson, M. (1987) The Darwinian psychology of discriminative parental solicitude. *Nebraska Symposium on Motivation*, **35**, 91-144.

DeCasper, A. J., & Spence, M. J. (1986) Prenatal maternal speech influences newborns' perception of speech sounds. *Infant Behavior and Development*, **9**, 133-150.

Diamond, A. (1991) Neuropsychological insights into the meaning of object concept development. In S. Carey & R. Gelman (Eds.), *The epigenesis of mind : Essays on biology and cognition* (pp. 67-110). Hillsdale, NJ : Erlbaum.

Dozier, M., Stovall, K. C., & Albus, K. (1999) Attachment and psychopathology in adulthood. In J. Cassidy & P. R. Shaver (Eds.), *Handbook of attachment : Theory and research* (pp. 497-519). New York : Guilford Press.

遠藤利彦（1995a）乳幼児期における情動の発達とはたらき　麻生武・内田伸子（編）講座生涯発達心理学：人生への旅立ち　胎児・乳児・幼児前期（pp. 129-192）金子書房

遠藤利彦（1995b）社会性の生物学的基礎：心理進化論的アプローチ　聖心女子大学論叢, 84, 3-63.

遠藤利彦（1997）社会的発達の生物学的基礎　井上健治・久保ゆかり（編）子どもの社会的発達（pp. 206-226）東京大学出版会

遠藤利彦（2002a）「3歳児神話」の陥穽に関する補足的試論・私論　ベビーサイエンス, **1**, 66-67.

遠藤利彦（2002b）発達における情動と認知の絡み　高橋雅延・谷口高士（編）感情と心理学（pp. 2-40）北大路書房

Fernald, A. (1989) Intonation and communicative intent in mothers' speech to infants : Is the melody the message ? *Child Development*, **60**, 1497-1510.

Field, T.(2001) *Touch*. Cambridge : The MIT Press.

Flavell, J. H. (2002) Development of children's knowledge about the mental world. In W. W. Hartup & R. K. Silbereisen (Eds.), *Growing Points in Developmental Science : An introduction* (pp. 102-122). New York : Psychology Press.

Fonagy, P. (2001) *Attachment theory and psychoanalysis*. London : The Other Press.

Goldberg, S., Grusec, J., & Jenkins, J. (1999) Confidence in protection : arguments for a narrow definition of attachment. *Journal of Family Psychology*, **13**, 475-483.

Goldberg, S. (2000) *Attachment and development*. London : Arnold.

Goren, C. C., Sarty, M., & Wu, P. Y. K. (1975) Visual following and pattern discrimination of face-like stimuli by newborn infants. *Pediatrics*, **56**, 544-549.

Grusec, J. E. (1992) Social learning theory and developmental psychology : The legacies of Robert Sears and Albert Bandura. *Developmental Psychology*, **28**, 776-786.

Harlow, H. F. (1958) The nature of love. *American Psychologist*, **13**, 673-685.

Harlow, H. F., & Harlow, M. K. (1965) The affectional systems. In A. M. Schrier, H. F. Harlow, & F. Stollnitz (Eds.), *Behavior of nonhuman primates* (pp. 287-334). New York : Academic Press.

Harlow, H. F., Harlow, M. K., & Suomi, S. J. (1971) From thought to therapy : lessons from a primate laboratory. *American Scientist*, **59**, 538-549.

Hatfield, E., Cacioppo, J. T., & Rapson, R. L. (1994) *Emotional contagion*. Cambridge : Cambridge University Press.

Hofer, M. A. (1983) On the relationship between attachment and separation processes in infancy. In R. Plutchik & H. Kellerman (Eds.), *Emotion, theory and research, vol. 2* (pp. 199-216). New York : Academic Press.

Hofer, M. A. (1995) Hidden regulators in attachment and loss. In S. Goldberg, R. Muir, & J. Kerr (Eds.), *Attachment theory : Social, developmental, and clinical perspectives* (pp. 203-230). Hillsdale, NJ : The Analytic Press.

Holden, G. W. (1997) *Parents and the dynamics of child rearing*. Boulder : Westview Press.

Holmes, J. (1993) *John Bowlby and attachment theory*. London : Routledge.

Johnson, M. H. (1999) Developmental cognitive neuroscience. In M. Bennett (Ed.), *Developmental psychology : Achievements and prospects* (pp. 147-164) . New York : Psychology Press.

Johnson, M. H., & Morton, J. (1991) *Biology and cognitive development : The case of face recognition.* Cambridge, MA : Basil Blackwell.

Kagan, J. (1984) *The nature of the child.* New York : Basic Books.

Kraemer, G. W. (1992) A psychological theory of attachment. *Behavioral and Brain Sciences,* **15,** 493-541.

Legerstee, M. (1992) A review of the animate-inanimate distinction in infancy : Implications for models of social and cognitive knowing. *Early Development and Parenting,* **1,** 59-67.

LeVine, R. A., & LeVine, S. E. (1988) Parental strategies among the Gusii of Kenya. *New Directions for Child Development,* **40,** 27-35.

Lewis, M. (1997) *Altering fate : Why the past does not predict the future.* New York : Guilford Press.

Lorenz, K. Z. (1935) Der Kumpan in der Umwelt des Vogels : die Aartgenosse als ausloseudes Moment sozialer Verhaltungwiesen. *Journal of Orintuology,* **83,** 137-213, 289-413.

Lorenz, K. Z. (1950) The comparative method in studying innate behavior patterns. In K. Z. Lorenz (Ed.), *Society for Experimental Biology. Physiological mechanisms in animal behavior* (Society's Symposium IV.) (pp. 221-268). Oxford, England : Academic Press.

MacDonald, K. (1992) Warmth as a developmental construct : An evolutionary analysis. *Child Development,* **63,** 753-773.

Main, M. (1999) Attachment theory : Eighteen points with suggestions for future studies. In J. Cassidy & P. R. Shaver (Eds.), *Handbook of attachment : Theory, research, and clinical applications* (pp. 845-888). New York : Guilford Press.

Maunder, R. G., Lancee, W. J., Greenberg, G. R., & Hunter, J. J. (1999) Insecure attachment in a subgroup of ulcerative colitis defined by ANCA status. Presented at the Meeting of the American Psychosomatic Society, Vancouver, BC, March. 1999.

Maurer, D. (1985) Infants' perception of faceness. In T. N. Field & N. Fox (Eds.), *Social perception in infants* (pp. 37-66). Hillsdale, NJ : Erlbaum.

McArthur, L. Z., & Berry, D. S. (1987) Cross-cultural agreement in perceptions of babyfaced adults. *Journal of Cross-Cultural Psychology,* **18,** 165-192.

Meins, E. (1997) *Security of attachment and the social development of congnition.* Hove, England : Psychology Press.

Meltzoff, A. N., & Prinz, W. (2002) *The imitative mind : Development, evolution, and brain bases.* Cambridge : Cambridge University Press.

Morgan, E. (1995) *The descent of the child : Human evolution from a new perspective.* Oxford : Oxford University Press.［望月弘子（訳），1998，子宮の中のエイリアン　母と子の関係はどう進化してきたか　どうぶつ社］

Papousek, H. (1993) Transmission of the communicative competence : Genetic, cultural, when, and how ? *International Journal of Psychology*, **28**, 709-717.

Papousek, H. & Papousek, M. (1989) Forms and functions of vocal matching in interactions between mothers and their precanonical infants. *First Language*, **9**, 137-157.

Plomin, R. (1994) *Genetics and experience : Interplay between nature and nurture.* Thousand Oaks, CA : Sage.

Porter, & Laney, (1980) Attachment theory and the concept of inclusive fitness. *Merrill Palmer Quarterly*, **26**, 35-51.

Portmann, A. (1951) *Biologische Fragmente zu einer Lehre vom Menschen. / Biological fragments toward a science of man (2 ed.).* Oxford, England : Benno Schwabe.

Poulin-Dubois, D. (1999) Infants' distinction between animate and inanimate objects : The origins of nature psychology. In P. Rochat (Ed.), *Early social cognition* (pp. 257-280). Mahwah, NJ : Lawrence Erlbaum Associates.

Rutter, M. (1972) Maternal deprivation reconsidered. *Journal of Psychosomatic Research*, **16**, 241-250.

Rutter, M. (1981) School influences on children's behavior and development *The 1979 Kenneth Blackfan lecture, Children's Hospital Medical Center, Boston. Annual-Progress in Child Psychiatry and Child Development.* (pp. 170-197).

Rutter, M. (1997) Clinical implications of attachment concepts : Retrospect and prospect. In L. Atkinson & K. Zucker (Eds.), *Attachment and psychopathology* (pp. 17-46). New York : Guilford Press.

Rymer, R. (1993) *Genie : An abused child's flight from silence.* New York : Harpercollins.［片山陽子（訳），1995，隔絶された少女の記録，晶文社］

榊原洋一（2002）3歳児神話：その歴史的背景と脳科学的意味　ベビーサイエンス，1，60-65.

Schore, A. N. (1994) *Affect regulation and the origin of the self : The neurobiology of emotional development.* Hillsdale, NJ : Lawrence Erlbaum Associates.

Schore, A. N. (1998) The experience-dependent maturation of an evaluative system in the cortex. In H. K. Pribram (Ed.), *Brain and values : Is a biological science of values possible ?* (pp. 337-358).Mahwah, NJ : Lawrence Erlbaum Associates.

Stucki, M., Kaufmann, H. R., & Kaufmann, F. (1987) Infants' recognition of a face revealed through motion : Contribution of internal facial movement and head movement. *Journal of Experimental Child Psychology,* **44**, 80-91.

Suomi, S. J. (1991) Early stress and emotional reactivity in the rhesus monkey. In D. Barker (Ed.) , *The childhood environment and adult disease* (pp. 171-188) . Chichester : John Wiley.

Suomi, S. J. (1995) Attachment theory and non-human primates. In S. Gorldberg, R. Muir & J. Kerr (Eds.), *Attachment theory : Social, developmental, and clinical perspectives* (pp. 203-230). Hillsdale, NJ : The Analytic Press.

Tinbergen, N. (1951) *The study of instinct.* Oxford, England : Oxford University Press.

Trevarthen, C. (1979) Communication and cooperation in early infancy : A description of primary intersubjectivity. In M. Bullowa (Ed.), *Before speech* (pp. 321-347). Cambridge : Cambridge University Press.

Trivers, R. L. (1972) Parental investment and sexual selection. In B. Campbell (Ed.), *Sexual selection and the descent of man, 1871-1971* (pp. 136-179). Chicago : Aldine Atherton.

Vaughn, B. E., & Waters, E. (1990) Attachment behavior at home and in the laboratory : Q-sort observations and Strange Situation classifications of one-year-olds. *Child Development,* **61**, 1965-1973.

Waters, E., Wippman, J., & Sroufe, L. A. (1979) Attachment, positive affect, and competence in the peer group : Two studies in construct validation. *Child Development,* **50**, 821-829.

Yarrow, (1961) Maternal deprivation : Toward an empirical and conceptual re-evaluation. *Psychological Bulletin,* **58**, 459-490.

第2章　アタッチメントの発達を支える内的作業モデル

坂上裕子

　アタッチメント理論の中で，ここ10数年余，最も多くの論者の関心を引いてきたのは内的作業モデル（Internal Working Model : IWM）という概念である。Bowlbyは，内在化された表象レベルでのアタッチメント，すなわち内的作業モデルという概念を導入することでアタッチメント行動の個人差や，その連続性・一貫性を説明しようとしたのみならず，アタッチメントを，生涯にわたる現象として位置づけようと試みた。本章では，内的作業モデルの機能，構造，発達などについて，最近の研究知見に依拠しながら概観していくことにする。

2-1　内的作業モデルとは何か？

　Bowlbyの内的作業モデルという概念の着想は，もともと，認知心理学者であるCraik（1943）の考えの中に見てとることができるという（Bretherton, 1985）。Craikは，人が頭の中に，心的表象という形で現実の様々な事象に対して小規模なモデルを構成していると考えた。そして，それによって，内的に多様な行動の選択肢をシミュレートし，実際に様々な状況が生じるよりも前に，自らの予測に応じて反応している，と仮定した。Bowlbyは，この表象構造としての内的作業モデルという考えをアタッチメントの現象に適用したのだと言える。Bowlby（1969, 1973）によれば，子どもは主要なアタッチメント対象との間で経験された相互作用を通して，自分の周りの世界がどのようなものであるのか，母親や他の重要な人物がどうふるまうのか，自分自身がどうふるまう

第2章　アタッチメントの発達を支える内的作業モデル

のかといった，自分の周りの世界やアタッチメント対象，そして自己に関する心的な表象モデルを構築する。そして，これらのモデルに支えられて，種々の出来事を知覚し，未来を予測し，自分の行動の計画を立てるのだという。

　内的作業モデルは，アタッチメント対象との間で交わされた過去の相互作用経験，ならびにその時その場で起こっている相互作用に基づいて作られる。しかし，モデルの大部分は，過去の相互作用経験に由来すると言ってよいだろう。モデルには，アタッチメント対象とのやりとりの具体的，直接的な表象だけでなく，アタッチメント対象や自己に関する，抽象一般化された表象も含まれるとされる。Bowlby（1973）によれば，アタッチメント対象や世界に関する作業モデルの中で中核となるのは，自分にとってのアタッチメント対象が誰であるのか，そのアタッチメント対象からどのような応答を期待できるかについての主観的な考えであるという。すなわち，自分が保護や支援を必要とする時に，アタッチメント対象はそれに応じてくれる人であるか，という確信の有無が重要なのである。また，自分自身に関する作業モデルの中で中核となるのは，自分がアタッチメント対象から受容され，愛され，価値のある存在であるかという，自己についての主観的な考えであるという。

　これらの，アタッチメント対象に関するモデルと自己に関するモデルは，相互に補い，強め合いながら形成されていくことになる。Bowlbyは特に生後6カ月頃から5歳くらいまでの早期のアタッチメント経験を基礎とする内的作業モデルの構成が，その後の人生にきわめて重要な意味を持つと考えた。なぜなら，いったん作られた作業モデルは，多くの場合，無意識的かつ自動的に働くため，意識的にそれを点検して作りかえたり修正したりすることが難しいと考えられるためである。また，内的作業モデルは，それ自体に合うように現実を解釈し，次なる関係性を導いていくことになるため，モデルの修正を余儀なくされるような状況（例えば，比較的大きな環境の変化が起こり，モデルによって表象されている内容と現実との隔たりがあまりに大きくなった場合など）におかれない限りは，加齢とともにますます安定性を増し，変わりにくくなると考えられるからでもある。そしてこのモデルは，特定のアタッチメント対象との関係だけでなく，他の人との関係性においても一般化されるようになっていくと

Bowlbyは考えた。

2-2　内的作業モデルの機能

内的作業モデルがアタッチメント関係の形成，維持においてどのような機能を果たすのかを，もう少し詳しくみることにしよう。Bowlby（1980）は，内的作業モデルの機能について，次のように述べている。「我々が人生で出会う状況はすべて，我々の周りの世界，ならびに自己に関して持っている代表的なモデルによって解釈される。感覚器官を通して到達される情報は，それらのモデルによって選択，解釈される。そして，その情報が自分にとって，また自分の愛する人にとって重要であるか否かは，そのモデルに従って評価される。また，行動の計画は，それらのモデルを用いて考えられ，実行される。さらに，それぞれの状況をどのように解釈し評価するかは，我々がどう感じるか，ということにも関連する（pp. 248-249, 筆者訳）」。

まず，Bowlby（1973, 1980）が強調したのは，アタッチメント対象の行動を予測し，自他の行動を心的にシミュレートし，自己の行動のプランニングを助けるという，将来の行動を導くものとしての内的作業モデルの役割である。さらにこのモデルは，特定のアタッチメント対象との関係を離れて新たな対人関係や新たな経験に出会った時にも適用されるようになるため，その個人の未来の関係性をも導いていくことになるのだという。

また，Bowlby（1980）は，情報処理の効率性という点からも，内的作業モデルの適応的な意義について述べている。すなわち，人間の情報処理の能力には限界があるため，流入する幾多の情報すべてを保持し，処理することはできない。そこで，自動的にある種の情報（個人にとって重要な情報）に選択的に注意を向け，解釈・評価を行うことができれば，注意の拡散を避けることができ，その結果，情報処理の効率性と安定性は向上すると考えられる。特にアタッチメントに関する入力情報の処理に際して，このような選択的フィルターとして働くのが，内的作業モデルだと言うことができる。

さらに，Main, Kaplan, & Cassidy（1985）は，内的作業モデルの再定義を行

うなかで，内的作業モデルを，入力情報の選択的な処理のみでなく，過去のアタッチメントに関連した記憶の体制化や検索を方向づけるものだとしている。彼女らの定義によれば，「関係性に関する内的作業モデルは，注意や記憶を方向づけ，組織化するためのルールを提供する。これらのルールによって，自己やアタッチメント対象，そして自己とアタッチメント対象との関係性に関するある種の知識に対するアクセスが可能となったり，あるいは制限されたりする(p.77，筆者訳)」という。

　まとめるならば，内的作業モデルとは，アタッチメントに関する情報の体制化，すなわち，アタッチメントに関する情報への注意や，アタッチメントに関する記憶，感情，行動の体制化をすすめる，大概は無意識的に働く心的ルールとしての役割を果たし，個人の対人関係のあり方に一貫性と安定性をもたらすものであると言えるだろう。

2-3　内的作業モデルの認知的構造

　内的作業モデルは，数々の表象から構成されるモデルである。しかし，それが具体的にいかなる認知的構造を有するかについては，いくつかの議論があるようである。ここではこれまでの主要な考えを整理し，その認知的構造をいかなるものと捉えるべきかについて考えておくことにしたい。

　現在のアタッチメント研究者（Bretherton, 1985, 1987, 1990；Crittenden, 1990, 1992）は，内的作業モデルを構成する表象の基本単位として，スクリプトやイベントスキーマ（Schank & Abelson, 1977；Schank, 1982；Mandler, 1979；Nelson & Grundel, 1981；Nelson, 1986）と呼ばれる構造に着目している。これらは，個人の経験の中で何度も繰り返されてきた類似事象の，骨組み的な情報を抽出したものである。スクリプトあるいは出来事に関するスキーマには，誰が，どこで，どのように，誰に対して，何をするか，という情報が貯蔵されている。例えば，「お腹がすいて『アー』と声を出すと，お母さんはいつも椅子に座らせ，エプロンをしてくれる，それから，目の前には食べ物の乗ったお皿が現れる」とか，「お母さんは寝る前にいつも，膝の上に座らせてくれて，好きな絵本を読んで

くれる」というようなものである。子どもが日常頻繁に経験する出来事はいずれも、スクリプトやスキーマという形で記憶されると考えられる。既知の事象が経験されると、それに関連するスクリプトあるいはスキーマが呼び起こされ、それは、次に生じることを予測することを助ける。

このようなスクリプトあるいはスキーマの存在は、かなり早期の子どもにも仮定できることがわかってきている。例えば、生後3カ月の子どもでも、運動行為の手がかり再生が可能であることが確かめられているのである（Rovee-Collier & Fagan, 1981）。こうした知見を受けて、最近では、内的作業モデルの出発点が、当初Bowlbyが仮定していた生後6カ月よりも早い時期（具体的には生後3、4カ月頃）にあるのではないかと考えられるようになってきている（Main, et al., 1985 ; Bretherton, 1987, 1990）。また、2歳にもなるとみたて遊びやごっこ遊びの中で、日常のやりとりや出来事の再演が見られるようになる。これは、この年齢の子どもが、日常の出来事に関する情報をスキーマの形で利用し得ることを示唆する。さらに、3歳児は、日常のルーティーンな事象に含まれる行為の順序を、かなりよく再生できることが示されている（Nelson & Grundel, 1981）。

このように、内的作業モデルは、多数のスクリプトやスキーマから構成されていると考えられているが、それらが内的作業モデルをどのような形で構成していると考えるかは、論者によって若干見解が異なるようである。例えば、Bowlby（1980）やCrittenden（1990）はTulving（1972, 1985）の理論に依拠して、内的作業モデルを、明確に分離し得る複数の記憶システムから成り立っているもの、と考えている。Crittenden（1990）は、Tulving（1985）の記憶モデルを採用し、子ども期には少なくとも手続き記憶、意味記憶、エピソード記憶の3つの異なる記憶システムが存在し、成人になってからもそれらがずっと作動し続ける、と考えている。このうち、最も早くから利用可能な記憶は、手続き記憶であり、生後3カ月頃からすでに認めることができる（Rovee-Collier & Fagan, 1981）。手続き記憶とは、過去に繰り返し経験された行動のパターンであり、これは、状況的、文脈的手がかりによって引き出される。例えば、乳児は母親の足音を聞くと、笑みを浮かべて両手を挙げて母親を迎え入れるとい

う行動を示すが，こうした行動パターンは，過去のアタッチメント対象とのやりとりの経験の中から一般化され，再生されたものと考えられる。手続き記憶は，通常意識化されないが，Tulving（1985）によれば，我々の行動の大部分は意識的な思考ではなく，このようなルーティーン化された行動から成り立っている。手続き記憶の次に利用可能となるのは，意味記憶である。意味記憶とは，主に言語的に符号化された，意識可能な記憶であり，繰り返し生じる様々な出来事の意味を一般化したり，要約したりしたものである。アタッチメントに関して言えば，意味記憶には，その関係性の性質を抽象一般化したものが含まれる。意味記憶は言語を用いることができるようになるに伴って本格化する。このように手続き記憶と意味記憶の2つは，特定の事象に限定しない，多くの類似事象に基づく記憶だといえる。これに対しエピソード記憶は，特定の出来事に関する記憶のことを言う。エピソード記憶は，時間の流れに沿って組織化されており，視覚的あるいは言語的に符号化される。エピソード記憶では，そのエピソードの中で起こったことの時間的なつながりや，それがいつ起こったかを他のエピソードとの対比で符号化しなければならないため，意味記憶に比べるとより複雑な情報処理が必要とされる。このため，少なくとも2歳以前にはみられない，とされている（Nelson & Ross, 1980）。

　いっぽう，Bretherton（1985, 1987, 1991）は内的作業モデルの構造を考える際に，Schank（1982）の記憶理論を採用している。Schank（1982）は，Tulvingのように記憶システム間に明確な区別は設けず，記憶を，現実経験に非常に近いものから非常に抽象的なものに至る，相互に関連を持つ，多重の階層構造をなすスキーマの集合体と捉えている。

　上記のような考え方の違いはあるが，CrittendenもBrethertonも，内的作業モデルがうまく機能するためには，異なる記憶システム間，あるいは様々な抽象度のスキーマ間で，情報がやりとりされ，統合されることが重要である，と考えている。これがなされないと，情報が歪んだ形，あるいは不完全な形で処理されることになり，内容の相容れない，矛盾したモデルが構成される可能性が高くなるからである。その結果，モデルは現実のシミュレーションモデルとして，適切に機能しなくなってしまうおそれが生じてくるのである（内的作

業モデルの認知構造については遠藤［1992］が批判的視点から整理・考察を行っているので，参照されたい）。

2-4　他者の心的状態の理解から見る内的作業モデルの発達

　アタッチメント行動の発達プロセスに関するBowlbyの考えはすでに第1章で見たとおりであるが，じつのところ彼は，内的作業モデルの発達についてはあまり詳細に論じていない。しかし，彼が内的作業モデルの発達を，各種認知の発達と密接な関連を持つものと考えていたことは確かである。Bowlby (1969) によれば，子どもが設定目標を実現するために立てる計画は，単純であれ，複雑であれ，環境と生体に関する作業モデルに照らして初めて産出され得る。そして，計画の複雑さの程度は，選択される設定目標や状況に関して子どもが下す評価，計画を考えるスキルに依っており，ゆえに，子どもが計画を立てる能力が発達するとともに，作業モデルの構築と精緻化は生じるという。これを拡張するならば，内的作業モデルの構造の複雑さや機能は，発達の各時期の認知的能力の制約を受けている，と言うことができるだろう（Main, 1991）。

　1980年代に入ってから，子どもの社会認知的発達の様相が明らかにされるに伴い，Bowlbyの次世代のアタッチメント研究者ら（e.g. Main, et al. 1985 ; Bretherton, 1985, 1987, 1990, 1993 ; Crittenden, 1990, 1992）によって，内的作業モデルの発達に関して理論的関心が高まり，かつ実証検討も行われるようになってきた。特に，いわゆる「心の理論」（Premack & Woodruff, 1978）研究の進行とともに，他者の心的状態の理解がいかに内的作業モデルの発達を引き上げるかについての議論がにわかに喧しくなってきていると言える（Bretherton, 1990）。これまで述べてきたように，内的作業モデルの機能のひとつは，他者の行動をはじめとする周りの世界について予測を立て，それに応じて自身の行動の計画を立てることである。他者の行動の精緻な予測を立てるためには，行動についての表面的な理解だけでなく，その行動の背後にある他者の心的状態，すなわち，他者の意図や感情，欲求，信念についての理解が必要となる。さらにそれらは，他者と目標修正的なパートナーシップを築いていくためにも必要とされ

るものである。では，他者の心的状態についての理解の発達は，いつ頃，どのようにして進んでいくのだろうか。

　Bowlby (1969) は，アタッチメントの発達の第4段階「目標修正的な協調性の形成」（3歳以降）に至って初めて，子どもは母親の感情や動機を洞察できるようになると考えた。その一方で彼は，Piaget (1924) を引用して，子どもが他者の目標や計画を理解する上で必要とされる，他者の視点に立って物事を考える能力は，7歳くらいにならないと発達しないとも述べている。しかしながら，日常場面における家族との葛藤や協同，あるいはその中での心理的語彙の使用などを扱った最近の研究では，他者の心的状態に関する理解はより早期から始まっており，特に，生後3年目に入る頃から急速に発達することが明らかにされている（Bretherton & Beeghly, 1982；Dunn, Bretherton, & Munn, 1987；Wellman, Harris, Banjerjee, & Sinclair, 1995）。これら一連の研究は，3歳児でも，①心的状態を他者に帰属でき，また感情については（同じ状況下にあっても）人によって異なり得ることを認識していること，②出来事と，感情や欲求といった少なくとも一部の心的状態と，行動とのつながりを理解し，完全ではないにせよ，人の行動をその人の心的状態という観点から捉え得るということを示唆している。

　さらに4～5歳頃になると今度は，他者の行動を感情や欲求のみでなく，信念に基づいて解釈する（人が～するのは～だと思っているからだという解釈）ことが可能になる（Bartsch & Wellman, 1995）。また，この頃には，人の心的状態を構成している表象そのものについて，考えることができるようになるとも言われている（メタ表象能力の獲得）（Gopnik & Astington, 1988；Moore, Pure, & Furrow, 1990）。このメタ表象能力は7歳頃になると一段と増大し，子どもは他者が自分についてどのように思っているかをも考えられるようになる（Miller, Kessel, & Flavell, 1970）。また，人の見かけの表情と，本当に感じていることとは異なることがあることも理解し得るようになる（Harris & Gross, 1988；Friend & Davis, 1993）。

　当然のことながら，こうした心の読み取りに関わる種々の能力の獲得は，子どもがアタッチメント対象の行動を予測・説明し，自ら行動を調整することの

精度を飛躍的に高め得るものと考えられる（Bretherton, 1990）（内的作業モデル概念と心の理論概念の関連と差異の詳細については遠藤［1997］を参考されたい）。無論，内的作業モデルの発達はここで止まるものではない。この後も青年期・成人期にかけて，自他の分化や自己内省傾向，あるいは抽象的思考などの獲得が徐々に進行するに伴い，また，養育者以外の親密な他者との関係がますます広がりと深まりを見せるにつれて，その構造と機能はより複雑・多様なものに変じていくことが想定される（e.g. Ricks, 1985）。そして，先にも見たように，一般的には加齢とともに内的作業モデルの固定性は徐々に増していく傾向を有してはいるのだが，時に人は，客観的に冷ややかに，自らが経てきた過去の諸経験や自己と他者の関係性の一般的な特質を省み再評価し，特に具体的な生活状況の変化などを経験しなくとも，ある程度は自ら主体的に，内的作業モデルの構造や内容を部分的に変え得るようになるのかも知れない（Allen & Land, 1999）。

2-5　本章のまとめ

　Bowlby が提示した内的作業モデルの考えは，1980年代の後半頃から再評価を受け，そのことによって，アタッチメントの実証研究においても新たな潮流が生じるに至った。すなわち，行動レベルでのアタッチメントに焦点が当てられていたのが1980年代以前だとすれば，アダルト・アタッチメント・インタビュー（→ TOPIC 6-1）等の開発によって，表象レベルでのアタッチメントに実証研究のメスが入るようになったのが，1990年代以降と言えるだろう。そして現在は，それらの実証研究によってもたらされた新たな知見に，時代背景の変化なども加わって，さらなる理論的な精緻化が求められていると言える。例えば，複数の養育者に対するアタッチメント表象が，個人の中でどのように組織化されているのかという問題や，なぜある人においては内的作業モデルが変容し，ある人においては変容しないのか，という変容メカニズムについての問題，さらにはアタッチメントの世代間伝達のメカニズムについての問題など，今後明らかにしていくべき問題は数多く残されていると言える。また，この内

的作業モデルとの関連で，アタッチメントを情動制御システムと見なす見方が注目を集めており，今後の動向が大いに気にかかるところである（→ TOPIC 2-1　情動制御システムとしてのアタッチメント）。

―――― **TOPIC** 2-1 ――――――――――――――――

情動制御システムとしてのアタッチメント

　情動研究の隆盛に伴って，アタッチメントを情動制御のシステムとして捉えるという考え方が，近年，注目を集めている。Bowlby（1980）は，内的作業モデルに関する記述の中で，「我々がそれぞれの状況を（内的作業モデルによって）どのように解釈し評価するかは，我々がどう感じるか，ということにも関連する（pp.248-249）：（　）は筆者が補足）」と述べている。ここからは，Bowlbyが内的作業モデルを個人の情動制御の過程（内的情感の制御）に関わるものとして捉えていたことが伺える。そしてBowlby以後のアタッチメント研究においては，一般的に，①アタッチメント関係は養育者と子どもとの情動制御の歴史の中から作られる，②アタッチメントに関する内的作業モデルは個人がどのようなやり方で自身の情動を制御するか，あるいは環境との関わりを制御する際に情動をどのように用いるかに影響を与える，と把握されるに至っている。

　例えば，Sroufe（1996）は，養育者と子どもの間で，生理的緊張や情動喚起，情動反応のコントロールがどのようになされてきたのかという情動制御の歴史の中で，アタッチメント関係は作られると考えている。生後2年目頃までは，子どもは養育者の助けに支えられながら，養育者とのやりとりの中で情動の制御を図る。その際，養育者がどのように関わるかによって，子どもと養育者のアタッチメントの質（第3章参照）が規定されていく。やがて，脳神経系や認知機能の成熟が進んでくると，子どもは養育者の助けを借りずにひとりで情動を制御できるようになっていく。すると今度は，それまでに築いてきた養育者と子どもの関係性が，子どもがいかに情動喚起の自己調整を行うかに，影響を与えることになる。Sroufeによれば，養育者と安定したアタッチメント関係を有している子どもは，養育者との間で幅広い情動のやりとりを経験しており，また，養育者によって自身の情動が効果的に制御されることを経験している。こうした子どもは，情動を自由に表出すること，情動の喚起は破壊的なものではないこと，たとえ情動の喚起が破壊的であったとしても，他者の助けを借り

てすぐに均衡が取り戻されることを学んでいる。したがって，安定したアタッチメントの歴史を持つ子どもは，潜在的に情動喚起を引き起こすような事象に容易に関わり得るようになり，たとえ強い情動が喚起された時でも，自身でそれを調整する努力をし，それが困難な時には，容易に他者に頼ることができるという。このように Sroufe は，情動喚起とその制御に関する数々の基本的な経験の上に，初期の内的作業モデルが築かれ，それが個人の後の情動の自己調整に影響を及ぼしていくと考えているのである。

また，Malatesta-Magai（Malatesta, 1990 ; Magai & McFadden, 1995）は，アタッチメント関係の中で情動バイアスが作られると考えた。情動バイアスとは，個人の主観的情動経験や情動表出，情動の覚知・対処方略などの偏りを指す。Magai によれば，個々の情動は，基本的には環境への適応を高めるという，適応的な目的を有している。したがって，人格発達を考えた場合，すべての情動をバランスよく用いることができることが，個人の適応にとって望ましいことだと言える。しかし多くの人は，発達の過程である種の情動バイアスを発達させるという。すなわち，発達の過程で特定の情動喚起のパターンが繰り返されると，ある特定の優位化した情動状態が経験されやすくなり，周囲の環境に対して，特定のやり方を以て反応する傾向が作られる。それは，状況認知の仕方や他者の情動の知覚，情動の表出の仕方，情動に関係した行動などにおける偏りという形で現れることになる。Magai は，この情動バイアスは主としてアタッチメント関係の中で形成される，と述べている。すなわち，養育者とのやりとりにおいて，どのような情動がどの程度活性化されてきたか，情動の喚起がどのように解決・静穏化されてきたか，子どもの情動経験に対してどのような意味づけがなされてきたか，などによって，情動バイアスが形成されるのだという（アタッチメントと情動バイアスの関連性については遠藤［2002］に解説があるので，参照されたい）。

Cassidy（1994）も，情動表出の制御方略の個人差を，個人のアタッチメントの歴史の反映と考えることで，情動とアタッチメントとの関連についての理論化を試みている。Cassidy によれば，乳児が用いる情動表出の制御方略（例えば，情動をオープンに表出するか，情動をできるだけ表出しないようにするか，

あるいは情動を過剰に表出するか）は，自分の養育史に対する反応として子どもが発達させてきた，アタッチメント対象との関係性を維持・調整するための適応的方略の一部と見なし得るという。つまり，個々の子どもは，アタッチメント対象との近接を維持する上で最も有効と考えられるような情動表出の仕方を身につけていくのだという。

　さらにある論者は，青年期以降のアタッチメントの主要な機能は，情動制御にあると考えている。Allen & Land（1999）によれば，青年期には情動を制御する能力が発達し，養育者に頼らず，ひとりで行動することが多くなる。この時期に，情動を歪曲することなく制御する能力を発達させることが，将来他者との関係性を構築・維持する能力を高め，究極的には自分の子孫を育てていく能力を高めることにつながるという。

　アタッチメントの情動制御機能への着目は，今後も，アタッチメントの時間的安定性や変容可能性，世代間伝達のメカニズムを明らかにする上でより重要になってくるものと思われる。この分野についてはまだ研究の途上にあり，さらなる研究の蓄積が期待される。

　　　　　　　　　　　　　　　　　　　　　　　　　　　　　坂上裕子

第2章　引用文献

Allen, J. P., & Land, D.(1999) Attachment in adolescence. In J. Cassidy & P. R. Shaver (Eds.), *Handbook of attachment : Theory, research, and clinical applications* (pp. 319-335). New York : Guilford.

Bartsch, K., & Wellman, H. M.(1995) *Children talk about the mind*. New York : Oxford University Press.

Bowlby, J.(1969/1982) *Attachment and loss. : Vol. 1 Attachment*. New York : Basic.

Bowlby, J.(1973) *Attachment and loss. : Vol. 2 Separation*. New York : Basic.

Bowlby, J.(1980) *Attachment and loss. : Vol. 3 Attachment*. New York : Basic.

Bretherton, I.(1985) Attachment thoery : Retrospect and prospect. In I. Bretherton & E. Waters (Eds.), Growing points of attachment theory and research. *Monographs of the Society for Research in Child Development*, **50** (1-2, Serial No. 209), 3-35.

Bretherton, I.(1987) New perspectives on attachment relations : Security, communication, and internal working models. In J. Osofsky (Ed.), *Handbook of infant development* (2nd ed., pp. 1061-1100). New York : Wiley.

Bretherton, I.(1990) Open communication and internal working models : Their role in the development ot attachment relationships. In T. Thompson (Ed.), *Socioemotional development* (Nebraska Symposium on Motivation, pp. 1-56). Lincoln : University of Nebraska Press.

Bretherton, I.(1991) Intentional communication and the development of an understanding of mind. In D. Frye, & C. Moore (Ed.), *Children's theories of mind : Mental states and social understanding* (pp. 49-75). Hillsdale, NJ, England : Lawrence Erlbaum Associates, Inc.

Bretherton, I.(1993) From dialogue to internal working models : The co-construction of self in relationships. In C. A. Nelson (Ed.), *Memory and affect in development : Minnesota Symposium on Child Psychology* (pp. 237-364). Hillsdale, NJ : Lawrence Erlbaum.

Bretherton, I., & Beeghly, M.(1982) Talking about internal states. : The acquisition of an explicit theory of mind. *Developmental Psychology*, **19**, 906-921.

Cassidy, J.(1994) Emotion regulation : Influences of attachment relasionships. In N. A. Fox (Ed.), The development of emotion regulation : Biological and behavioral considerations. *Monographs of the Society for Research in Child Development*, **59** (2-3, Serial No. 240.), 228-249.

Craik, K. (1943) *The nature of explanation.* Cambridge, England : Cambridge University Press.

Crittenden, P. M. (1990) Internal representational models of attachment relationships. *Infant Mental Health Journal*, **11**, 259-277.

Crittenden, P. M. (1992) Quality of attachment in the preschool yearss. *Development and Psychopathology*, **4**, 209-241.

Dunn, J., Bretherton, I., & Munn, P. (1987) Conversations about feeling states between mothers and their young children. *Developmental Psychology*, **23**, 132-139.

遠藤利彦 (1992) 愛着と表象－愛着研究の最近の動向：内的作業モデル概念とそれをめぐる実証研究の概観－ 心理学評論, 35, 201-233.

遠藤利彦 (1997) 乳幼児期における自己と他者，そして心：関係性，自他の理解，および心の理論の関係性を探る 心理学評論, 40, 57-77.

遠藤利彦 (2002) 発達における情動と認知の絡み 高橋雅延・谷口高士（編）感情と心理学 (pp. 2-40) 北大路書房

Friend, M., & Davis, T. L. (1993) Appearance-reality distinction : Children's understanding of the physical and affective domains. *Develomental Psychology*, **29**, 907-914.

Gopinik, A., & Astington, J. W. (1988) Children's understanding of representational change and its relation to the understanding of false belief and the appearance-reality distinction. *Child Develoment*, **59**, 26-37.

Harris, P. L., & Gross, D. (1988) Children's understanding of real and apparent emotion. In J. W. Astington, P. L. Harris, & D. R. Olson (Eds.), *Developing theories of mind* (pp. 295-314). Cambridge, UK : Cambridge University Press.

Magai, C., & McFadden, S. H. (1995) *The role of emotions in social and personality development.* New York : Plenum.

Main, M. (1991) Metacognitive knowlegde, metacognitive monitoring, and singular (coherent) versus multiple (incoherent) models of attachment. Findings and direction for futrure research. In C. M. Parkes, J. Steven-Hinde, & P. Marris (Eds.), *Attachment across the life cycle* (pp. 127-159). London : Routledge.

Main, M., Kaplan, N., & Cassidy, J. (1985) Security in infancy, childhood, and adulthood : A move to the level of representation. In I. Bretherton & E. Waters (Eds.), Growing points of attachment theory and research. *Monographs of the Society for Research in Child Development*, **50** (1-2, Serial No. 209), 66-104.

Malatesta, C. Z. (1990) The role of emotion in the development and organization of personality. In T. Thompson (Ed.), *Socioemotional development* (Nebraska Symposium on Motivation, pp. 1-56). Lincoln : University of Nebraska Press.

Mandler, J. H. (1979) Categorical and schematic organization in memory. In C. R. Puff (Ed.), *Memory Organization and Structure*. New York : Academic Press.

Miller, P. H., Kessel, F. S., & Flavell, J. H. (1970) Thinking about people thinking about people thinking about : A study of social cognitive development. *Child Development*, **41**, 613-623.

Moore, C., Pure, K., & Furrow, D. (1990) Children's understanding of the model expression of speaker certainty and uncertainty and its relation to the development of a representational theory of mind. *Child Development*, **61**, 722-730.

Nelson, K. (1986) *Event knowledge : Structure and function in development*. Hillsdale, NJ : Erlbaum.

Nelson, K., & Grundel, J. (1981) Generalized event representations : Basic building blocks of cognitive development. In M. E. Lamb & A. Brown (Eds.), *Advances in developmental psychology* (Vol. 1, pp. 131-158). Hillsdale, NJ : Erlbaum.

Nelson, K., & Ross, G. (1980) The general and specifics of long-term memory in infants and young children. IN M. Perlmutter (Ed.), *Naturalistic approaches to memory* (pp. 87-101). San Francisco : Jossey-Bass.

Piaget, J. (1924) *The language and thought of the child*. London : Routledge & Kegan Paul ; New York : Hartcourt, Brace.

Piaget, J. (1967) Psychology, interdisciplinary relations and the system sciences. *Psychologia Wychowawcza*, **10**, 150-171.

Premack, D., and Woodruff, G. (1978) The chimpanzee have a theory of mind ? *Behavioral and Brain Sciences*, **1**, 515-526.

Ricks, M. H. (1985) Social transmission of parental behavior : Attachment across generations. In I. Bretherton & E. Waters (Eds.), Growing points of attachment theory and research. *Monographs of the Society for Research in Child Develpment*, **50** (1-2, Serial No. 9), 211-227.

Rovee-Collier, C. K., & Fagan, C. W. (1981) The retrieval of memory in early infancy. In L. P. Lipsitt (Ed.), *Advances in infancy research*. (Vol. 1, pp. 225-254). Norwood, NJ : Ablex.

Schank, R. C. (1982) *Dynamic memory : A theory of reminding and learning in conputers and people*. Cambridge : Cambridge Unversity Press.

Schank, R. C., & Abelson, R. P. (1977) *Scripts, Plans, Goals, and Understanding.* Hillsdale, NJ : Erlbaum.

Sroufe, L. A. (1996) *Emotional development.* The organizatrion of emotional life in the early years. Cambridge : Cambridge University Press.

Tulving, E. (1972) Episodic and semantic memory. In E. Tulving and W. Donaldson. (Eds.), *Organization of memory* (pp. 381-403). New York : Academic Press.

Tulving, E. (1985) How many memory systems are there ? *American Psychologist,* **40**, 385-398.

Wellman, H., Harris, P. L., Banjerjee, M., & Sinclair, A. (1995) Early understanding of emotion : Evidence from natural language. *Cognition and Emotion,* **9**, 117-149.

第3章　アタッチメントの個人差とそれを規定する諸要因

遠藤利彦・田中亜希子

3-1　アタッチメントの個人差とその測定

3-1-1　アタッチメントの個別的要素（individual component）

　第1章で示したように，ヒトには，他の多くの生物種と同様に，特定個体との近接を求め，これを維持しようとする傾性（＝アタッチメント欲求）が本源的に備わっている。そして，その充足を通して"自らが安全であるという感覚（felt security）"を得ることが，ヒトという生物種一般に当てはまるひとつの適応上の目標であると言える。しかし，アタッチメントにはこのような種に共通した"基準的要素（normative component）"の範疇では語り得ないもうひとつの要素，すなわち一人ひとりの個性の形成に関わる"個別的要素（individual component）"が存在している（Goldberg, 2000）。

　当然のことながら，関係とは2人の人間がいて初めて成り立つものである。これは，たとえすべての個人が皆等しく潜在的に誰かとの間に緊密な関係性を確立したいという欲求を有していても，相手側の応じ方によっては，それが必ずしも十分に満たされない場合があるということを意味する。そうした場合，大人であれば，その対象との関係の確立・維持を諦め，新たに別の対象との関係を再構築するということもできるだろう。しかしながら，乳児にこうした選択はほとんどあり得ない。なぜならば，乳児には自らの養育者を選び変えることなど，実質的に不可能だからである。どのような養育者であれ，その対象と

の関係が切れてしまえば，乳児の生存およびその後の健常な心身の発達は保証されないことになる。そして，その当然の帰結として乳児は，最低限，何とか自分が安全であるという感覚を確保すべく，自分が置かれた環境，特に養育者の特質に応じて，養育者への近接の方略および養育者との関係のスタイルを調整しなければならないことになるのである。

3-1-2　ストレンジ・シチュエーション法とアタッチメントの基本的3類型

　養育環境に応じた近接方略や関係スタイルの差異にアタッチメントの個人差の起源があると考え，いち早くこの領域の研究に着手したのが Ainsworth et al. (1978) である。彼女らは，アタッチメントの個人差を把捉する理論的枠組みを整理・構築し，それを実験的に測定する手法である"ストレンジ・シチュエーション法 (Strange Situation Procedure：以下 SSP)"を案出したことで知られている。より具体的に言えば，Ainsworth は，相対的にストレスフルな状況下で，乳児が主要なアタッチメント対象に対してどのようなアタッチメント行動を向け，またその対象をいかに安全基地として利用し得るかということが，乳児のアタッチメントの個人差を測定する上で最も有効な指標になると考えた。SSP とは，その名からもある程度推察されるように，乳児を，(彼らにとっては) 新奇な実験室に導き入れ，見知らぬ人に対面させたり，養育者と分離させたりすることによってマイルドなストレスを与え，そこでの乳児の反応を組織的に観察しようとする実験的方法のことである。

　それは，図3-1に示すような8つの場面からなり，乳児のアタッチメントの性質は，養育者に対して近接を求める行動，近接を維持しようとする行動，近接や接触に対する抵抗行動，近接や相互交渉を回避しようとする行動，(実験室から出て行った) 養育者を探そうとする行動，距離を置いての相互交渉という6つの観点から評定される。もっとも，SSP で重視されるのは，こうした個々の行動そのものの特質 (持続時間や頻度など) では必ずしもなく，むしろこれらの行動が全体としていかに"組織化 (organize) されているか"という点である (Main, 1999；Sroufe, 1996)。Ainsworth は，乳児における，こうした組織化の個人差が，特に，養育者との分離場面における回避行動と再会場面に

第3章　アタッチメントの個人差とそれを規定する諸要因

①　実験者が母子を室内に案内。母親は子どもを抱いて入室。実験者は母親に子どもを降ろす位置を指示して退室。（30秒）

②　母親は椅子にすわり、子どもはオモチャで遊んでいる。（3分）

③　ストレンジャーが入室。母親とストレンジャーはそれぞれの椅子にすわる。（3分）

④　1回目の母子分離。母親は退室。ストレンジャーは遊んでいる子どもにやや近づき、はたらきかける。（3分）

⑤　1回目の母子再会。母親が入室。ストレンジャーは退室。（3分）

⑥　2回目の母子分離。母親も退室。子どもはひとり残される。（3分）

⑦　ストレンジャーが入室。子どもを慰める。（3分）

⑧　2回目の母子再会。母親が入室しストレンジャーは退室。（3分）

図3-1　ストレンジ・シチュエーションの8場面（繁多，1987が Ainsworth *et al.*, 1978 を基に作成）

おける抵抗行動の組み合わせパターンに最も典型的に現れることを見て取り，これらの違いに従って，乳児のアタッチメントの質を大きく，Aタイプ（回避型），Bタイプ（安定型），Cタイプ（抵抗／アンビヴァレント型）の3つに分類するコーディング／カテゴリー・スキーマを世に問うたのである。（→ TOPIC 3-1　アタッチメントQソート法による"安定性"の測定）

　それによれば，Aタイプは，養育者との分離に際して，さほど混乱・困惑した様子を示さない。そしてまた，再会時にも養育者を喜んで迎え入れる様子が

51

相対的に乏しく，どことなくよそよそしい態度を見せたりする子どもである。一方，養育者との分離に際して混乱を示す子どもは，再会時の行動パターンによってBとCの2つのタイプに振り分けられる。Bタイプは，再会時に，それまでのぐずりの状態から容易に落ち着きを取り戻し，喜びと安堵の表情を見せながら，養育者に積極的に身体接触を求めていく子どもである。それに対してCタイプは，再会時に，容易に静穏化せず，養育者に近接を求めていきながら，その一方で激しい怒りを伴った抵抗的態度を向けるなど，両価的な態度が顕著に見られる子どもである（表3-1には各タイプの特徴をより詳細にまとめた）。

彼女自身の研究による各タイプの比率構成は，Aタイプが21％，Bタイプが67％，Cタイプが12％というものであった。ちなみに，この比率は，その後，世界8カ国で行われた39の研究，約2000人の乳児のデータを総括して得られた，各タイプの比率とほとんど変わらないものである（van IJzendoorn & Kroonenberg, 1988）。もっとも，社会文化による違いが存在しないというわけではなく，例えば，米国のデータと比較して，ドイツではAタイプの比率が，またイスラエルや日本ではCタイプの比率が相対的に高いということが知られている。この背景に，社会文化間に存在する子どもやその養育に対する基本的考え方（Harwood et al., 1995）および実際の家族形態や養育システム（van IJzendoorn & Sagi, 1999）の差異などが関与している可能性は否定できない（アタッチメントに対する文化的影響については第9章でより詳細に扱う）。

3-1-3　Dタイプ：無秩序・無方向型への着目

上述したA，B，Cの3タイプは今なおアタッチメント研究の基本型としてあり続けているが，近年，この3つだけでは子どものアタッチメントの個人差を十分に理解しきれないのではないかという見方が大勢を占めつつある（Lyons-Ruth & Jacobvitz, 1999；Solomon & George, 1999）。AinsworthらのSSPはその開発以来，様々なサンプルに適用され，これまでに多くの実り多い研究成果を上げてきたと言えるが，その一方で，すべての子どもをA，B，Cのいずれかに振り分けることがそもそも妥当なのか，あるいは可能なのかという疑問が当初からささやかれていたことは事実である。特にハイリスク・サンプルを

表3-1 各アタッチメントタイプの行動特徴と養育者の関わり方

	ストレンジ・シチュエーションにおける子どもの行動特徴	養育者の日常の関わり方
Aタイプ（回避型）	養育者との分離に際して混乱を示したり、泣いたりすることはほとんどない。再会時には、明らかに養育者を避けようとする行動が見られる。養育者が抱っこしようとしても子どもの方から抱きつくことはなく、かえって抱かれることに抵抗を示したりはしない。養育者を安全基地としておもちゃなどの間を行きつ戻りつしながら実験室内の探索を行うことがあまり見られない（養育者と玩具などの間を行きつ戻りつしながら行動を示すことが相対的に多い）。	全般的に子どもの働きかけに拒否的にふるまうことが多く、他のタイプの養育者と比較して、子どもと対面しても微笑を示したり身体接触することが少ない。子どもが苦痛を示していたりするときでもかえってそれを嫌がって、子どもを遠ざけてしまうような場合もある。また、子どもの行動を強く統制しようとする働きかけが多く見られる。
Bタイプ（安定型）	分離時に多少の泣きや混乱を示すが、養育者との再会時には積極的に身体接触を求め、容易に静穏に戻る。実験全般にわたって養育者や実験者に肯定的感情や態度を見せることが多く、養育者との分離時にも、実験者からの慰めを受け入れることができる。養育者を安全基地として、積極的に探索活動を行うことができる。	子どもの欲求や状態の変化などに相対的に敏感であり、子どもに対して過剰なあるいは無理な働きかけをすることが少ない。また、子どもとの相互交渉は、全般的に調和的かつ円滑であり、遊びや身体接触を楽しんでいる様子が随所にうかがえる。
Cタイプ（アンビヴァレント型）	分離時に非常に強い不安や混乱を示す。再会時には養育者に身体接触を求めていくが、その一方で怒りながら養育者を激しく叩いたりする。全般的に行動が不安定で随所に用心深い態度が見られ、養育者に安心して探索活動を行うことがあまりない。（近接と怒りに満ちた抵抗という両価的な側面が認められ、養育者に執拗にしがみつくようなことをすることが相対的に多い。）	子どもが発するアタッチメントのシグナルに対する敏感さが相対的に低く、子どもの行動や感情状態を適切に調整することがやや不得手である。子どもとの間で肯定的な相互交渉をもつことが少なくはないが、それは子どもの欲求に応じたものというよりも、養育者の気分や都合に合わせたものであり、結果として、子どもが同じことをしても、それに対する反応が相対的に一貫性を欠いたり、応答のタイミングが微妙にずれたりすることが多くなる。
Dタイプ（無秩序・無方向型）	近接と回避という本来なら両立しない行動が同時的に（例えば顔を背けながら養育者に近づこうとする）あるいは継時的に（養育者にしがみついたかと思うとすぐに床に倒れ込んだりする）見られる。不自然でぎこちない動きを示したり、タイミングのずれた場違いな行動や表情を見せたりする。さらに、突然すくんで動かなくなったり、うつろな表情を浮かべつつじっと一点を見つめつづけたりしたいのか何をしたいのか読みとりづらい。時折、養育者の存在におびえているような素振りを見せることがあり、むしろ初めて出会う実験者等に、より自然で親しげな態度を取るようなことも少なくない。	Dタイプの子どもの養育者の特質に関する直接的な証左は少ないが、Dタイプが被虐待児などの感情障害をもつ親にもつ子どもに非常に多く認められることから以下のような心理的な問題が推察されている。（多くは外傷体験などの未解決の問題を抱えて）精神的に不安定なところがあり、突発的にパニックに陥るあるいは言動一般が不調を呈し、おびえさせるような行動をすることがある（言い換えれば子ども一般に表情や声あるいは身振りを含めた）通常一般では考えられないような（虐待行為を含めた）不適切な養育を施すこともある。

扱った研究者の中にそうした声は大きく，彼らの多くは"分類不可能（cannot classify）"な子どもがかなりの確率で存在していることを早くから認識していたと言われている（e. g. Crittenden, 1985）。

　こうした批判的な声を受ける形で，Main & Solomon（1990）は，タイプ分けに疑問が残るとされていた子ども 200 人のビデオテープを詳細に再検討し，そこにある一定のパターンが存在することを見出した。そして彼女らは，そうした子どもを新たにDタイプ，すなわち"無秩序・無方向型（disorganized/disoriented）"に組み入れ直すことを提唱したのである。彼女らによれば，その顕著な特徴は，突然のすくみ，顔をそむけた状態での親への近接，ストレンジャーにおびえた際に親から離れ壁にすり寄るような行動，再会の際に親を迎えるためにしがみついたかと思うとすぐに床に倒れ込むような行動と，本来は両立しないような行動システム（例えば近接と回避）が同時的あるいは継時的に活性化されるような動きにあるという。

　Bタイプはもちろんのこと，Aタイプは親などに対するアタッチメント行動や情動表出を一貫して抑え込もうとする（minimize）点で，またCタイプはアタッチメント行動や情動を最大限に表出し（maximize），アタッチメント対象を常時自分のもとに置いておこうとする点で，いずれも整合的かつ"組織化された（organized）"アタッチメントタイプであるということができる（Main, 1991）。ところが，このDタイプは，こうした行動の一貫性をあまり有しておらず，個々の行動がばらばらで全体的に秩序立っていない（disorganized）あるいは何をしようとするのかその行動の方向性が定まっていない（disoriented）という印象を観察者に強く与えるのだという。これまでの複数の研究をレビューしたある研究者たち（van IJzendoorn et al., 1999）によれば，危険因子の少ない通常のサンプルでも，全体の約 15％がこのDタイプに分類される可能性があるということである。現在，ほとんどのアタッチメント研究は Ainsworth による A，B，C の 3 タイプにこの D タイプを加えた 4 分類で子どものアタッチメントの個人差を測定・表現するようになってきている。

3-2 アタッチメントの個人差を生み出す養育環境の役割

3-2-1 養育者の感受性とアタッチメントの個人差

　先述したように，子どものアタッチメント欲求はどのような親子関係においても一様に適切に満たされるわけではない。したがって，子どもはその関係の性質に応じて，適宜，近接のための方略を変えることを余儀なくされる。つまり，どのような形であれ，近接による安心感を得るために，自らのアタッチメント行動を調整し，結果的に特定のアタッチメントスタイルを身につけざるを得ないことになる。Ainsworth は基本的にこうした仮定に基づいて，SSP に現れるアタッチメントのタイプと日常の養育者の子どもに対する関わり方，特に子どもの欲求や各種シグナルに対する"感受性（sensitivity）"との関連性について検討を行っている。彼女は，各家庭における日常の母子相互作用を観察して，A，B，C 各アタッチメントタイプの子どもの養育者がそれぞれ表 3-1 のような特徴を備えていると結論している。

　子どもの視点からすると，A タイプの子どもは，いくらアタッチメントのシグナルを送出しても，養育者からそれを適切に受け止めてもらえることが相対的に少ない。結局のところ，アタッチメント行動を起こしても，それが報われない場合が多いということである。それどころか，子どもが泣いたり近接を求めて行ったりすればするほど，このタイプの養育者はそれを忌避してますます離れていく傾向があるため，子どもの方は，むしろ各種アタッチメントのシグナルを最小限に抑え込むことによって（すなわち回避型のアタッチメント・パターンをとることで），逆に，子どもは養育者との距離をある一定範囲内にとどめておこうとするのだと理解できる。つまり，相対的に拒絶的な養育者の下では，アタッチメント・シグナルをあまり送らないことこそが近接関係の維持に効率的に働くという逆説が成り立つわけであり，その意味からすれば，この場合の回避的な行動傾向はその子どもの適応に一定程度寄与しているということになる（→ TOPIC 3-2　A タイプの子どもおよびその母親の特徴）。

　一方，C タイプの子どもの養育者は，時々は，その子どものアタッチメント

欲求に応じてくれる。ただし，その応じ方が一貫していないため，子どもの側からすれば，いつ，どのような形でアタッチメント欲求を受け入れてもらえるかの予測がつきにくい。結果的に子どもはいつ離れて行くともわからない養育者の所在やその動きに過剰なまでに用心深くなり，できる限り自分の方から最大限にアタッチメント・シグナルを送出し続けることで，養育者の関心を自らに引きつけておこうとするようになる。このタイプの子どもが，分離に際し激しく苦痛を表出し，なおかつ再会場面で養育者に抵抗的態度をもって接するのは，またいつふらりといなくなるかもわからない養育者に安心しきれず，怒りの抗議を示すことで自分がひとり置いて行かれることを未然に防ごうとする対処行動の現れと理解することができ，その意味からすれば，この場合の行動傾向もその子どもの近接関係の維持にある程度，寄与しているものと考えられる。

　こうしたAやCタイプの子どもの養育者に対し，Bタイプの子どもの養育者は，相対的に感受性および情緒的応答性が高く，しかもそれが一貫しており予測しやすいため，子どもの側からすれば，こうした養育者の働きかけには強い信頼感を寄せることができるということになろう。すなわち，自分が困惑していると養育者は必ず傍に来て自分を助けてくれるという確信を持つことができる分，あるいはどうすれば養育者が自分の求めに応じてくれるかを明確に理解している分，子どものアタッチメント行動は全般的に安定し，たとえ一時的に分離があっても再会時には容易に立ち直り安堵し，再び探索行動を起こすことができるのかも知れない。

3-2-2　Dタイプ：無秩序・無方向型の養育環境

　以上がAinsworthが提示した各アタッチメントタイプに典型的な養育者像およびそれに起因する各アタッチメントタイプの形成メカニズムということになるが，ここで注意すべきことは，A，B，Cいずれについても"特定の養育環境に対する特異的な適応方略"（Sroufe, 1988）と見ることができ，少なくとも近接関係の確立・維持という究極のゴールからすれば，それぞれ有効に機能している可能性が高いということである（e.g. Hinde, 1982）。その意味で，先にも述べたように，このA，B，Cの3タイプについては，"組織化された

(organized）アタッチメント"と考えることができる。

　しかし，Dタイプについてはややこれとは異なる見方が必要なようである。Dタイプの子どもの養育者像についてはいまだ十分に明らかにされていないところもあるが，これまでに，抑うつ傾向が高かったり精神的に極度に不安定だったり，また日頃から子どもに対して虐待や不適切な養育を施したりするなどの危険な兆候が多く認められることが報告されている（Lyons-Ruth & Jacobvitz, 1999 ; Solomon & George, 1999）。特に被虐待児を対象にしたある研究は，その内の80％がこのDタイプによって占められるという衝撃的な報告をしている（Carlson *et al.*, 1989）。

　ある研究者ら（Jacobvitz *et al.*, 1997 ; Lyons-Ruth *et al.*, 1999 ; Main & Hesse, 1990）は，こうした養育者が日常の子どもとの相互作用において示す典型的な行動パターンを，"（自ら）おびえ／（他者を）おびえさせる（frightened/frightening）"ふるまいの中に見ている。これらの研究知見によれば，このタイプの養育者は，過去に何らかのトラウマを有していることが多く，日常生活場面において突発的にその記憶にとりつかれ，自ら（多くは微妙な形で）おびえまた混乱することがあるのだという。そして，そのおびえ混乱した様子，具体的には，うつろに立ちつくしたり，急に声の調子を変えたり，顔をゆがめたり，子どものシグナルに突然無反応になったりするなどのふるまいが，結果的に子どもを強くおびえさせ，それが乳児の不可解なDタイプの行動パターンを生み出すというのである。ある意味，何か危機が生じた時に本来逃げ込むべき安全基地であるはずの養育者自身が，子どもに危機や恐怖を与える張本人でもあるような状況において，子どもは養育者に近づくこともまた養育者から遠退くこともできず，さらには自らネガティヴな情動を制御する有効な対処方略を学習することもできずに，結果的に，呆然とうつろにその場をやり過ごすしかないということになってしまうのだろう。こうした行動パターンは，近接関係の確立・維持および安全・安心感の確保というゴールに適わないという意味で，まさに"組織化されていない（disorganized）"アタッチメントと言い得るのかも知れない。

　なお，現在，子どものアタッチメントの個人差の形成に関与する養育者の要因として養育者自身の被養育経験（Bowlby, 1969/1982）および（それと少なから

ず関連するであろう）現在のアタッチメントに関する表象の質（Main *et al.*, 1985）を問題にする論者が増えつつある。この立場では，親自身の（表象レベルの）アタッチメントの質が，その養育行動や子どもとの相互作用のスタイルを規定することを介して，結果的に子どものアタッチメントの質の決定に与るというプロセスが仮定されている（van IJzendoorn, 1995）。これについては，第7章の中の"アタッチメントの世代間伝達"のところで特に詳しくふれることにしよう。

3-3 子どもの気質の関与とアタッチメントの個人差形成の統合的理解

3-3-1 各アタッチメントタイプ別に見る子どもの気質

ここまでは，アタッチメントの"個別的要素"（individual component）の形成に関して環境因，特に養育者の関わりの差異が決定的な意味を有するという，アタッチメント理論のいわば正統的仮定を示してきたと言える。しかし，これに異を唱える研究者も少なくはない。ことに，個体の発達全般にわたる遺伝的要素，換言するならば子どもが生得的に備えている行動特徴＝気質（temperament）の役割を強調する論者は，SSPに現れるようなアタッチメント行動の個人差もまた，子ども自身の気質的特徴の直接的な反映，あるいは少なくともその影響を多分に受けた発達的帰結であると主張する（e.g. Goldsmith *et al.*, 1986; Kagan, 1982, 1984; van den Boom, 1989）。

例えば，最も声高に気質の役割を強調する論者のひとりである Kagan（1982, 1984）は，元来，気質的に苦痛や恐れの情動を経験しやすい乳児は養育者との分離時により強度のストレスを受けたり，再会時に養育者との近接をより強く求めたりすることが生じやすいだろうと仮定する。そして，これに加えていらだちやすい（irritable）気質を備えていれば，その子どもは養育者との再会時に相対的に怒りを表出しやすく，また容易には静穏化せず長くネガティヴな情動状態を引きずることになり，結果的にCタイプ（アンビヴァレント型）に分類されることが多くなるだろうと言う。一方，気質的に，日頃から苦痛や恐れ

をさほど強く経験しない子どもやほとんど人見知りをしないような子どもは，新奇な状況に置かれても泣きを表出しないだろうし，またそれゆえに再会時に養育者にもあまり近接を求めず，結果的にAタイプ（回避型）に分類される確率が相対的に高くなるだろうと予測する。

そして，現に，気質とアタッチメント分類との間に一定の関連性を見出した研究もいくつか存在している。ある研究は，後にCタイプ（アンビヴァレント型）に分類されることになる乳児が，生後2日目と5日目に授乳を阻害された際により強い苦痛（泣き出すのに時間がかかるが泣き始めるとより長く泣き続けている）を示していたことを，また誕生直後と3カ月時に気質的によりいらだちやすいと評定されていたことを報告している（Miyake et al., 1985）。また，別の研究は，新生児段階でのおしゃぶりを取り上げられた状況での苦痛の強さが14カ月時のストレンジ・シチュエーションにおけるアタッチメントの安定／不安定に関連すること，また，5カ月時に母親によって活動性が高いと評定された（すなわち気質的に苦痛や恐れの経験が相対的に少ないと考えられる）子どもが14カ月時にAタイプ（回避型）に分類されやすいことを見出している（Calkins & Fox, 1992）。さらに，生後12カ月時点での母親による乳児の気質の評定（新しい状況に対する尻込み，反応強度，反応閾値の低さ，機嫌の悪さ，気分の紛れやすさなど）が，アタッチメント分類の46％ほどの分散を説明することを見出しているような研究もある（Rieser-Danner et al., 1987）。

3-3-2　気質と環境要因の絡み合いの帰結としてのアタッチメント

上では，気質とアタッチメント分類との関連に関わる証左を示したわけであるが，現在のところ，それは，"ごく一部"にそうしたデータがあるということを示すものでしかない。両者の間にほとんど有意な関連性を見出していない研究もあれば（e.g. Bates et al., 1985；Weber et al., 1986），また何らかの関連性を見出してはいるものの先述したKaganの仮定とはむしろ逆の関連性（例えば気質的に苦痛の表出が多いほど，回避型に分類されることが多い）を取り出しているような研究もある（e.g. Bradshaw et al., 1987）。また，Dタイプ（無秩序・無方向型）と気質との関連性についてはいまだ研究が少ないというのが現状であるが，

これまでのところ，それを否定する結果が大勢を占めているようである（e.g. Carlson, 1998）。アタッチメントの質の決定に与る気質の関与は，あくまでも部分的なものに止まるということが妥当な見方かも知れない。

アタッチメントの個人差の規定因に関わる現在の議論は，もはや「養育的関わりか気質か」ということを問うものではなく，「養育的関わりも気質も」ということを前提視するものになってきている（Vaughn, et al., 1992; Belsky & Isabella, 1988）。最近行われた包括的なメタ分析（De Wolff & van IJzendoorn, 1997）によって，養育者の感受性が乳児のアタッチメントの質の分散を有意に説明することが明らかになったわけであるが，それは分散の6％を説明するのみであり，乳児のアタッチメント分類に与える影響として，気質を含めた他の要因にも関与の余地は当然，存在する（Goldsmith et al., 1986; Goldsmith & Alansky, 1987）。そして，現在の研究者の関心は，確実に，養育的関わりと気質の両要因がいかなる交絡のメカニズムをもってアタッチメントの質に影響を及ぼすかということに絞り込まれつつあるのである（Susman-Stillman et al., 1996）。

3-3-3 養育環境と気質の交絡に関する代表的な理論モデル

それでは，具体的に養育的関わりと気質はどのように交絡しながら子どものアタッチメントを規定するのだろうか。以下では簡単に，これに関する代表的な理論モデルを概観しておくことにしたい。

①相加（additive）モデル：相加モデルとは，相互に独立のものとしてある乳児の気質と養育者の関わり方が，加算的にアタッチメントの質を規定するという考え方である（Grossmann et al., 1985; Seifer et al., 1996; Wachs & Desai, 1993）。この立場では，アタッチメントの測定に先行する時点で，子どもの気質と養育者の関わり方の変数を測定しておき，それらが，その後の子どものアタッチメントの安定性をどれだけ予測するかを重回帰分析によって明らかにしたり，また気質と養育的関わりの特質を組み合わせていくつかのグループを構成し，そのグループ間でその後の子どものアタッチメントタイプのばらつきにいかなる差異が存在するかを分析したりする。ちなみに，Grossmann et al. (1985) は，

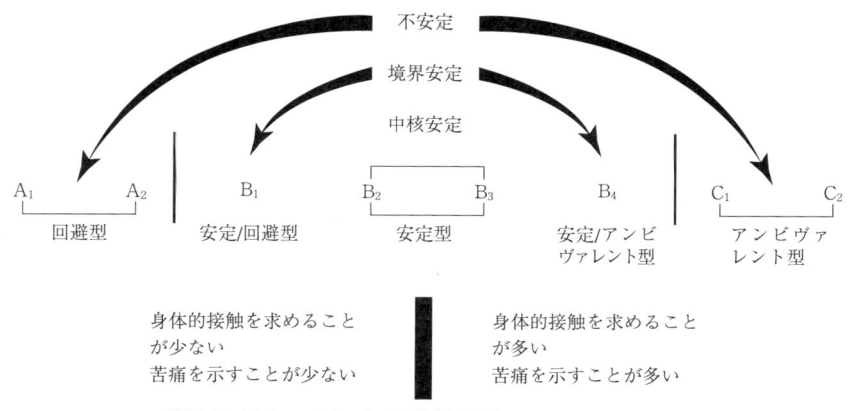

第3章 アタッチメントの個人差とそれを規定する諸要因

```
            不安定
           境界安定
          中核安定
A₁    A₂   B₁   B₂    B₃   B₄    C₁    C₂
回避型  安定/回避型  安定型  安定/アンビ  アンビ
                        ヴァレント型  ヴァ
                                  レント型
```

身体的接触を求めること　　　　　身体的接触を求めること
が少ない　　　　　　　　　　　　が多い
苦痛を示すことが少ない　　　　　苦痛を示すことが多い

図 3-2　アタッチメントの詳細な分類 (Belsky & Rovine, 1987)

新生児期における子どもの気質的扱いやすさの高低と生後 6 カ月時点における母親の子どもに対する感受性の高低の組み合わせから 4 グループを構成し，両要因がうまくかみ合った，すなわち子どもが気質的に扱いやすくかつ母親の感受性が高いグループにおいて，生後 12 カ月時の子どものアタッチメント分類が最も B タイプ（安定型）になりやすく，逆に子どもが扱いにくくかつ母親の感受性が低いグループにおいて，B タイプの比率が最も低くなることを明らかにしている。

②直交（orthogonal）モデル：このモデルは基本的に，子どもの気質と養育者の行動には相関がないと仮定すると同時に，それぞれが独立にアタッチメントの異なる側面に影響を及ぼすと仮定するものである。より具体的に言えば，気質は，子どもが養育者に対するアタッチメント行動としてどれだけ距離を置いた関わりをするかあるいは分離時にどれだけ苦痛を示しやすいかなどに影響を及ぼしても，養育者にどれだけ慰めを求め，現に慰撫され落ち着きやすいかどうかの程度，すなわちアタッチメントの安定性には影響を及ぼさず，それは基本的に養育者の関わり方によって規定されるといった考え方である（e.g. Goldsmith *et al.* 1986 ; Kochanska, 1998）。先に示したように Ainsworth の SSP は元来，子どもを A，B，C 3 タイプに振り分けるものであるが，各タイプの下にはさらに細かな特徴によって分けられる下位類型の存在が仮定されている（図 3-2）。Belsky & Rovine（1987）は，これらの下位類型を SSP における苦痛の表出と

身体接触行動の多少に従って（A1, A2, B1, B2）と（B3, B4, C1, C2）という2つのグループに大別したところ，前者に属する子どもは新生児段階において，より"扱いやすい（easy）"気質を，後者の子どもはより"扱いにくい（difficult）"気質をそれぞれ有している確率が高かったとしている。しかしながら，（A1, A2）と（B1, B2）を，また（B3, B4）と（C1, C2）を（すなわち回避型と安定型，安定型とアンビヴァレント型を）気質的に分けることは困難であったという。また，Fox et al.（1991）は，父母それぞれに対するアタッチメントにどれだけ一致が見られるかについてそれまでの研究をメタ分析しているが，その中で，このBelskyらの枠組みに依拠した分析も行っている。それによれば，一方の親へのアタッチメントが，（A1, A2, B1, B2）か（B3, B4, C1, C2）のいずれかに分類される時，他方の親へのアタッチメントもそれと同じグループに分類される確率が有意に高かったが，それぞれのグループ内におけるアタッチメントの下位類型について見ると，父母へのアタッチメントに一致傾向は見られなかった。このことは，子ども自身の持つ気質特性が，アタッチメント形成にある一定のバイアスをかけ得る（[A1〜B2]，[B3〜C2] いずれかのグループに偏らせる）一方で，アタッチメントの安定／不安定（Bタイプになるか否か）に関しては，親の関わり方の影響が大きいことを示唆するものと言えるかも知れない（Goldberg, 1991 ; Rothbart & Shaver, 1994）。

③緩和・調整（moderator）モデル：このモデルは，発達早期の子どもの気質のその後のアタッチメント形成に対する影響が，第3の変数としてある養育者の感受性の程度によって異なる様相を呈する（緩和・調整される）こと，別の言い方をすれば，子どもの気質と養育者の感受性とがアタッチメントの質に交互作用効果を及ぼすことを仮定するものである。代表的な気質論者である Thomas & Chess（1977）に，気質と環境の"適合の良さ（goodness of fit）"という有名な概念があるが，まさに子どもの気質と養育者の感受性の組み合わせの良し悪しによって，子どものアタッチメントの安定・不安定が規定されるということである。現に，あるひとつの研究（Susman-Stillman et al., 1996）は，0〜3カ月での乳児のいらだちやすさと12カ月時のアタッチメントの安定性との関連が，3カ月時の母親の感受性の高低によって違ったものになることを見出し

ている。母親の感受性が低い場合に、いらだちやすい乳児は 12 カ月時に SSP で不安定型になりやすかったが、いらだちやすい乳児でも母親の感受性が高い場合や母親の感受性が低くても乳児がいらだちにくい場合には、子どもが不安定型になる確率は相対的に低かったのである。つまり、母親の感受性が低い時にのみ、子どもの気質的いらだちやすさが不安定なアタッチメントを予測したということになる。

④媒介（mediator）モデル：上記 3 つのモデルは、基本的に、元来、子どもの気質と養育者の行動を独立の関係にあるものと仮定した上での理論モデルであったと言える。しかし、そもそも、子どもの気質と養育者の関わり方には一定の相関関係が存在すると見なすべきかも知れない。子どもの生得個性とも言える気質は、同時的にまたその後の養育者の関わり方に少なからず影響を及ぼし、そしてその結果としてアタッチメントの質が規定される。つまり、養育者の感受性や関わり方が、子どもの気質とアタッチメントの関連を媒介する要因となる可能性も当然のことながら否定できないということである（e.g. Belsky & Isabella, 1988 ; Susman-Stillman et al., 1996）。現に、複数の研究で、新生児段階の子どもの気質的ないらだちやすさがその後の養育者の感受性や応答性をネガティヴな方向に偏らせるという結果が得られている（Crockenberg, 1981 ; Crockenberg & McCluskey, 1986 ; van den Boom & Hoeksma, 1994）。さらに、ある研究者（van den Boom, 1994）は、子どものいらだちやすさが母親に負の作用を及ぼす可能性を想定した上で、出生直後にいらだちやすさが高いと判断された子どもの母親に、感受性・応答性を高める介入を行った。そして、その結果として、介入を受けた母親の子どもは、何も介入を受けなかった母親の子どもよりも、(出生直後の気質傾向はほぼ同じでありながら）生後 12 カ月時において安定型のアタッチメントを示す確率が明らかに高かったことを見出している（介入群、78％に対し比較対照群、28％）。このことは、逆に言えば、何ら介入を受けない一般的な状況下においては、子どもの気質的な扱いにくさが、養育者の感受性の低下を媒介して、子どものアタッチメントを不安定なものに導き得るということであろう。

以上，代表的な理論モデルおよびそれらに関する実証的知見を見てきたわけであるが，現在のところ，このうちのどれが最も妥当なモデルであるかについては明確な結論を下すことができない。というよりは，そもそも，これらのモデルは必ずしも相互に背反であるわけではなく，どれかひとつだけを採るということ自体に無理があるとも考えられる。子どもの発達は，気質をはじめとする子ども自身の内在的要因と種々の環境要因とが，時間軸の中で相互規定的に絡み合う，きわめて複雑かつ力動的なプロセスであると考えられる（Sameroff&Emde, 1989）。そうした意味において，少なくとも決定的証左がいまだ十分ではない現段階では，上述した複数のモデルが仮定するような影響過程が多層的に重なり合い，子どものアタッチメントの質の決定に与ると見なしておくべきだろう。

3-3-4　行動遺伝学から見るアタッチメントの個人差

　アタッチメントの質の決定に，子どもの気質と養育者の関わりがいかに影響するかという議論の背景には，当然，人の発達全般における，いわゆる「遺伝か環境か」という論争が関係していることは否めない。ここまでの概観から，アタッチメントの形成に関しては，「遺伝か環境か」ではなく「遺伝も環境も」であることが半ば自明になったと言えるわけであるが，それは，具体的に，遺伝と環境それぞれがどれだけの影響力を有するかを明示するものではなかった。しかしながら，近年の行動遺伝学の隆盛は，アタッチメント行動の個人差に対する，遺伝要因および環境要因の影響の大きさを直接，数値として割り出すことを可能にしたと言える（行動遺伝学の理論および方法については安藤［1999, 2001］やPlomin［1994］などを参照されたい）。

　行動遺伝学では多くの場合，遺伝子の構成が全く同一の一卵性双生児と，遺伝子の共有が平均して50％の二卵性双生児を対象とし，その2群間にどれだけ行動的差異が存在するかということを基礎に，その遺伝的規定性の強さを数値として割り出す。それは基本的にアタッチメントなどの"表現型"の個人差分散を"遺伝子型"の個人差分散が説明する割合，すなわち遺伝率（heritability）と，その残差としての環境による効果とを分けて明らかにする。後者に

ついてはさらに，共有環境（養育者の特性やしつけ方など，同じ家庭環境に育ったきょうだいが共通に経験する環境の特質）による効果と非共有環境（きょうだい一人ひとりで異なる環境の特質）による効果とが分割された形で算出される。

　もっとも，現今の研究はこれらの影響について一貫した結果を提示しているとは言いがたい。ひとつの研究（Finkel et al., 1998）では，双生児間のABC分類の一致率が，遺伝子を100％共有する一卵性双生児群において，二卵性双生児群よりも有意に高いことが報告されており，アタッチメント行動の個人差が遺伝的要因とは無関係ではないことが示唆されている。しかしその一方で，同じく一卵性双生児と二卵性双生児を対象とした，より最近の研究（O'Conner & Croft, 2001）は，双生児間のA，B，C分類および一次元的なアタッチメントの安定性得点の一致に一卵性と二卵性による違いをほとんど見出しておらず，遺伝率を14％，共有環境の効果を32％，非共有環境の効果を53％と推定している。これは，むしろ，子どものアタッチメントの個人差分散の大半が，養育者の特性や，子ども一人ひとりが特異的に経験する家庭内外の環境の要因によって説明されることを含意している。

　アタッチメントに関する行動遺伝学的研究はまだまだ数としては稀少であり，その遺伝的規定性や環境の諸効果については，今後の知見の蓄積を待って慎重に判断されなくてはならないと言える。ただ，ここでひとつ想定しておくべきことは，双生児間あるいはきょうだい間において，アタッチメントの中のいったい何に関する近似性を問題にするかによって，遺伝と環境それぞれの影響の割り出しが微妙に食い違ってくる可能性があるということである。例えば，分離場面での苦痛の表出や養育者への近接行動など，個々のアタッチメント行動に関して明確な遺伝的規定性が見出されたとしても，そのことが即，そうした個別の行動の総合的な組み合わせとしてあるアタッチメントタイプの遺伝的規定性の大きさを示すとは限らない（e.g. Ricciuti, 1992）（前項3-3-3で見た直交モデルに関する証左は間接的にこうしたことが現実のものである可能性をほのめかすと言えよう）。今後増えるであろう行動遺伝学的知見に関しては十分にこうした点も踏まえて慎重に解釈する必要があるだろう。

3-4　本章のまとめ

　本章では，アタッチメントの"個別的要素"，すなわち発達早期から現れるアタッチメントの個人差とそれを規定する諸要因について，これまでの理論と研究成果を概観・整理してきた。既述したように，Bowlby から Ainsworth へと継承されたアタッチメント研究の本流においては，A，B，C といったアタッチメントのパターンが，個々の子どもが置かれた養育環境への特異的な適応として理解されていた。しかしながら，こうした子どもの個人差を規定するのは，唯一，養育者側の要因だけではないようである。子ども自身に内在する要因，とりわけ遺伝的基礎を有する気質もまた重要な役割を果たしている可能性があり，現段階における至当な結論は，子どもの気質をはじめとする内在的要因と養育者の感受性をはじめとする外在的要因とが織りなす複雑な相互規定的作用の中で，アタッチメントの個人差が漸次的に形成されるというものであろう。

　ここでひとつ注意しておかなくてはならないことがある。本章では，多く，養育者ということばを用いて研究知見の紹介を行ってきたが，実際にそこで対象とされているのは，多くの場合，母親であったということである。Bowlby も Ainsworth も，主要なアタッチメント対象が唯一生物学的母親であることを仮定しているわけではないが，アタッチメント理論が実質的に"母"子関係の理論としての意味合いを強く有していることはいかなる意味でも否みがたい。しかし，現在，父親をはじめ，母親以外の家族内外の様々な対象とのアタッチメントが，子どもの社会情緒的発達に，母子関係と近似した，あるいはそれぞれ特異的な影響を及ぼすことが仮定され，かつ実証的に検討されるに至っている。これについては，特に第4章で別途，取り上げることにしよう。

　また，子どもの発達を考える時に，私たちは，母子関係や父子関係といった，子どもが直接当事者として参加する二者関係にばかり目を向けてはならないのかも知れない。例えば，夫婦の関係性が生み出すストレスや相互的なサポートが，母親や父親の養育的関わりの質に影響を及ぼすことを介して子どもの発達を間接的に左右するという可能性は当然想定しておかなくてはならない（e.g.

Belsky *et al*., 1991 ; Goldberg, 1991, 2000)。さらに，養育者個々の例えば職場なども含めた家族内外のパーソナルな生活環境に潜在するストレスやサポートの構造に対する注視も必要だろう。先に，子どもの気質的いらだちやすさが養育者のネガティヴな養育行動を招来し，結果的に子どものアタッチメントを不安定なものに導き得ることに言及したが，いくつかの研究（e. g. Crockenberg, 1981 ; Crockenberg, & Litman, 1991 ; Crockenberg & McCluskey, 1986）において，そうしたことが，養育者の受ける社会的サポートが全体として多い場合には生じにくくなることが明らかになっている。このような，養育の質を規定する要因についてはさらに第7章で詳しく考察することにしたい。

　最後に，家族全体の情動的やりとりの質や情緒的な雰囲気そのものが，子どもの発達に促進的あるいは阻害的に働く可能性があるということを付言しておくことにしたい。例えば，夫婦間のいさかいそれ自体は直接子どもに危害を及ぼすものではないわけだが，子どもの注意を強く引きつけ，彼らを持続的に不安で不活発な状態に置くことが知られている（e. g. Cummings & Zhan-Waxler, 1992）。極端な話，母親，父親とも子どもに対してきわめて安定した感受性豊かな養育を施していても，夫婦間の葛藤が激しく，頻繁に怒りなどのネガティヴな情動が交わされるような状況では，子どもの安心感が著しく脅かされることになり，結果的にそこに様々な発達上の問題が生起する確率が高いということである（Davies & Cummings, 1994）。父母，祖父母，きょうだいなどの家族成員一人ひとりと子どもの関係性の質が重要な意味を持つことは言うまでもない。しかし，それと同時に，家族全体の温かく調和的な雰囲気が子どもの発達の背景として大切であることを忘れてはならないだろう。

―― **TOPIC** 3-1 ――

アタッチメントQソート法による"安定性"の測定

　子どものアタッチメントの個人差の測定については本文中に示したSSPによるタイプ分けが基本であるが，その一方で，"アタッチメントQソート法あるいはQセット法（Attachment Q-Sort/Q-Set：AQS）"を用いて"アタッチメントの安定性（attachment security）"という一次元性のスコアを算出し，その量的差異という形で個人差を記述しようとする流れ（e. g. Waters, 1995 ; Waters & Dean 1985）が一方にあることをここで付言しておくことにしたい。

　それは，子どもの安全基地行動を中核とするアタッチメントの種々の側面についての90項目を，観察評定者が，日常場面における子どもと養育者の行動観察（参加観察という形で観察者が相互作用に介入する場合もある）に基づき，その子どもに"最も合致する"から"最も合致しない"に至るまでの9段階に10項目ずつ振り分けるところから始まる（養育者が項目の振り分けを行う場合もある）。そして，その配列結果と，予め複数の専門家によって判断された典型的な安定型アタッチメントタイプの基準的な配列との相関性から，それぞれの子どものアタッチメントの安定性スコアを算出する（すなわち専門家が想定した典型的安定タイプの行動パターンに，ある子どもの行動が量的にどれだけ近似しているかを数値化するものであり，質的な分類を行うSSPとはその点において大きく異なる）。90項目をいくつかの下位領域に分割し，アタッチメント行動の特徴を一次元ではなく多次元的に得点化したり，あるいはクラスター分析を用いてアタッチメントのタイプ分けを行ったりする（e.g. Vereijken, 1996）など，他の処理法も案出されているが，一般的には，こうした一次元での表現が採られる場合が多いようである（その値は-1.0から1.0の間を動き，それが高いほどアタッチメントが安定していることを意味する：通常は.30以上で安定型のアタッチメントを形成していると判断される）。

　このアタッチメントQソート法は，SSPと比較して，特殊な実験の環境や手続きを必要としないことから相対的に簡便に実施し得ること，また，適用年齢

の幅が1歳から5歳程度までと広いこと（Teti *et al.*, 1991），さらに，子どもと養育者の日常場面の行動観察に基づいているため高い生態学的妥当性を有すること（近藤，1993）などから，近年徐々にアタッチメント研究者の間に浸透しつつあると言える。しかし，それが真にアタッチメントを測定していると言い得るのか，仮に測定しているとしてもいったいアタッチメントの何を掬い取っていると言い得るのか，あるいはまたそれを完全にSSPの代案として用いることが妥当なのかといった点についてはまだまだ不明瞭な点が少なくなく，今後の理論的吟味が大いに待たれるところとなっている（遠藤，1999）。

遠藤利彦

―― **TOPIC** 3-2 ――

Aタイプの子どもおよびその母親の特徴

　SSPにおいてAタイプの子どもが示す行動パターンについては，見方によっては1歳前後においてすでに自律性の獲得が相当に進んでおり，少々の分離に対してはもはや恐れや不安といったネガティヴな情動そのものをあまり経験しなくなっているという可能性を想定することができるかも知れない。つまり，アタッチメント・システム自体が活性化されず，子どもは養育者に近接したいのに近接できないというのではなく，むしろ，とりたてて近接する必要がないという状態にあるということである。さらに言うならば，例えば本質的にはBタイプ的なアタッチメントの質を有しているにもかかわらず，早くから分離に対する適切な耐性や対処方略のようなものを獲得している場合には，それが誤ってAタイプと判定されるような危険性も考えられないわけではないということである。

　しかし，（ネガティヴな情動やストレスとの関連が深い）心拍数や血中コーチゾール値などの各種生理学的指標が示すAタイプの子どもの潜在的な情動状態は，この子どもたちが見せる外見の印象とは大きく食い違うもののようである。生理学的指標を扱ったこれまでの研究知見からすると，Aタイプの子どもは養育者との分離に際して他のタイプの子どもと同様，潜在的に大きなストレスを経験しているらしい（e.g. Donovan & Leavitt, 1985 ; Hertsgaard *et al.*, 1995 ; Spangler & Grossmann, 1993）。また，養育者が近くに位置している状態で，例えば玩具との関わりを持っているような場合でも，Aタイプの子どもはBタイプの子どもに比して，比較的高い生理的覚醒状態を示すことが明らかにされており（Spangler & Grossmann, 1993），このことは本来安心して遊び得るような状況でも，これらの子どもは，相対的に常時，養育者の存在や位置を気にかけ，不安な心的状態を有していることを示唆している（玩具との関わりは真の探索行動というよりも防衛的な対処行動という色彩が強い）。さらに，Aタイプで，なおかつ気質的に特に怖がりやすい子どもは，SSPの後でも，容易に生理的活性

状態が沈静化せず，長くストレス状態を引きずりやすいことなども報告されている（Spangler & Schieche, 1998）。

　一見，養育者との分離にほとんど混乱を示さないように見えるAタイプの子どもではあるが，その心的状態の内実は相当に不安や苦痛に満ちており，しかし，それでいながら，Bタイプの子どものように無条件に近接行動やシグナルを養育者に向けることができず，結果的にそれらを最小限に抑えるという次善の方略，すなわち回避的なアタッチメント・パターンをとらざるを得なくなるということなのだろう。

　Aタイプの母親の特徴についても慎重な見方が必要かも知れない。本文の記述からすると，Aタイプの母親は，子どもとの関わり・接触をあまり好まない，または実際に持とうとしない母親であるという印象を抱かれるかも知れない。しかし，新生児段階を含めた，発達の早期段階においては，そうした印象は必ずしも的を射たものではない可能性がある。複数の研究者が，このタイプの母親の早期段階の特徴として，むしろ，子どもに関わり過ぎる傾向や刺激を与え過ぎる傾向を指摘している（Isabella *et al.*, 1989；Malatesta *et al.*, 1989；Smith & Pederson, 1988）。Malatesta-Magai（1991）は，このタイプの母親が，例えば，顔を合わせた相互作用場面で，子どもの方が視線を逸らしてきても，働きかけを弱めるというようなことをあまりしないがために，結果的に子どもは微笑などのポジティヴな情動表出を減らし，むしろ恐れの情動を相対的に多く示すようになるとしている。Malatestaによれば，一般的に子どもからポジティヴな情動表出を引き出すことができれば，母親の働きかけは報われたことになり，そこから母親は喜びや効力感を得ることができるわけであるが，このタイプの母親はそうした社会的報酬をあまり受け取ることができず，次第に子どもを避けてしまうようになるという。すなわち，このタイプでは，恐れの情動がドミナントになることで，時間軸に沿って徐々に母子双方の回避傾向が固定化されていくということである（遠藤，2002）。

　Isabella（1993）は，母子相互作用場面を子どもが生後1カ月の頃から縦断的に観察し，そこでの母親の関わり方と生後12カ月時に測定したSSPの結果との対応づけを試みている。それによれば，A，Cタイプの子どもの母親は，

Bタイプの子どもの母親に比して，一貫して応答性が低く，またより拒絶的であったが，興味深いのは，むしろA，Cタイプの母親の比較である。生後1カ月時においてはAタイプの母親よりも，Cタイプの母親の応答性が低く，またより拒絶的であったのだが，生後9カ月時には，この関係が逆転したのである。Isabellaは，Cタイプの母親が，最初，最も拒絶的だが次第にその度合いを減らしていくのに対し，Aタイプの母親は，徐々に子どもに対して拒絶的になっていくところに際立った特徴があると結論している。

　MalatestaやIsabellaの論からすると，少なくとも子どもの発達早期においては，Aタイプの母親の特徴として，専ら拒絶的な関わりのみをあげることは適切ではないようである。その意味で，Ainsworthが仮定した3タイプの母親の特徴は，子どもの発達あるいは母子相互作用がある程度進行した後のことであると限定付きで考えておくべきかも知れない。

遠藤利彦

第3章 引用文献

Ainsworth, M. D. S., Blehar M. C., Waters, E., & Wall, S. (1978) *Patterns of attachment*. Hillsdale, NJ : Lawrence Erbaum.

安藤寿康（1999）遺伝と教育：人間行動遺伝学アプローチ　風間書房

安藤寿康（2001）遺伝・環境問題への新しいアプローチ：行動遺伝学の中の双生児法　詫摩武俊・天羽幸子・安藤寿康　ふたごの研究：これまでとこれから（pp. 283-388）ブレーン出版

Bates, J. E., Maslin, C. A., & Frankel, K. A. (1985) Attachment and the development of behavior problems. In I. Bretherton & E. Waters (Eds.), Growing points of attachment theory and research. *Monographs of the society for Research in Child Development*, **50**, 167-193.

Belsky, J., & Isabella, R. (1988) Maternal, infant and social contextual determinants of attachment security. In J. Belsky & T. Nezworkski (Eds.), *Clinical implications of attachment* (pp. 41-94). Hillsdale, NJ : Erlbaum.

Belsky, J., & Rovine, M. J. (1987) Temperament and attachment security in the strange situation : An empirical rapprochment. *Child Development*, **58**, 787-795.

Belsky, J., Steinberg, L., & Draper, P. (1991) Childhood experience, interpersonal development and reproductive strategy : An evolutionary theory of socialization. *Child Development*, **62**, 647-670.

Bolwby, J. (1969) *Attachment and loss : Vol. 1. Attachment*.New York : Basic Books.

Bowlby, J. (1982) *Attachment and loss : Vol. 3. Loss*. New York : Basic Books.

Bradshaw, D. L., Goldsmith, H. H, & Campos, J. J (1987) Attachment, temperament, and social referencing : Interrelationships among three domains of infant affective behavior. *Infant Behavior and Development*, **10**, 223-231.

Calkins, S. D., & Fox, N. A. (1992) The relations among infant tempramant, security of attachment, and behavioral inhibition at twenty-four months. *Child Development*, **63**, 1456-1472.

Carlson, E. A. (1998) A prospective longitudinal study of attachment disorganization/disorientation. *Child Development*, **69**, 1107-1129.

Carlson., Cicchetti, D., Barnett, D., & Braunwald, K. (1989) Disorganized/disoriented attachment relationships in maltreated infants. *Developmental Psychology*, **25**, 525-531.

Crittenden, P. M. (1985) Social networks, quality of parenting, and child development. *Child Development*, **56**, 1299-1313.

Crockenberg, S. (1981) Infant irritability, maternal support and social support influence on the security of infant-mother attachment. *Child Development*, **52**, 857-869.

Crockenberg, S., & Litman, C. (1991) Effects of maternal employment on maternal and two-year-old child behavior. *Child Development*, **62**, 930-953.

Crockenberg, S., & McCluskey, K. (1986) Change in maternal behavior during the baby's first year of life. *Child Development*, **57**, 746-753.

Cummings, E. M., & Zhan-Waxler, C. (1992) Emotions and the socialization of aggression : Adults' angry behavior and children's arousal and aggression. In A. Franzek & H. Zumkley (Eds.), *Socialization and aggression* (pp. 61-84). New York : Springer-Verlag.

Davies, P. T., & Cummings, E. M. (1994) Marital conflict and child adjustment : An emotional security hypothesis. *Psychological Bulletin*, **116**, 387-411.

De Wolff, M. S., & van IJzendoorn, M. H. (1997) Sensitivity and attachment : A meta-analysis on parental antecedents of infant attachment. *Child Development*, **68**, 571-591.

Donovan, W. L., & Leavitt, L. A. (1985) Physiologic assessment of mother-infant attachment. *Journal of the American Academy of Child Psychiatry*, **24**, 65-70.

遠藤利彦 (1999) アタッチメント研究の方法論に関する一試論：Strange Situation Procedure と Attachment Q-sort は何を測り得るか？　九州大学教育学部紀要, **43**, 1-21.

遠藤利彦 (2002) 発達における情動と認知の絡み　高橋雅延・谷口高士 (編) 感情と心理学 (pp. 2-40) 北大路書房

Finkel, D., Willie, D. E., & Matheny, A. P. (1998) Preliminary results from a twin study of infant-caregiver attachment. *Behavior Genetics*, **28**, 1-8.

Fox, N. A., Kimmerly, N. L., & Schafer, W. D. (1991) Attachment to mother-attachment to father : A meta-analysis. *Child Development*, **62**, 210-225.

Goldberg, S. (1991) Recent developments in attachment theory and research. *Canadian Journal of Psychiatry*, **36**, 393-400.

Goldberg, S. (2000) *Attachment and development*. London : Arnold.

Goldsmith, H. H., & Alansky, J. (1987) Maternal and infant temperamental predictors of attachment : A meta-analysis review. *Journal of Clinical and Consulting Psychology*, **55**, 805-816.

Goldsmith, H. H., Bradshaw, D. L., & Riesser-Danner, L. A. (1986) Temperament as a potential developmental influence on attachment. *New Directions for Child Development*, **31**, 5-34.

Goldsmith, H. H., & Alansky, J. A. (1987) Maternal and infant temperamental predictors of attachment: A meta-analytic review. *Journal of Consulting and Clinical Psychology*, **55**, 805-816.

Grossmann, K., Grossmann, K. E., Spanglar, G., Suess, G., & Unzer, L. (1985) Maternal sensitivity and newborn orientation responses as related to quality of attachment in Northern Germany. In I. Brethertion & E. Waters (Eds.), Growing points of attachment theory and research. *Monographs of the Society for Research in Child Development*, **50**, 233-256.

繁多進 (1987) 愛着の発達：母と子の心の結びつき（現代心理学ブックス）大日本図書

Harwood, R. L., Miller, J. G., & Irizarry, N. L. (1995) *Culture and attachment.* New York: Guilford Press.

Hertsgaard, L., Gunnar, M., Erickson, M. F., & Nachmias, M. (1995) Adrenocortical responses to the Strange Situation in infants with disorganized/disoriented attachment relationships. *Child Development*, **66**, 1100-1106.

Hinde, R. A. (1982) *Ethology: Its nature and relations with other sciences.* Oxford: Oxford University Press.

Isabella, R. A. (1993) Origins of attachment: Maternal interactive behavior across the first year. *Child Development*, **64**, 605-621.

Isabella, R. A., Belsky, J., & von Eye, A. (1989) Origins of infant-mother attachment: An examination of interactional synchrony during the infant's first year. *Developmental Psychology*, **25**, 12-21.

Jacobvitz D., Hazen, N., & Riggs, S. (1997) Disorganized mental processes in mothers, frightening/frightened caregiving, and disoriented/disorganized behavior in infancy. Symposium paper presented at the Meeting of the Society for Research in Child Development, Washington, D. C., April 1997.

Kagan, J. (1982) *Psychological research on the human infant: An evaluative summary.* New York: W. T. Grant Foundation.

Kagan, J. (1984) *The nature of child.* New York: Basic Books.

Kochanska, G. (1998) Mother-child relationship, child fearfulness, and emerging attachment: A short-term longitudinal study. *Developmental Psychology*, **34**, 480-490.

近藤清美（1993）乳幼児におけるアタッチメント研究の動向とQ分類法によるアタッチメントの測定　発達心理学研究，**4**, 108-116.

Lyons-Ruth, K., & Jacobvitz, D. (1999) Attachment disorganization : Unresolved loss, relational violence, and lapses in behavioral and attentional strategies. In J. Cassidy & P. R. Shaver (Eds.), *Handbook of attachment : Theory, research, and clinical applications* (pp. 520-554). New York, : Guilford Press.

Lyons-Ruth, K., Bronfman, E., & Atwood, G. (1999) A relational diathesis model of hostile-helpless states of mind : Expressions in mother-infant interaction. In J. Solomon & C. George (Eds.), *Attachment disorganization* (pp. 30-70). New York : Guilford Press.

Main, M. (1991) Metacognitive knowledge, metacognitive monitoring, and singular (coherent) vs. multiple (incoherent) model of attachment : Findings and direction for future work. In C. M. Parkes, J. Stevenson-Hinde, & P. Marris (Eds.), *Attachment across the life cycle* (pp. 127-159). London : Routledge.

Main, M. (1999) Attachment theory : Eighteen points with suggestions for future studies. In J. Cassidy & P. R. Shaver (Eds.), *Handbook of attachment : Theory, research, and clinical applications* (pp. 845-888). New York : Guilford Press.

Main, M., & Hesse, E. (1990) Parents' unresolved traumatic experiences are related to infant disorganized attachment status : is frightened and/or frightening behavior the linking mechanism ? In M. T. Greenberg, D. Cicchetti, & E. M. Cummings (Eds.), *Attachment in the preschool years* (pp. 161-182). Chicago : University of Chicago Press.

Main, M., Kaplan,N., & Cassidy, J. (1985) Security in infancy, childhood and adulthood : a move to the level of representation. In I. Bretherton & E. Waters (Eds.), Growing points of attachment theory and research. *Monograph of the Society for Research in Child Development*, **50**, 66-104.

Main, M., & Solomon, J. (1990) Procedures for identifying infants as disorganized/disoriented during the Ainsworth Strange Situation. In M. T. Greenberg, D. Cicchetti, & E. M. Cummings (Eds.), *Attachment in the preschool years* (pp. 161-182). Chicago : University of Chicago Press.

Malatesta-Magai, C. (1991) Emotional socialization : Its role in personality and developmental psychopathology. In D. Cicchetti & S. L. Toth (Eds.), Internalizing and externalizing expressions of dysfunction. *Rochester Symposium on Developmental Psychopathology*, **2**, 203-224.

Malatesta, C. Z., Culver, C. Tesman, J. R., & Shepard, B. (1989) The development of emotion expression during the first two years of life. *Monographs of the Society for Research in Child Development*, **54**, 1-104.

Miyake, K., Chen, S., & Campos, J. J. (1985) Infant temperament, mother's mode of interaction, and attachment in Japan: An interim report. In I. Bretherton & E. Waters (Eds.), Growing points of attachment theory and research. *Monograph of the Society for Research in Child Development*, **50**, 276-297.

O'Conner, T. G., & Croft, C. M. (2001) A twin study of attachment in preschool children. *Child Development*, **72**, 1501-1511.

Plomin, R. (1994) *Genetics and experience: The interplay between nature and murture.* Thousand Oaks. CA: Sage.

Ricciuti, A. E. (1992) *Child-mother attachment: A twin study.* Unpublished doctoral dissertation. Virginia, VA: University of Virginia.

Rieser-Danner, L. A., Roggman, L., & Langlois, J. H. (1987) Infant attractiveness and perceived temperament in the prediction of attachment classifications. *Infant Mental Health Journal*, **8**, 144-155.

Rothbart, J. C., & Shaver, P. R. (1994) Continuity of attachment across the life-span. In M. B. Sperling & W. H. Berman (Eds.), *Attachment in adults: Clinical and developmental perspective* (pp. 31-71). New York: Guilford.

Sameroff, A. J., & Emde, R. N. (Eds.) (1989) *Relationship disturbances in early childhood: A developmental approach.* New York: Basic.

Seifer, R., & Schiller, M., Sameroff, A. J., Resnik, S., & Riordan, K. (1996) Attachment, maternal sensitivity and temperament during the first year of life. *Developmental Psychology*, **32**, 12-25.

Smith, P. B., Pederson, D. R. (1988) Maternal sensitivity and patterns of infant-mother attachment. *Child Development*, **59**, 1097-1101.

Solomon, J., & George, C. (1999) The caregiving system in mothers of infants: A comparison of divorcing and married mothers. *Attachment and Human Development*, **1**, 171-190.

Spangler, G., & Grossmann, K. E. (1993) Biobehavioral organization in securely and insecurely attached infants. *Child Development*, **64**, 1439-1450.

Spangler, G., & Schieche, M. (1998) Emotional and adrenocortical responses of infants to the strange situation: The differential function of emotional expression. *International Journal of Behavioral Development*, **22**, 681-706.

Sroufe, L. A. (1988) The role of infant-caregiver attachment in development. In J. Belsky & T. Nezworsky (Eds.), *Clinical implications of attachment* (pp. 18-38). Hillsdale, NJ : Erlbaum.

Sroufe, L. A. (1996) *Emotional development : The organization of emotional life in the early years. Cambridge studies in social & emotional development.* New York, : Cambridge University Press.

Susman-Stillman, A., Kalkoske, M., Egekand, B., & Waldman, I. (1996) Infant temperament and maternal sensitivity as predictors of attachment security. *Infant behavior and Development,* **19**, 33-47.

Teti, D. M., Nakagawa, M., Das, R., & Wirth, O. (1991) Security of attachment between preschoolers and their mothers : Relations among social interaction, parenting stress, and mother's sorts of the Attachment Q-Set. *Developmental Psychology,* **27**, 440-447.

Thomas, A., & Chess, S. (1977) Temperament and development. New York : New York University Press.

van den Boom, D. C. (1989) Neonatal irritability and the development of attachment. In G. A. Kohnstamm & J. E. Bates (Eds.), *Temperament in childhood* (pp. 299-318). Oxford : John Wiley & Sons.

van den Boom, D. C. (1994) The influence of temperament and mothering on attachment and exploration : An experimental manipulation of sensitive responsiveness among lower-class mothers with irritable infants. *Child Development,* **65**, 1457-1477.

van den Boom, D. C., & Hoeksma, J. B. (1994) The effect of infant irritability on mother-infant interaction : A growth-curve analysis. *Developmental Psychology,* **30**, 581-590.

van IJzendoorn, M. H. (1995) Adult attachment representations, parental responsiveness and infant attachment : A meta-analysis on the predictive validity of the Adult Attachment Interview. *Psychological Bulletin,* **117**, 387-403.

van IJzendoorn, M. H., & Kroonenberg, P. M. (1988) Cross-cultural patterns of attachment : A meta-analysis of the strange situation. *Child Development,* **58**, 147-156.

van IJzendoorn, M. H., & Sagi, A. (1999) Cross-cultural patterns of attachment : Universal and contextual dimensions. In J. Cassidy & P. R. Shaver (Eds.), *Handbook of attachment*: *Theory, research, and clinical applications* (pp.

713-734). New York : Guilford Press.

van IJzendoorn, M. H., Schuengel, C., Bakermans, & Kranenburg, M. J. (1999) Disorganized attachment in early childhood : Meta-analysis of precursors, concomitants, and sequelae. *Development and Psychopathology*, **11**, 225-249.

Vaughn, B. E., Stevenson-Hinde, J., & Waters, E. (1992) Attachment security and temperament in infancy and childhood : Some conceptual clarification. *Developmental Psychology*, **28**, 463-473.

Vereijken, C. M. J. L. (1996) *The mother-infant relationship in Japan : Attachment, dependency and amae.* Capelle aan den IJsel, Netherlands : Labyrint Publication.

Wachs, T. D., & Desai, S. (1993) Parent-report measures of toddler temperament and attachment : Their relation to each other and to the social microenvironment. *Infant Behavior and Development*, **16**, 391-396.

Waters, E. (1995) The Attachment Q-Set. In E. Waters, B. E. Vaughn, G. Posada, & K. Kondo-Ikemura (Eds.), Caregiving, cultural, and cognitive perspectives on secure-base behavior and working models. *Monographs of the Society for Research in Child Development*, **60** (2-3, serial No. 244), 247-254.

Waters, E., & Deane, K. E. (1985) Defining and assessing individual differences in attachment relationships : Q-methodology and the organization of behavior in infancy and early childhood. In Bretherton, I. and Waters, E. (Eds.), Growing points of attachment theory and research. *Monographs of the Society for Research in Child Development*, **50**, 41-64.

Weber, R. A., Levitt, M. J., & Clark, M. C. (1986) Individual variation in attachment security and Strange Situation behavior : The role of maternal and infant temperament. *Child Development*, **57**, 56-65.

第4章　乳幼児期・児童期におけるアタッチメントの広がりと連続性

園田菜摘・北村琴美・遠藤利彦

　一般的に大概の文化圏において養育の主たる担い手は母親であることが多いため，母親が乳児の主要なアタッチメント対象になることは確率的にきわめて高いものと考えられる。しかし，子どもの発達を考える際，当然のことながら，子どもを取り巻くその他の家族内対象（大人）が果たす役割も考慮しておく必要があるだろう。本章では，まず，もうひとりの親である父親，そして，特に育児援助という形で母親を助ける役割を果たすことの多い祖母と子どもとの関係を見ていくことにしたい。

　その上で，乳児期におけるアタッチメントの質がその後の幼児期・児童期においていかに連続するかについて概観することにしよう。第1章でもふれたように，Bowlby（1969/1982, 1973）はアタッチメント理論をパーソナリティの生涯発達に関する総合理論として捉え，人生早期に形成される養育者との温かく持続的な関係性が，生涯を通じてその人の精神的な健康を支え，また促すと考えていた。こうしたBowlbyの仮定は，乳児期にSSP（→第3章）によって測定された子どものアタッチメントタイプとその後の様々な時点における同一個人の種々の発達の様相との関連性を縦断的に問うという形で，1970年代後半から盛んにその検証が進められている。ここでは，これまでの膨大な研究成果のうち，特に親子関係そのものの展開と子どものパーソナリティ発達，さらには仲間関係およびきょうだい関係の構築に焦点化し，乳幼児期から児童期にかけてアタッチメントがどのような連続性を示すかについて考察を試みる。

4-1 母親以外の家族内対象（大人）とのアタッチメント

4-1-1 子どもの父親に対するアタッチメント

アタッチメント研究の初期には，もっぱら母子を対象とした研究が行われ，父子間のアタッチメントに関する研究は立ち遅れていた。しかし，Lamb (1976) は，両親に対する乳児の行動を観察し，その結果，ほとんどの乳児が母親と父親の両方に緊密なアタッチメントを形成することを報告した。その後，父親を対象としたSSPを用いた研究が複数行われ，父親と乳児との間のアタッチメントの各タイプの比率が母親との間のそれとほぼ同様であることが確認されている（e. g., Cox et al., 1992 ; Easterbrooks, 1989 ; Schneider-Rosen & Rothbaum, 1993 ; Verschueren & Marcoen, 1999）。ほとんどの乳児が父親との間にもアタッチメントを形成することが明らかになって以降，母子の研究で検討されてきた問題，すなわち，アタッチメントの質の規定因やその発達的帰結などを明らかにしようとする様々な試みがなされている。さらには，母子間と父子間のアタッチメントにどれだけの関連性があるかについても研究が行われている。以下では，父子間のアタッチメントについて，特にその規定因と，母子間のアタッチメントとの関連性に関わる諸研究に焦点を当てて考察する。

①父子間のアタッチメントの質を規定する要因：母親との関係におけるアタッチメントの規定因として，親の養育行動，特に乳児に対する感受性や応答性が問題にされてきたことから，父親においてもSSPを通じて測定されるアタッチメントの質と，父親の感受性や応答性を含む養育行動（父子相互作用の観察によって測定される）との関連が主として検討されている。もっとも，これまでの複数の研究知見を総括したメタ分析（van IJzendoorn & De Wolff, 1997）によれば，父親の感受性と子どものアタッチメントの質との関連は全般的に母親の場合よりも微弱なものであるらしい。以下に少し詳細に個別の研究知見を記すことにしよう。

Schneider-Rosen & Rothbaum (1993) は，自由遊びや絵本読みなどの様々な場面での父子相互作用を観察し，父親の敏感性や反応性を測定した。それに加

81

えて，親の助けを借りながら子どもがパズルなどの問題解決課題に取り組む父子のコミュニケーションを観察することによって，父親が子どもに与えるサポートの質を評定し，また，父親の養育意識を自己報告式尺度によって測定した。しかし，この研究では，結果として，ほとんどの養育行動および養育意識が，子どものアタッチメントタイプとは関連しないことが明らかにされている。それに対して，Cox *et al.* (1992) は，38組の夫婦とその子どもを対象に遊び場面での相互作用を観察した研究において，1歳時の父子の安定したアタッチメントが，生後3カ月時における父子相互作用の質や父親の養育意識から予測され得ることを報告している。感受性，肯定的な感情，相互的なやりとりの量などによって特徴づけられる相互作用の質が，また，父親の親役割に対する肯定的な意識が，父子のアタッチメントの安定性と関連していたのである。

　夫婦間の葛藤が父子間のアタッチメントに及ぼす影響を検討した研究も多い。例えば，Owen & Cox (1997) は，夫婦間の葛藤と不安定なアタッチメントとの関連について，夫婦間の葛藤が父親の養育行動や養育意識を媒介して子どもとのアタッチメントに間接的に関連するプロセスと，夫婦間の葛藤が子どもとのアタッチメントに直接的に関連するプロセスの2つを仮定した上で，それらを実証的検討に付している。もっとも，この研究では後者の直接的なプロセスを支持する結果のみが得られている。しかし，その一方で，夫婦関係の良好さが父親の養育行動の多くの側面と関係していることを見出し，前者の間接的なプロセスの存在を支持するような証左も数多く存在している（Belsky, 1984, 1990 ; Erel & Burman, 1995）。ちなみに Belsky (1999) は，特に夫婦間の葛藤が顕著な場合に，その相互作用の劣悪さがより直接的に子どものアタッチメントの不安定さを助長するよう働くのではないかと考察している。

　ところで，Belsky (1984) は，親の養育行動の規定因に関する理論的なプロセスモデルを提示しているが，それによれば，親自身の心理的要因，子どもの特徴，社会・文脈的な要因という3つの要素によって，養育行動は複雑に規定されるという。彼は，この自らのモデルに基づき，126組の息子とその父親を対象に，アタッチメントの質を規定する要因を統合的に調べ上げている（Belsky, 1996）。子どもが10カ月の時点で，アタッチメントタイプを規定するもの

として，父親のパーソナリティ（親の心理的要因），乳児の気質（子どもの特徴），夫婦関係，社会的サポート，仕事と家庭の相互関係（社会・文脈的な要因）が測定され，そして，乳児が13カ月の時点で父子間のアタッチメントパターンが測定された。個々の要因とアタッチメントの質との関連について言えば，安定型と不安定型を区別する重要な要因は父親のパーソナリティおよび仕事と家庭の相互関係であり，安定型に分類された乳児の父親はより外向的かつ調和的であり，また，仕事と家庭のバランスがうまく保たれていた。もっとも，2つの不安定型，すなわち，回避型とアンビヴァレント型の違いには，父親自身の要因の関与は認められず，むしろ乳児自身の気質が大きく関与していた（回避型の乳児はアンビヴァレント型の乳児よりも気質的に扱いやすいと父親によって知覚されていた）。総じて見ると，母親の場合と同様に，父親についても，親自身，乳児，社会・文脈的要因という3次元において好条件にある要因が多いほど，累積的に安定した父子のアタッチメントが形成され得ることが示されたと言える。

②母子間のアタッチメントと父子間のアタッチメント：父親を対象としたアタッチメント研究が進む中で，子どもの父親に対するアタッチメントと母親に対するアタッチメントとの関連性が，多くの研究者の関心事となっている。その研究の多くは，SSP によって，父子および母子の組をそれぞれ2回に分けて（数週間から数カ月の間隔を置いて）観察することによって，その関連を検討している。

個々の研究からは必ずしも一貫した結果が得られていないが，Fox *et al.* (1991) や van IJzendoorn & De Wolff（1997）によるメタ分析に従うならば，父子間と母子間のアタッチメントタイプには，弱いが有意な関連性が存在するらしい。こうした緩やかな関連性については，乳児の気質や家庭環境（両親間の相互作用や養育行動の類似性など）といった観点から説明が試みられている（Fox *et al.*, 1991 ; Solomon & George, 1999）が，今のところ，いかなる説明が最も妥当であるかについては確固たる証拠が得られていないというのが現状のようである（Fox *et al.*, 1991）。いずれにしても，両親に対して異種のアタッチメントを示す子どもが少なからず存在することは事実であり，それゆえ，子どもの

発達に対する,母子,父子それぞれにおけるアタッチメントの個別の影響,さらにはそれらを組み合わせた複合的な影響などについて,さらなる研究を積み上げていく必要があると言えよう (Verschueren & Marcoen, 1999)。

③父子関係の特異性:父子のアタッチメント研究のほとんどは,現段階において,母子の研究で得られた知見をただ追認するに止まっている状況であるが,それでも,父子のアタッチメントには母子のそれとは様相を異にする点がいくらか存在するようである。例えば,アタッチメントの質を規定する要因として,父親の場合は養育活動への関わりよりも,特に遊び場面での子どもとの相互作用の重要性が指摘されている (Cox et al., 1992 ; Easterbrooks & Goldberg, 1984)。また,母子関係と父子関係とを比較した場合,全体的に子どもの発達とより強く関連しているのは母親とのアタッチメントであるという傾向が見られるが,父子間のアタッチメントの質は母親の場合とは異種の子どもの発達領域により特異的に関連している可能性も否めない (Steel et al., 1996)。今後,そうした可能性が現実のものなのか,現実であるとすれば特にどのような発達領域にいかなる影響を及ぼし得るのかを精細に明らかにしていくことが必要となろう。また,父母間で何らかの差異が見られたとしても,それが本質的に父子関係,母子関係それ自体に潜む生物学的要因も含めた何か根本的な違いによるのか,それとも単に多くの家庭において主たる養育的役割をとるのが母親であるということを反映しているにすぎないのか(父子,母子ということではなく主たる養育者との関係であるか否かの差異なのか)といったことについても検討すべきかも知れない。ただし,いずれにしても子どもを持つ母親の就労の増加によって,家庭での父親の役割も自ずと大きく変化せざるを得なくなってきている昨今,乳児が父親と安定したアタッチメントを発展させる状況やそのプロセスについての研究が,これからますます重要性を帯びることはほぼ間違いことと言えよう (Belsky, 1996)。

4-1-2 子どもの祖母に対するアタッチメント

近年,家族形態はますます多様化する傾向にあるが,祖父母を含む拡大家族で成育する子どもはいまだ決して少数派ではない。また,厳密に同居ではなく

とも，距離的に近接したところに祖父母が居住し，孫家族と頻繁に行き来をするケースも相当に多いだろう。こうした場合，同居する，あるいは距離的に近くに位置する祖父母，ことに，一般的に子どもの養育に対してより深く，また直接的に参入することになる祖母は，発達早期から，子どもにとって特別な存在であるに違いない。それでは，孫の祖母に対するアタッチメント行動は現実にいかなるものなのだろうか。

①アタッチメント対象としての祖母：Myers et al. (1987) は，SSP そのものではないがそれと類似した測定方法を用いて，乳児の母親に対するアタッチメントに加え，祖母に対するアタッチメントも観察・評価している。そこでは，A，B，C といったアタッチメントのタイプではなく，遊び，泣き，母親・祖母・見知らぬ大人への近接，大人による抱っこに対する反応，ドアへの近接などの個々の子どもの行動が測定された。調査対象は中流階級の母親 30 名とその乳児および祖母であり，そのほとんどは比較的近所に住んでいた。乳児のアタッチメント行動は母親との分離や再会の際に最も現れやすく，次いで祖母，見知らぬ人の順で観察されるだろうと予測されたが，その予測を確証するような結果は得られなかった。すなわち，子どもは母親と祖母のいずれに対してもきわめて類似した行動を示したのである。多くの比較がなされた中で，両者の違いは，1) 乳児が母親あるいは祖母のどちらかのみといる場合，両者とともにいる場合のいずれにおいても，祖母よりも母親に接近することが多い，2) 母親と祖母の両方と一緒にいる場合，祖母よりも母親に抱っこされることが多い，という点のみであった。こうしたことからすると，祖母の存在は，母親ほどではないにしても，乳児の探索行動や遊びの際の安全基地として十分に利用され得るものであり，またそこからの分離は乳児に苦痛や遊びの中断をもたらし，一方，再会は乳児に大きな安堵感をもたらすものと言えそうである。

　同様に，Tomlin & Passman (1989) も，分離—再会場面を用いて，祖母に対する子どものアタッチメント行動を観察している。その結果，祖母に向けられる乳児の探索行動および近接維持行動は，母親よりも多少，少なく，見知らぬ大人よりもやや多いことが明らかとなった。さらに，日頃，祖母が乳児の身体的・情緒的ケアやしつけなどの責任を多く担っているほど，乳児は祖母との

近接関係を維持しようとし，また，祖母を安全基地として積極的に探索行動を行うことが多いという結果が示されている。

②育児支援者としての祖母：祖母と孫との直接的なアタッチメントということではないが，祖母の親世代に対するサポートと子の親に対するアタッチメントの質との関連を検討している研究も相当数存在している。Levitt *et al.* (1986) は，乳児を持つ母親が利用できる支援的ネットワークについて調べているが，それによると，ネットワークの中心的存在として配偶者と子ども（乳児のきょうだい）が，それに続いて自身の両親が重要視されるらしい。また，大部分の母親の主要なサポート源は配偶者であったが，母親の母親（子どもの祖母）はそれに次ぐ存在として認識されていた。また，Spieker & Bensley (1994) は，197 組の 10 代の母親とその子どもを対象に，祖母からの支援がアタッチメントの質にいかなる影響を及ぼすかについて検討している。この研究においては，子どもが 1 歳の時に，SSP によってアタッチメントの質が測定され，その 2 週間後にサポートなどを尋ねる面接が行われた。結果として，祖母からのサポートは，母親がパートナーと同居している場合に，母子間のアタッチメントの質の安定性に有意に寄与していることがわかった。

ここまでの記述から総じて言えることは，祖母が子どもにとって物理的に身近な対象として生活している場合，その存在は，子どものアタッチメントの形成に直接・間接に重要な働きをなし得るということであろう。もっとも，子どものアタッチメントに対する祖母の影響を取り上げた研究は，全体としてきわめて稀少である。今後，離婚家庭や再婚家庭といった様々なサンプルでの研究や，（現状としては母方の祖母を対象にした研究が多いが，これからは）父方の祖母を対象とした研究なども積極的に行われる必要があるだろう。また，現在のところ，子どものアタッチメント形成における祖父の役割について検討している研究はほとんど見当たらないが，祖母と同様に，祖父の存在が子どものアタッチメントにどのように関連するのか（しないのか）を，明らかにしていくこともひとつの大きな課題であると考えられる。さらに，祖父母の子育てに絡む役割は文化によって大きく食い違うことが想定される（→第 9 章）。将来的には比較文化的データの蓄積も大いに模索されるべきものと言えよう。

4-2 親子関係および子どものパーソナリティ発達に見る
  アタッチメントの連続性
4-2-1 親子関係の時間的連続性

　1歳前後に子どものアタッチメントを測定し、その後1年間の追跡調査を行った研究（Frankel & Bates, 1990 ; Matas et al., 1978 ; Bates et al., 1985）では、1歳時にアタッチメントの安定していた子どもは不安定だった子どもよりも、母親と一緒に行う課題において、より熱中し、従順で、ポジティヴな情動を示し、フラストレーションや攻撃性が少ないことが示されている。アタッチメントが安定していた乳児が1歳代で親との調和的な関係を維持する傾向は、親と情動を共有する程度（Waters et al., 1979）や、母親との自由遊びでの従順さ（Londerville & Main, 1981）においても、同様に示されている。

　さらに、発達早期にアタッチメントの安定していた子どもの母親についても、その後の子どもとの相互作用においてなおも支持的で、敏感に行動することが示されている（Frankel & Bates, 1990 ; Matas et al., 1978 ; Bates et al., 1985 ; Londerville & Main, 1981）。このことから、乳児期にアタッチメントが安定していた子どもが、その後の親との相互作用においてポジティヴな行動を持続して示すのは、その親自身が率先して子どもにポジティヴな行動を取り続けるということも影響していると考えられる。乳児期のアタッチメントと後の象徴遊びとの関係を検討した研究（Slade, 1987）でも、アタッチメントの安定していた乳児は、1歳代において、長く複雑な象徴遊びのエピソードを示し、その母親もまた子どもに支持的にふるまうことが示されている。つまり、乳児期のアタッチメントは1歳代の親子関係において連続性があり、その連続性の維持には子どもと親の両方が貢献している可能性が高いと言える。

　しかし、乳児期のアタッチメントの安定性が、2歳以降の親子関係の調和性にも持続的に効果を及ぼすかどうかについては、1歳代とはやや様相が異なるようである。例えば、乳児期のアタッチメントの安定性と後の親子の相互作用との間には一貫した関連が見られないという結果が、2歳半の子どもを対象にした日本の研究（Takahashi, 1990）、3歳児を対象にしたアメリカの研究

(Youngblade & Belsky, 1992), 5歳児を対象にしたオランダの研究 (van IJzendoorn et al., 1987) などにおいて示されている。また,子どもが6歳と10歳になった時の親子の相互作用について追跡調査を行ったドイツの研究 (Grossmann & Grossmann, 1991) では,乳児期のアタッチメントと後の親子関係との間には,関連がある側面とない側面とが混在するという複雑な結果が示されている。幼児期・児童期の発達においては,子どもは仲間や教師などの親以外の相手との対人関係を持つようになり,家庭外の様々な環境から多様な影響を受けることになる。このような子どもの対人世界の広がりに応じて,親子の相互作用は早期のアタッチメント以外の要因の影響も強く受けるようになると考えられる。こうしたことから,乳児期のアタッチメントには高確率で短期の連続性が見られたとしても,それ以降のより長期の連続性については,子どもの環境の変化に応じて複雑な様相を呈すると見なしておくべきかも知れない。

もっとも,親子間の具体的な相互作用の質ではなく,子どもの親子関係に関するイメージや表象との関連について見てみると,乳児期のSSPにおけるアタッチメント分類と,6歳時の分離場面の絵や家族の写真などに関する作話を通して得られたアタッチメント分類とが80％以上の一致を見せること (Main & Cassidy, 1988 ; Wartner et al., 1994),また,12カ月時と48カ月時の母親へのアタッチメントが,9歳時の子どもの母親との関係性に関するイメージと関連すること (Howes et al., 1998) などが知られており,少なくとも子ども自身の関係性に関する表象ということに関して言えば,乳児期のアタッチメントは児童期に至るまで,ある程度の一貫性を維持するものと考えられる (→ TOPIC 4-1 幼児期におけるアタッチメントの測定法；TOPIC 4-2 児童期におけるアタッチメントの測定法)。

4-2-2 子どものパーソナリティへの影響

乳児期に形成されるアタッチメントは,その後の子ども自身のパーソナリティ形成にいかなる影響を与え得るのだろうか。乳児期にアタッチメントを測定した子どもを,幼児期・児童期を通して縦断的に追跡調査した代表的な研究のひとつに,アメリカのミネアポリスの低所得層の家庭を対象とした一連のプロ

ジェクトがある。それによると，乳児期にアタッチメントが安定していた子どもは，幼児期になると共感的な行動が多く観察され，幼稚園教諭の評定から，自己評価や情緒的な健康度が高く，より従順で，ポジティヴな情動表出が多いことが明らかになった（Kestenbaum et al., 1989 ; Sroufe, 1983 ; Sroufe et al., 1983 ; Sroufe & Egeland, 1991 ; Sroufe et al., 1984）。また，同じ子どもたちが10歳になった時に，サマーキャンプでの行動をカウンセラーによって評定された結果，乳児期のアタッチメントが安定していた子どもは，10歳時の情緒的健康度，自己評価，自己信頼感の得点が高かった（Elicker et al., 1992）。このことは，乳児期に形成されるアタッチメントが，幼児期・児童期を通して子どものパーソナリティの発達に影響する可能性があることを示唆している。

　もっとも，人生早期に形成されるアタッチメントが，その後のパーソナリティの発達をどれだけ強く決定づけるかについては疑問の余地が残されている。例えば，幼児期の自我発達について行われた研究では，乳児期にアタッチメントが安定していた子どもの方が自我の弾力性が高くアタッチメントの連続性があるという結果（Arend et al., 1979 ; Sroufe, 1983 ; Grossmann & Grossmann, 1991）と，アタッチメントと自我の弾力性には関連がないという結果（e.g. Easterbrooks & Goldberg, 1990 ; Howes et al., 1994 ; Howes et al., 1994）とが混在している。そうした意味で現時点において安易な結論づけはできないが，発達のより早い段階においては，環境の持つ影響力が他の時期に比べて相対的に大きいことが指摘されており（Lewis & Feiring, 1991），パーソナリティ発達に対するアタッチメントの影響力は，子どもの環境の変化に応じてある程度加減される可能性があると捉えておくのが無難かも知れない（→ TOPIC 6-3　アタッチメントの連続性を支えるメカニズム）。

4-3　仲間関係に見るアタッチメントの連続性

4-3-1　親密な仲間およびきょうだいとの関係性への影響

　乳児期に形成されるアタッチメントは，親子関係に限らず，その後の種々の

対人関係の発達にまで影響を与えるとされている。特にBowlby（1979）は，乳児期の養育者とのアタッチメントは後の親密な対人関係の基礎となることを強調している。そのため，ここではそうした関係の親密さに焦点を当てながら，特に乳児期の母子関係の質が，幼児期・児童期の仲間やきょうだいとの関係およびそれらに対する社会的能力に対していかに影響するかについて見ていくことにする。

　まず2歳時と5歳時に一番仲の良い遊び相手との遊び場面を観察した研究（Pierrehumbert et al., 1989）において，2歳時に測定した母親とのアタッチメントが安定していた子どもの方が不安定だった子どもよりも，一貫して遊び相手に対してより応答的であったことが示されている。また，4歳時に一番仲の良い者同士2人の実験室での自由遊びを観察した研究（Park & Waters, 1989）では，乳児期の母親へのアタッチメントが2人とも安定型だったペアは，1人が不安定型だったペアと比べて，ポジティヴな相互作用が多かったことが報告されている。さらに，5歳時に一番仲の良い仲間との関係を調べた研究（Youngblade & Belsky, 1992）では，乳児期に母親とのアタッチメントが安定型と分類された子どもが友だちに対してネガティヴな行動をとることが少ないことが明らかにされている。

　きょうだい関係も，子どもにとって家庭で結ぶ親密な仲間関係の一種であると捉えることができよう。アタッチメントときょうだい関係との関連を調べたものとしては，母親とのアタッチメントが年長のきょうだいに対する下の（乳児期の）子のポジティヴな行動と上の子から下の子へのポジティブな行動との両方に関連するという横断的な研究知見（Teti & Ablard, 1989）や，母親とのアタッチメントが安定していた子どもは不安定な子どもに比べて5年後に観察されたきょうだいとのいざこざが少ないという縦断的な研究知見（Volling & Belsky, 1992）などが得られており，乳児期のアタッチメントがその後のきょうだい関係の質にある程度連続することが示唆される。

　児童期の仲間関係については，幼児期に比べるとその研究数がずっと少なくなるが，それでもいくつか興味深い知見が得られている。例えば，5，6年生の子どもに最も親しい同性の友人同士でペアを組ませ，そこでの議論を観察し

た研究（Kerns *et al.*, 1996）が行われている。それによると，同時点での自己報告による母親へのアタッチメントが安定型同士だったペアは，安定型と不安定型の組み合わせのペアに比べて，より応答的で，あまり批判的ではなく，力関係のバランスが取れていた。また，自己報告によるお互いの親密さや友人関係の安定性の評価については，アタッチメントの質による違いは見られなかったが，安定型同士のペアは安定型と不安定型の組み合わせのペアよりも，より自分たちの親交が厚いことを報告する傾向があった。この研究は乳児期ではなく児童期の母親へのアタッチメントを問題にしたものであるが，少なくともそうした児童期のアタッチメントは同時点での親密な仲間関係にも相対的に強く連関するようである。

4-3-2　特に親密ではない仲間関係への影響

上述したとおり，乳児期における母子間のアタッチメントは子どもの親密な仲間関係に影響を与えると考えられるが，仲間関係の中でも，クラスメイトなど，特に親密とは限らない相手や仲間全般に対する関係の取り方は，アタッチメントによってどの程度影響を受けるのだろうか。

幼児期の全般的な仲間関係については，アタッチメントとの関連があるという結果とないという結果の両方が示されている。まず，アタッチメントとの関連があるものとして，15カ月時に子どもの母親に対するアタッチメントを測定し，その2年後に幼稚園の教室場面での子どもの行動を評定した研究（Waters *et al.*, 1979）では，幼稚園での仲間関係が有能であると評定された子どもは，全員15カ月時に安定型と分類された子どもであったことが示されている。また，同性のクラスメイトとペアになった時の子どもの行動を調べた研究（Troy & Sroufe, 1987）では，アタッチメントが安定型だった子どもは不安定型だった子どもよりも，相手をいじめることが少なく，また誰もいじめられることがなかった。さらに，低収入の家庭を追跡調査した研究（Elicker *et al.*, 1992）において，1歳時に母親とのアタッチメントが安定していた子どもは，10〜11歳時の1カ月間のサマーキャンプで，同じく乳児期にアタッチメントが安定していた子どもと友だちになりやすく，不安定型だった子どもは他の子どもと容

易には親密になることができなかったことが報告されている。このように，特に親密さを特定しない仲間に対してもアタッチメントとの関連があるという結果は比較的多く存在する。しかしその一方で，発達早期の母親に対するアタッチメントとその後の仲間関係全般とのつながりを否定する研究もいくつか存在している。例えば，子どもが12カ月時と4歳時にアタッチメントの質を測定し，幼稚園での行動を幼稚園教諭と観察者に評定させた研究（Howes et al., 1994）では，保育者や教師に対する子どものアタッチメントの質は仲間との行動に関連するものの，母親とのアタッチメントの質はそれに何ら関連していなかったのである。

　ちなみに，同年代の子どもとの関係の中でも，過去に全く面識のない見知らぬ子どもに対する社会的行動についてもいくつかの研究が行われているが，そこにはアタッチメントと見知らぬ子どもへの行動に関連があるという結果（Lieberman, 1977 ; Pastor, 1981 ; van den Boom, 1995）と関連がないという結果（Jacobson & Wille, 1986 ; Howes et al., 1994）が混在しており，現時点での結論づけは時期尚早と考えられる。

　以上見てきたように，相手との親密な関係がある場合とは異なり，仲間関係の中でも特に親密とは限らない相手については，母子間のアタッチメントの影響の有無をはっきりと特定することができないようである。基本的には，後に親密な仲間関係を築き得る相手であっても最初は見知らぬ相手であったわけであり，そうした意味からすればアタッチメントの安定性は本来，新しい対人関係の確立や維持に対しても大きな役割を果たすことが想定される。しかし，そのようなアタッチメントの影響力は，常にどのような状況においても現れるとは限らないため，このように一貫しない結果が得られているのかも知れない。

4-3-3　仲間に対する社会的コンピテンス

　上述したようにアタッチメントの安定性は特に親密な仲間関係に影響を与え得ると言えるわけであるが，そのような良好な対人関係を生み出す背景として，子どもがそのための高い社会的コンピテンスやスキルを備えている可能性が想定されよう。

これまでの研究では，母子間のアタッチメントの安定性が子どもの社会的コンピテンスの高さとかなり強い関連性を有することが示されている。幼児期に関して言えば，母親に対するアタッチメントの分類が12カ月から18カ月まで変わらなかった子どもの4～5歳時の特徴として，安定型の子どもは社会的に有能であり，クラスメイトに好かれており，特にアンビヴァレント型の子どもよりも社会的参加と社会的権威が高く，回避型の子どもよりもネガティヴな情動表出が低いということが言えるようである（LaFreniere & Sroufe, 1985）。また，幼稚園教諭が評定した4～6歳児の仲間への社会的コンピテンスの高さについては，母親へのアタッチメントの安定性との関連が高いこと（Verschueren & Marcoen, 1999），子どもの共感性の能力については，安定型の子どもは回避型の子どもよりも共感性が高いこと（Kestenbaum et al., 1989）などが明らかにされている。さらに，このような社会的コンピテンスの高さは，社会的問題行動の少なさの裏返しとしても捉えられるだろう。子どもの示す問題行動について調べた研究では，安定型の子どもは，回避型，アンビヴァレント型の子どもよりも，全般的に問題行動を示すことが少ないことが知られている（Erickson et al., 1985）。この他に，幼児期の仲間や自己に関する認識や表象を扱ったような研究も存在している。あるひとつの研究（Cassidy et al., 1996）では，乳児期のアタッチメントとは関連が見られなかったものの，幼児期の同時点で測定した母親へのアタッチメントとの関連を見ると，そのアタッチメントタイプが安定型の子どもは仲間関係の中での相手の親切な意図を推察し，不安定型の子どもは敵対的な意図を推察する傾向が高かったという。母親へのアタッチメントを同時点で測定した他の研究においても，アタッチメントが安定している幼児は他者の感情に高い関心や理解を示しやすいこと（Laible & Thompson, 1998），またポジティヴな自己イメージを持っていること（Cassidy, 1988）などが明らかにされている（→ TOPIC 4-3 「心の理論」の個人差とアタッチメント）。

　児童期の子どもの社会的コンピテンスについても，幼児期と同様にアタッチメントとの関連があることが示されている。小学校低学年での子どもの行動を評定した研究（Cohn, 1990）では，母親へのアタッチメントが不安定型だった

男児は安定型の男児よりも，教師から人格的，社会的に有能でなく，より多くの問題行動を持っていると見なされており，さらにクラスメイトからは，より攻撃的であると見なされ，あまり好かれていなかった。家庭で子どもにインタビューを行った研究（Freitag et al., 1996）でも，乳児期に母親とのアタッチメントが安定していた子どもは，不安定だった子どもよりも，10歳時の親密な友人関係を作るためのコンピテンスが高かった。

以上のように，乳児期の母親へのアタッチメントは，幼児期・児童期の仲間への社会的コンピテンスとかなりのところ関連することが明らかになっている。乳児期に形成される母親とのアタッチメントの安定性は，このような子どもの社会的コンピテンスの発達を促すことを通して，良好な仲間関係の形成に貢献し得るものであると考えられる。

なお，父子間のアタッチメントと子どもの仲間関係および社会的スキルの関連性を問うている研究も少なからず存在している。それによれば，一部に，子どもの父親へのアタッチメントが母親へのアタッチメントにはない特異的な影響を及ぼすという証左を得ている研究もある（e.g. Lieberman, Doyle, & Markiewicz, 1999 ; Verschueren & Marcoen, 1999）が，総じて，その全般的な影響力は相対的に小さなものに止まるようである（Volling & Belsky, 1992 ; Youngblade & Belsky, 1992）

4-4　本章のまとめ

子どもは唯一ただひとりの特別な大人との関係の中に生まれてくるわけではない。母親以外にも，父親はもちろん，祖母や祖父など，様々な大人と最初期から，多かれ少なかれ実質的な関係を持ち得るものと考えられる。そうした意味からすれば，子どもは誕生時からすでに「社会的ネットワーク」の中にあり，複数の対象と同時並行的に緊密なアタッチメントを築き得るとともに，それぞれの対象から特異的に，その後の種々の発達に必要となる異種の要素を学習し得るのかも知れない（Lewis et al., 1979）。もっとも，父親や祖父母等の子どもの養育への参入には，家庭によって大きな違いがあることが想定される。職種，

就労形態，居住状況，生活パターン，慣習などにより，その程度には大きな分散があると言えるだろう。先に，父親の子どもの仲間関係や社会性の発達への影響は母親に比して相対的に小さなものに止まる可能性を指摘したが，それには部分的にこうした事情が関与しているのかも知れない。父親の子どもとの物理的接触時間がきわめて短時間に限られるような家庭状況においては，父子間に緊密なアタッチメントそのものが成立するかどうかも危うく，また当然のことながら，その種々の発達への影響も微弱なものに止まらざるを得ないと考えられるからである。それどころか，こうした父子関係の希薄さは，時に夫婦間の葛藤や母親の育児ストレスの高まりなどとも連動して，子どもの発達に負の影響を及ぼしかねないものと考えられる。

　また，本章では，乳児期の安定したアタッチメントがその後においても連続し，また良好な心理社会的帰結を予測するというBowlbyの仮説に従って，それが現実にどれだけ妥当かを，幼児期・児童期における親子関係，仲間関係やきょうだい関係，あるいはまた社会情緒的発達全般の観点から検討してきた。その結果，乳幼児期と児童期のアタッチメントについて，大きく2つの示唆を得ることができたと考えられる。そのひとつは，子ども時代の社会情緒的発達に対して，人生早期に親との間で形成されるアタッチメントが，必ずしも永続的で不変の影響力を行使し続けるわけではなく，環境の変化や子どもの対人関係の広がりなどに応じて，多かれ少なかれ変質する可能性があるということである。もうひとつは，乳児期のアタッチメントに絶対的な影響力が必ずしも認められないからと言って，アタッチメントそのものの重要性が否定されるわけではなく，特に幼児期・児童期においては，より時期的に近い過去および同時点での親子のアタッチメントの質が子どもの種々の社会情緒的発達にかなり明確に反映される可能性があるということである。この点については，ある特定の時点および状況において，子どもの発達にとって最も重要なアタッチメント対象は誰なのかということを考慮に入れる必要があり，子どもの対人世界の広がりに応じた，家庭外でのアタッチメント研究が今後ますます必要になると考えられる（→第5章）。

TOPIC 4-1

幼児期（2～6歳時）におけるアタッチメントの測定法

　幼児期のアタッチメントの測定法には，大きく分けて，アタッチメントQソート（セット）法（AQS），変形型ストレンジ・シチュエーション法（SSP），ドール・プレイ，絵画反応法（Picture Response Procedures）の4種類があると言える。

　AQSはTOPIC 3-1で既述した通り，日常場面における子どもの安全基地行動の観察に基づくもので，乳児期から幼児期にかけての幅広い年齢層に適用可能な手法である。変形型SSPは，乳児期を対象にしたオリジナルのSSPと同様に，アタッチメント対象との2度の分離と再会を基にしてアタッチメントの分類を行う手法であるが，そこでは一般的に，子どもの年齢に応じた発達水準に見合うよう，分離時間を長くしたり，ストレンジャーの役割や性別を変えたり，養育者への教示を変えたり，実験的課題や手続きを織り交ぜたりといった，オリジナル版にはない様々な工夫が凝らされており（Solomon & George, 1999），最終的に乳児期とほぼ同様のタイプ分けがなされる（e.g. Cassidy & Marvin, 1992 ; Crittenden, 1994 ; Main & Cassidy, 1988）。

　AQSと変形版SSPが，観察された実際のアタッチメント行動から，個々の子どものアタッチメントの質を評価する手法であるのに対し，ドール・プレイと絵画反応法は，子どもの表象レベルのアタッチメントに焦点を当て，そこにおける個人差を体系的に抽出しようとする手法である。第2章で述べたように，幼児期の早期に，子どもは象徴的な心的表象を操作し，知識を概念的に組織化し始める（Bretherton, 1985）。そのため，実際の行動によらなくとも，子どもが有する，自己とアタッチメント対象に関する内的作業モデルの質を，子どもの象徴的な遊びや作話などから推察することが可能になるのである。

　Bretherton et al.（1990）によるドール・プレイは，実験者がまず5種類のストーリー（「子どもがジュースをこぼす」「子どもが膝に怪我をする」「寝室で子どもがおばけを"発見"する」「両親が出かける」「両親が戻ってくる」）を子どもに対

して示した上で，子どもに次に何が起こるかを人形を用いて演じさせるものであり，その主立った様子から安定型（Bタイプ），回避型（Aタイプ），アンビヴァレント型（Cタイプ），無秩序型（Dタイプ）の4タイプに分類がなされる。この手法は元来，3歳児を対象に開発されたものであるが，今では，小学校入学前くらいの子どもまで適用可能な形に改作されてきている（George & Solomon, 1994 : Solomon & George, 1999）。

　また，代表的な絵画反応法としてKaplan（1987）やJacobsen et al.（1994）の手法をあげることができる。それは元来，多かれ少なかれ，Bowlbyによる分離不安テスト（Separation Anxiety Test : SAT）（Klagsbrun & Bowlby, 1976）に依拠して作られており，具体的にはまず，親との短期，長期の分離など，アタッチメントに関連した様々な程度のストレスフルな事態が複数枚の絵を通して子どもに呈示され，子どもは各絵に登場する幼児がどのような感情を抱き，またこれから何をしようとするかを尋ねられることになる。そして，その語りの質により，4タイプのアタッチメントのいずれかに振り分けられるのである。

　もっとも，こうした象徴的な表象によって子どものアタッチメントを測定する方法は，比較的最近になって開発されたものであり，いまだ多くの改良の余地が残されていると言える。例えば今後，子どもの認知発達の水準に応じて，アタッチメントを活性化するストーリーを適宜，変更するような工夫が必要になってこよう。なお，ここで述べた子どものアタッチメント表象へのアプローチの多くは，子どもの内的世界全般の特質をより広く深く，また体系的に探ろうとする，マックオーサー・ストーリー・ステム・バッテリー（MacArthur Story Stem Battery）（Emde et al., 2003）の一部として取り込まれ，結実しているということを付言しておくことにしたい。

　　　　　　　　　　　　　　　　　　　　　　　　　　　　　園田菜摘

表4-1 幼児期を対象にしたアタッチメントの測定法とその分類方法

	ストレンジ・シチュエーション法 (SSP)	アタッチメント・Qセット法 (AQS)	ドール・プレイ	絵画反応手続き
手続き	実験室での、親との分離と再会をもとにした一連の手続きを行う。	家庭での観察により、子どもの行動特徴をQセットのカードで分類する。	人形を用いてアタッチメントに関するストーリーを示し、その続きを子どもに演じさせる。	アタッチメントに関する絵や写真を見せ、描かれている子どもの気持ちやその後の行動を述べさせる。
主な研究	Cassidy-Marvin法 (Solomon & George, 1999より)	Waters & Deane (1985)	Bretherton et al. (1990)	Kaplan (1987) (Solomon & George, 1999より)
対象年齢	2歳半～4歳半	1～5歳	3歳	6歳
分類内容	安定型（Bタイプ）：親を探索のための安全基地として利用する。再会場面での行動はなだらかで、乳児のようなはっきりかんだ行動によって特徴づけられる。回避型（Aタイプ）：独立していて、中立的な無関心さがあるわけで相互作用を完全に避けるわけではない。身体的、精神的な親密さを避ける。アンビヴァレント型（Cタイプ）：分離に強く抗議する。再会場面は、強い近接の要求、乳児のようなはっきりかんだ行動によって特徴づけられる。統制／無秩序型（Dタイプ）：統制的な行動（懲罰的、世話焼き的）や乳児期の無秩序型と関連するやや行動によって特徴づけられる。不安定／その他型（IOタイプ）：不安定型の行動指標が混在しており、他のどの分類指標にもあてはまらない。	被験児に実際に配置した各カードの値を、専門家による「基準的配置」の各カードとの相関を求め、それをFisher r-to-z変換を施した数値が、子どもの安定性得点となる。ほぼ-1.0から1.0の間での連続した分布となる。通常、.30以上で安定したアタッチメントを形成していると判断される。	安定型（Bタイプ）：アタッチメントのテーマに関連した対処行動を示す。例えば、自発的におちゃん人形と遊ぶ。回避型（Aタイプ）：他のストーリーに逃げる。例えば、他のことをしていると言ったり、いやと言う。アンビヴァレント型（Cタイプ）：一貫したパターンが固定されない。無秩序型（Dタイプ）：奇妙な反応、混乱した反応を示す。例えば、子どもが人形を床に投げつけるなど。	臨機応変型（Bタイプ）：建設的な方法での分離への対処を述べ、傷ついた感情への同一視もしない。活動停止型（Aタイプ）：対処の仕方を提案できず、困惑する。アンビヴァレント型（Cタイプ）：親を喜ばせようとするが、それでも親を怒らせるなど矛盾した反応を示す。恐れ型（Dタイプ）：説明のつかない恐れ、混乱した思考を示す。

―― **TOPIC** 4-2 ――

児童期におけるアタッチメントの測定法

　より年長の子どもや大人におけるアタッチメント・システムのゴールは，年少児に見られるようなアタッチメント対象への物理的な近接よりも，表象的な近接へと，換言するならばアタッチメント対象の情緒的な利用可能性に関する主観的確信へと，急速に移行していくことになるため，児童期以降には乳幼児期とは別種の新たな測定法が必要になると言える。現在までのところ，質問紙や面接あるいは描画等を通して，子どものアタッチメント表象の特質を探ろうとする手法が案出されている。

　比較的最近に開発された代表的な質問紙法として，Kerns et al.（1996）とFinnegan et al.（1996）の尺度をあげることができる。前者は，1）特定のアタッチメント対象の応答性と利用可能性の程度（例えば，子どもが，必要な時に親がいなかったらどうしようと心配しているかどうか），2）ストレス状況でアタッチメント対象に頼る傾向（例えば，子どもが動揺した時に親の所へ行くかどうか），3）アタッチメント対象とのコミュニケーションにおける，くつろぎや関心の程度（例えば，自分が思っていることや感じていることを親に話すのが好きかどうか）のいずれかの内容に関わる総計15項目に対して4件法で回答を求めるものであり，最終的にアタッチメントの安定性得点が割り出されることになる。それに対して後者のFinnegan et al.（1996）の尺度は，アタッチメントが不安定である場合の逸脱した対処スタイルに焦点を当てているところに特徴を有しており，日常の各種ストレス状況下で，養育者に情緒的に過度にとらわれたり，回避的な態度をとったりするなどの非効率的で不安定な対処方略をいかに多くとってしまいがちかを，36の質問項目を通して測定するものである。

　児童を対象にした面接によるアタッチメントの測定は，多くの場合，Bowlby自身による分離不安テスト（SAT）（Klagsbrun & Bowlby, 1976）やその改作版を通してなされているようである。その改作版の代表的なもののひとつであるResnick（1993）の手続きは，14歳くらいまでの子どもに適用可能であり，

具体的には分離に関する6枚の絵（例えば，家族で新しい土地に引っ越す，子どもが家から逃げ出す，など）それぞれについて，登場人物の子どもはどのような気持ちか，なぜそのように感じるのか，そしてその子は次にどうするか，といったことを問うものである。そして，対象児は最終的に，その回答パターンから，乳児期のSSPにおけるABCに対応するいずれかのタイプに分類されることになる。

　描画は，子どもが自分で評価することの難しい情動や態度を引き出すのにより有効であると考えられている。例えば，Fury *et al.* (1997)の手法は子どもに白い紙と10色のカラー・ペンを与えて自由に自分の家族の絵を描くように教示するものであり，その絵の特徴に従って，アタッチメントの各種側面に関する得点化や乳児期のSSPと同様のタイプ分けがなされることになる。ちなみに，この研究は乳児期からの縦断研究の一環として行われており，そこでは，家族絵によってタイプ分けされた8～9歳時におけるアタッチメントの質が乳児期のSSPにおける分類と有意に連関していたことが報告されている。

園田菜摘

第4章　乳幼児期・児童期におけるアタッチメントの広がりと連続性

表4-2　児童期を対象にしたアタッチメントの測定法とその分類方法

測定法	質問紙法	面接法（絵画反応手続き）	描画法
手続き	アタッチメントに関連する質問紙の項目を子ども自身が評定する。	アタッチメントに関する絵を見せ、そこに描かれている子どもの気持ちやその後の行動を述べさせる。	白い紙とカラー・ペンを渡して、家族の絵を描かせる。
主な研究	Kerns et al. (1996)	Resnick (1993)	Fury et al. (1997)
対象年齢	児童期中期〜青年期初期	10〜14歳	8〜9歳
評定内容 分類内容	「特定のアタッチメント対象の応答性と利用可能性の程度」「ストレス状況でアタッチメント対象に頼る傾向」「アタッチメント対象とのコミュニケーションの際の心の開き」などに関する15項目の4段階で評定し、子どもの回答の平均値をアタッチメントの安定性の指標とする。	まず、9個の変数（情動的なオープンさと傷ついた感情の表現／アタッチメント関係についての無価値化／面接での語りの一貫性／怒りへの没頭／分離場面に関する悲観的楽観／面接に対する抵抗や感情表現の結果／感情的置き換え／分離に関する自己への非難／建設的な解決法の提案）について9ポイント尺度で評定する。 評定に基づいて、3つのタイプに分類する。 安定型（Bタイプ）：情動的なオープンさ、一貫性、楽観的な否定、面接の得点が高く、関係性の否定、面接への抵抗、関係性の否定、面接への抵抗、怒りへの没頭の得点が低い。 軽視型（Aタイプ）：安定型の否定、建設的な解決法の提案の得点が低く、とらわれ型（Cまたはc）：安定型に属する変数の得点が低く、自己非難、怒りへの没頭の得点が高い。	①Kaplan & Main (1986) に基づいて、個性化（Aタイプ）、安定一回避型、不安一回避型に分類。 ②絵に描かれた特定のサインのチェック。 不安－回避型（Aタイプ）：個性化されていない。母親（または子ども）の省略、腕が下を向いていて身体にくっついている、頭部の誇張、色がない、家族が別の場所にいてもつながっている。 不安－抵抗型（Cタイプ）：人物がごちゃごちゃしていて重なっている、隣が障害物になって分けられている。人物が異常に小さいあるいは大きい、人物が隅に描かれている、やわらかい身体の部位、顔・頬・手の誇張。 不安－不安定型（AまたはC）：細かい背景がない。母親の足が地面に着いていない（浮かんでいる）、男性や女性の性別が区別できない、中立的。 無秩序／混乱型（Dタイプ）：誤った出発点、押し潰された人物、異常な逆転、シンボル、場面について7段階で評定。 ③全体的な評定尺度（活気／創造性、悲傷性、情動的な距離、孤立化、緊張／怒り、役割の逆転、杏否、分裂、全体的な病理）について、それぞれ7段階で評定。

TOPIC 4-3

「心の理論」の個人差とアタッチメント

　Premack & Woodruff (1978) によるチンパンジーの心的理解の研究に端を発する「心の理論」の概念は、ある意味、ここ15年くらいの間、発達心理学の世界を席巻してきたと言っても過言ではない。第2章で既述したように、それは、アタッチメントの発達についても、その基礎をなす内的作業モデルの構造や機能に密接に関わる重要な要素として多くの研究者の関心を集めてきたと言える。そこでの議論は主に、自他の心の理解を可能ならしめる基本的機構としての「心の理論」の精緻化が、内的作業モデルの変化、そしてひいてはアタッチメントそのものの発達に促進的に働くという因果の方向性を問題にするものであったわけであるが、それとはむしろ逆に、アタッチメントおよびそれにまつわる様々な経験が「心の理論」の発達にいかに影響するかを問うような向きも近年、とみに盛んになってきている。現在「心の理論」研究の主たる関心は、一般的に何歳頃にどのような心についての理解が萌芽するのかを問題にする「心の理論」の基準的発達過程の解明から、一人ひとりの子どもで心的理解の発達の遅早やその性質が異なるのはなぜなのかを問題にする「心の理論」の個人差の解明へと徐々に移行してきており (Repacholi & Slaughter, 2003)、そして、その個人差の形成に深く関わるものとして発達早期の子どものアタッチメントの質および養育者の感受性などが注目されるに至っているのである。

　その先駆けとなったのは、Fonagy *et al.* (1997) の研究であり、そこでは、3〜6歳児（平均月齢58カ月）77人における、誤った信念と感情の理解に関わる課題成績と、分離不安テスト (Klagsbrun & Bowlby, 1976) (→ TOPIC 4-1) によって測定されるアタッチメントの関連性が問われているのだが、その結果は（年齢や言語的な知能、社会的成熟度などの影響を統計的に取り除いた上でも）アタッチメントが安定している子どもほど「心の理論」に関する理解が進んでいるというものであった。もっとも、この Fonagy *et al.* の研究は、あくまでもアタッチメントの安定性と「心の理論」の発達との間に同時相関的な関

連性を見出したものに過ぎず，その意味において，両者の間に本質的にどのような因果の方向性が潜んでいるかについては定かでない。

それに対して，Meins（1997）および Meins et al.（1998）の縦断的研究は，生後 12 カ月時の SSP におけるアタッチメントのタイプが，4，5 歳時点の「心の理論」課題の成績にいかに関わるかを明らかにしようとしている点でより示唆に富むものとなっている。それは乳児段階における安定型（B タイプ）の子ども 19 人と不安定型（A タイプ 6 人と C タイプ 4 人）10 人とを比較した時に，全般的に，前者の子どもの「心の理論」課題の成績がよりすぐれる傾向があることを示すものであり，例えば，4 歳時の誤信念課題においては，安定型の 83％の子どもが適切な回答を示した（誤信念を正確に理解した）のに対し，不安定型の子どもでは，その数値が 33％に過ぎなかったのである。この他にも，発達早期のアタッチメントの安定性が，その後の子どもの感情や信念の適切な理解の発達を予測するという結果がこれまでにすでに複数得られているようである（e.g. Laible & Thompson, 1998 ; Steele et al., 1999）。

それでは，このように，アタッチメントの安定性が「心の理論」発達に促進的に作用するのはなぜなのだろうか。例えば Fonagy（2001，2003）は，アタッチメントが安定している子どもの養育者は，自らも過去にその親から感受性豊かで応答的な養育を経験しており，その結果，自他の心的状態に対する高い内省機能（reflective function）を獲得しているがゆえに，その乳児にも感受性豊かでその内的状態を適切に読み取り映し出す関わりが可能となり，そのことが，乳児自身が自らの内的状態，そして翻って他者の内的状態により敏感に焦点化し，それらを自覚的に意識する機会をより多く与えることになるだろうと推察している。また，Meins（1997）は，アタッチメントが安定している子どもの養育者が，子どもの"心を気遣う傾向（mind-mindedness）"，すなわち，子どもを発達の早期段階から，明確な心を持った存在と見なし，心的な観点から子どもの行動を解釈し，また心的状態に関する言葉を発話の中に多く織り交ぜる傾向，を豊かに備えていることが，「心の理論」発達のための適切な"足場（scaffolding）"を準備することにつながるのだろうと考えている（詳細は遠藤［1998］を参照されたい）。

もっとも，こうした仮説の実証を試みたより最近の Meins *et al.*（2002）の研究は，それに必ずしも成功していない。乳児期のアタッチメントはその後の幼児期の「心の理論」を予測せず，また，アタッチメントが"心を気遣う傾向"を介してその後の「心の理論」を引き上げるというプロセスも何ら明確には見出されなかったのである。そこでは，ただ"心を気遣う傾向"の指標としての，生後6カ月時における養育者の乳児の心的状態に合致した発話の多さが，幼児期の「心の理論」の発達に寄与するという結果が認められたに過ぎなかった。実のところ，他にもこれと同様に，幼児期の「心の理論」が（それと同時期に測定されたアタッチメントの安定性とは関連を有するものの）乳児期のアタッチメントからは予測されないという結果を得ている研究が複数存在しており（e.g. Ontai & Thopmson, 2002 ; Symons & Clark, 2000），その意味からすれば，「心の理論」発達に対するアタッチメントの役割については今後とも，さらに慎重な検討が必要であると言えよう。

　しかしながら，こうしたアタッチメントの予測的影響力に否定的な研究においても，早期段階からの養育者による子どもの心的状態に焦点化した言及の豊かさや適切さが「心の理論」の発達に重要な意味を有することが，ほぼ一様に確かめられているということには刮目すべきかも知れない。Symons（2004）が指摘するように，「心の理論」も含めた子どもの心理社会的理解の発達に，より直接的で本質的な役割を果たす要因は，実のところ，養育者の心的状態に絡む発話やそれを用いた相互作用のパターンであり，アタッチメントの安定性は相対的にそれらと関連しやすいという意味において，いわば間接的に「心の理論」の発達に関与しているのだという見方もあながち軽視できないところであろう。

　本章では早期のアタッチメントがその後の対人関係やパーソナリティ等にいかに影響するかについて様々な角度から概観を行ってきた。また，この TOPIC では，その一環として近年，とみに注目度が高い「心の理論」との関連について吟味を行ったわけである。時に，早期のアタッチメントが安定していると，例えば認知発達なども含め，その後のあらゆる側面の発達が良好な形で進行するといった主張がまことしやかになされることがあるが，Rutter

(1995) が強く警鐘を鳴らしているように，私たちはそうした根拠なき過度の一般化に対して抑制的なスタンスを有して然るべきであろう。Sroufe (1988, 1996) が指摘するように，アタッチメントの影響は，少なくとも，主に対人関係や社会的適応性（他者との親密性，対人関係スタイル，向社会的行動，自尊感情など）の領域に限定して見ることが必要であり，さらにそれらについても，例えば上述したような「心の理論」に絡む議論と同様に，その影響がアタッチメントそのものに由来するものなのか，それともそれに随伴しやすい別要因によるものなのかといったことを精細に見極めていく必要があるのだろう。

遠藤利彦

第4章 引用文献

Arend, R., Gove, F. L., & Sroufe, L. A. (1979) Continuity of individual adaptation from infancy to kindergarten.: A predictive study of ego-resiliency and curiosity in preschoolers. *Child Development*, **50**, 950-959.

Bates, J. E., Maslin, C. A., & Frankel, K. A. (1985) Attachment security, mother-child interaction, and temperament as predictors of behavior-problem ratings at age three years. In I. Bretherton & E. Waters (Eds.), Growing points of attachment theory and research. *Monographs of the Society for Research in Child Development*, **50**, 167-193.

Belsky, J. (1984) The determinants of parenting: A process model. *Child Development*, **55**, 83-96.

Belsky, J. (1990) Parental and nonparental care and children's socioemotional development: A decade in review. *Journal of Marriage and the Family*, **52**, 885-903.

Belsky, J. (1996) Parent, infant, and social-contextual antecedents of father-son attachment security. *Developmental Psychology*, **32**, 905-913.

Belsky, J. (1999) Interactional and contextual determinants of attachment security. In J. Cassidy & P. R. Shaver (Eds.), *Handbook of attachment: Theory, research, and clinical applications* (pp. 249-264). New York: Guilford Press.

Bowlby, J. (1969/1982) *Attachment and loss: Vol. 1. Attachment.* New York: Basic.

Bowlby, J. (1973) *Attachment and loss: Vol. 2. Separation.* New York: Basic.

Bowlby, J. (1979) *The making and breaking of affectional bonds.* London: Tavistock.

Bretherton, I. (1985) Attachment theory: Retrospect and prospect. In I. Bretherton & E. Waters (Eds.), Growing points of attachment theory and research. *Monographs of the Society for Research in Child Development*, **50**, 3-35.

Bretherton, I., Ridgeway, D., & Cassidy, J. (1990) Assessing internal working models of the attachment relationship: An attachment story completion task for 3-year-olds. In M. T. Greenberg, D. Cecchetti, & E. M. Cummings (Eds.), *Attachment in the preschool years* (pp. 273-308). Chicago: University of Chicago Press.

Cassidy, J. (1988) Child-mother attachment and the self in six-year-olds. *Child Development*, **59**, 121-134.

Cassidy, J., Kirsh, S. J., Scolton, K. L., & Parke, R. D. (1996) Attachment and representations of peer relationships. *Developmental Psychology*, **32**, 892-904.

Cassidy, J., & Marvin, R. S. and the MacArthur Working Group (1992) *Attachment organization in preschool children : Procedures and coding manual.* Unpublished document, University of Virginia.

Cohn, D. A. (1990) Child-mother attachment of 6-year-olds and social competence at school. *Child Development*, **61**, 152-162.

Cox, M. J., Owen, M. T., Henderson, V. K., & Margand, N. A. (1992) Prediction of infant-father and infant-mother attachment. *Developmental Psychology*, **28**, 474-483.

Crittenden, P. M. (1994) *Preschool Assessment of Attachment* (2nd ed.). Unpublished manuscript, Family Relations Institute, Miami, FL.

Easterbrooks, M. A. (1989) Quality of attachment to mother and to father : Effects of perinatal risk status. *Child Development*, **60**, 825-830.

Easterbrooks, M. A.,& Goldberg, W. A. (1984) Toddler development in the family : Impact of father involvement and parenting characteristics. *Child Development*, **55**, 740-752.

Easterbrooks, M. A., & Goldberg, W. A. (1990) Security of toddler-parent attachment : Relation to children's sociopersonality functioning during kindergarten. In M. T. Greengerg, D. Cicchetti, & E. M. Cummings (Eds.), *Attachement in the preschool years* (pp. 221-244). Chicago : University of Chicago Press.

Elicker, J., Englund, M., & Sroufe, L. A. (1992) Predicting peer competence and peer relationships in childhood from early parent-child relationships. In R. D. Parke & G. W. Ladd (Eds.), *Family-peer relationships : Modes of linkage* (pp. 77-106). Hillsdale, NJ : Erlbaum.

Emde, R. N., Wolf, D. P., & Oppenheim, D. (2003) *Revealing the inner worlds of young children : The MacArthur story stem battery and parent-child narratives.* New York : Oxford University Press.

遠藤利彦（1998）乳幼児期における親子の心のつながり：心の発達を支えるものとしての関係性　丸野俊一・子安増生（編），子どもが「こころ」に気づくとき（pp. 1-31）ミネルヴァ書房

Erel, O., & Burman, B. (1995) Interrelatedness of marital relations and parent-child relations. *Psychological Bulletin*, **118**, 108-132.

Erickson, M. F., Sroufe, L. A., & Egeland, B. (1985) The relationship between quality of attachment and behavior problems in preschool in a high-risk sample. In I. Bretherton & E. Waters (Eds.), Growing points of attachment theory and research. *Monographs of the Society for Research in Child Development*, **50**,

147-166.

Finnegan, R. A., Hodges, E. V. E., & Perry, D. G. (1996) Preoccupied and avoidant coping during middle childhood. *Child Development*, **67**, 1318-1328.

Fonagy, P. (2001) *Attachment and psychoanalysis*. London : The Other Press.

Fonagy, P. (2003) The interpersonal interpretive mechanism : the confluence of genetics and attachment theory in development. In Green, V. (Ed.), *Emotional development in psychoanalysis, attachment theory and neuroscience : Creating connections* (pp. 107-126). New York : Brunner-Routledge.

Fonagy, P., Redferm, S., & Charman, A. (1997) The relationship between belief-desire reasoning and a projective measure of attachment security (SAT). *British Journal of Developmental Psychology*, **15**, 51-63.

Fox, N. A., Kimmerly, N. L., & Schafer, W. D. (1991) Attachment to mother/attachment to father : A meta-analysis. *Child Development*, **62**, 210-225.

Frankel, K. A., & Bates, J. E. (1990) Mother-toddler problem solving : Antecedents in attachment, home behavior, and temperament. *Child Development*, **61**, 810-819.

Freitag, M., Belsky, J., Grossmann, K., Grossmann, K. E., & Scheuerer-Englisch, H. (1996) Continuity in parent-child relationships from infancy to middle childhood and relations with friendship competence. *Child Development*, **67**, 1437-1454.

Fury, G., Carlson, E. A., & Sroufe, L. A. (1997) Children's representations of attachment relationships in family drawings. *Child Development*, **68**, 1154-1164.

George, C., & Solomon, J. (1994) *Six-year attachment doll play procedures and classification system*. Unpublished manuscript, Mills College, Oakland, CA.

Grossmann, K. E., & Grossmann, K. (1991) Attachment quality as an organizer of emotional and behavioral responses in a longitudinal perspective. In C. M. Parkes, J. Stevenson-Hinde, & P. Marris (Eds.), *Attachment across the life cycle* (pp. 93-114). London : Routledge.

Howes, C., Hamilton, C. E., & Matheson, C. C. (1994) Children's relationships with peers : Differential associations with aspects of the teacher-child relationship. *Child Development*, **65**, 253-263.

Howes, C., Hamilton, C. E., & Philipsen, L. C. (1998) Stability and continuity of child-caregiver and child-peer relationships. *Child Development*, **69**, 418-426.

Howes, C., Matheson, C. C., & Hamilton, C. E. (1994) Maternal, teacher, and child care history correlates of children's relationships with peers. *Child Development*, **65**, 264-273.

Jacobsen, T., Edelstein, W., & Hoffmann, V. (1994) A longitudinal study of the relation between representations of attachment in childhood and cognitive functioning in childhood and adolescence. *Developmental Psychology*, **30**, 112-124.

Jacobson, J. L., & Wille, D. E. (1986) The influence of attachment pattern on developmental changes in peer interaction from the toddler to the preschool period. *Child Development*, **57**, 338-347.

Kaplan, N. (1987) *Individual differences in six-year-olds' thoughts about separation : Predicted from attachment to mother at one year of age.* Unpublished doctoral dissertation, University of California at Berkeley.

Kerns, K. A., Klepac, L., & Cole, A. (1996) Peer relationships and preadolescents' perceptions of security in the child-mother relationship. *Developmental Psychology*, **32**, 457-466.

Kestenbaum, R., Farber, E. A., & Sroufe, L. A. (1989) Individual defferences in empathy among preschoolers : Relation to attachment history. In N. Eisenberg (Ed.), *Empathy and related emotional responses* (pp. 51-64). San Francisco : Jossey-Bass.

Klagsbrun, M., & Bowlby, J. (1976) Responses to sepatation from parents : A clinical test for young children. *British Journal of Projective Psychology and Personality Study*, **21**, 7-27.

LaFreniere, P. J., & Sroufe, L. A. (1985) Profiles of peer competence in the preschool : Interrelations between measures, influence of social ecology, and relation to attachment history. *Developmental Psychology*, **21**, 56-69.

Laible, D. J., & Thompson, R. A. (1998) Attachment and emotional understanding in preschool children. *Developmental Psychology*, **34**, 1038-1045.

Lamb, M. E. (1976) Twelve-month-olds and their parents : Interaction in laboratory playroom. *Developmental Psychology*, **12**, 237-244.

Levitt, M. J., Weber, R. A., & Clark, M. C. (1986) Social network relationships as sources of maternal support well-being. *Developmental Psychology*, **22**, 310-316.

Lewis M., & Feiring, C. (1979) The child's social network : Social object, social function and their relationship. In M. Lewis & L. A. Rosenblum (Eds.), *The child and its family* (pp. 9-27). Plenum.

Lewis, M., & Feiring, C. (1991) Attachment as personal characteristic or a measure of the environment. In Gewirtz, J. B., & Kurtines, W. N. (Eds.), *Intersections with attachment* (pp. 3-21). Hillsdale, NJ : Erlbaum.

Lieberman, A. F. (1977) Preschoolers' competence with a peer : Relations with attachment and peer experience. *Child Development*, **48**, 1277-1287.

Lieberman, M., Doyle, A. B., & Markiewicz, D. (1999) Developmental patterns in security of attachment to mother and father in late childhood and early adolescence : Associations with peer relations. *Child Development*, **70**, 202-213.

Londerville, S., & Main, M. (1981) Security of attachment, compliance, and maternal training methods in the second year of life. *Developmental Psychology*, **17**, 289-299.

Main, M., & Cassidy, J. (1988) Categories of response to reunion with the parent at age 6 : Predictable from infant attachment classifications and stable over a 1-month period. *Developmental Psychology*, **24**, 415-426.

Matas, L., Arend, R. A., & Sroufe, L. A. (1978) Continuity of adapration in the second year : The relationship between quality of attachment and later competence. *Child Development*, **49**, 547-556.

Meins, E. (1997) *Security of attachment and the social development of cognition*. East Sussex, UK : Psychology Press.

Meins, E., Fernyhough, C., Russell, J. and Clark-Carter, D. (1998) Security of attachment as a predictor of symbolic and mentalising abilities : A longitudinal study. *Social Development* **7**, 1-24.

Meins, E., Fernyhough, C., Wainwright, R., Gupta, M. D., Fradley, E. and Tukey, M. (2002) Maternal mind-mindedness and attachment security as predictors of theory of mind understanding. *Child Development*, **73**, 1715-1726.

Myers, B. J., Jarvis, P. A., & Creasey, G. L. (1987) Infants' behavior with the mothers and grandmothers. *Infant Behavior and Development*, **10**, 245-259.

Ontai, L. L., & Thompson, R. A. (2002) Patterns of attachment and maternal discourse effects on children's emotional understanding from 3 to 5 years of age. *Social Development,* 11, 433-450.

Owen, M. T., & Cox, M. J. (1997) Marital conflict and the development of infant-parent attachment relationships. *Journal of Family Psychology*, **11**, 152-164.

Park, K. A., & Waters, E. (1989) Security of attachment and preschool friendships. *Child Development*, **60**, 1076-1081.

Pastor, D. L. (1981) The quality of mother-infant attachment and its relationship to toddlers' initial sociability with peers. *Developmental Psychology*, **17**, 326-335.

Pierrehumbert, B., Iannotti, R. J., Cummings, E. M., & Zahn-Waxler, C. (1989) Social functioning with mother and peers at 2 and 5 years : The influence of attachment.

International Journal of Behavioral Development, **12**, 85-100.

Premack, D. & Woodruff, G. (1978) Does the chimpanzee have a "theory of mind"? *Brain and Behavioral Sciences*, **1**, 515-526.

Repacholi, B. & Slaughter, V. (eds.) (2003) *Individual Differences in Theory of Mind : Implication for typical and atypical development*. New York : Psychology Press.

Resnick, G. (1993) *Manual for the administration, coding and interpretation of the Separation Anxiety Test fot 11-to 14-years-olds*. Rockville, MD : Westat.

Rutter, M. (1995) Clinical implications of attachment concepts : Retrospect and prospect. *Journal of Child Psychology & Psychiatry & Allied Disciplines*, **36**, 549-571.

Schneider-Rosen, K., & Rothbaum, F. (1993) Quality of parental caregiving and security of attachment. *Developmental Psychology*, **29**, 358-367.

Slade, A. (1987) Quality of attachment and early symbolic play. *Developmental Psychology*, **23**, 78-85.

Solomon, J., & George, C. (1999) The measurement of attachment security in infacy and childhood. In J. Cassidy & P. R. Shaver (Eds.), *Handbook of attachment : Theory, research, and clinical applications* (pp. 287-316). New York : Guilford Press.

Spieker, S. J., & Bensley, L. (1994) Roles of living arrangements and grandmother social support in adolescent mothering and infant attachment. *Developmental Psychology*, **30**, 102-111.

Sroufe, L. A. (1983) Infant-caregiver attachment and patterns of adaptation in preschool : The roots of maladaptation and competence. In M. Perlmutter (Ed.), *Minnesota Symposia on Child Psychology : Vol. 16. Development and policy concerning children with special needs* (pp. 41-83). Hillsdale, NJ : Erlbaum.

Sroufe, L. A. (1988) The role of infant-caregiver attachment in development. In J. Belsky & T. Nezworski (Eds.), *Clinical implications of attachment*. Child psychology (pp. 18-38). Hillsdale, NJ : Lawrence Erlbaum Associates.

Sroufe, L. A. (1996) *Emotional development : The organization of emotional life in the early years*. Cambridge University Press.

Sroufe, L. A., & Egeland, B. (1991) Illustrations of person-environment interaction from a longitudinal study. In T. D. Wachs & R. Plomin (Eds.), *Conceptualization and measurement of organism-environment interaction* (pp. 68-84). Washington,

D. C. : American Psychological Association.

Sroufe, L. A., Fox, N. E., & Pancake, V. R. (1983) Attachment and dependency in developmental perspective. *Child Development*, **54**, 1615-1627.

Sroufe, L. A., Schork, E., Motti, E., Lawroski, N., & LaFreniere, P. (1984) The role of affect in emerging social competence. In C. Izard, J. Kagan, & R. Zajonc (Eds.), *Emotion, cognition, and behavior* (pp. 289-319). New York : Cambridge University Press.

Steele, H., Steele, M., Croft, C. and Fonagy, P. (1999) Infant-mother attachment at one year predicts children's understanding of mixed emotions at six years. *Social Development*, **8**, 161-178.

Steele, H., Steel, M., & Fonagy, P. (1996) Associations among attachment classifications of mothers, fathers, and their infants. *Child Development*, **67**, 541-555.

Symons, D. K. (2004) Mental state discourse, theory of mind, and the internalization of self-other understanding. *Developmental Review*, **24**, 159-188.

Symons, D. K. and Clark, S. E. (2000) A longitudinal study of mother-child relationships and theory of mind in the preschool period. *Social Development*, **9**, 3-23.

Takahashi, K. (1990) Are the key assumptions of the "Strange Situation"" procedure universal ? : A view from Japanese research. *Human Developement*, **33**, 23-30.

Teti, D. M., & Ablard, K. E. (1989) Security of attachment and infant-sibling relationships : A laboratory study. *Child Development*, **60**, 1519-1528.

Tomlin, A. M., & Passman, R. P. (1989) Grandmothers' responsibility in raising two year-olds facilitates their grandchildren's adaptaive behavior :A preliminary intrafamilial investigation of mothers' and maternal grandmothers' effects. *Psychology and Aging*, **4**, 119-121.

Troy, M., & Sroufe, L. A. (1987) Victimization among preschoolers : Role of attachment relationship history. *Journal of the American Academy of Child and Adolescent Psychiatry*, **26**, 166-172.

van den Boom, (1995) Do first-year intervention effects endure ? : Follow-up during toddlerhood of a sample of Dutch irritable infants. *Child Development*, **66**, 1798-1816.

van IJzendoorn, M. H., & De Wolff, M. S. (1997) In search of the absent father-Meta-analyses of infant-father attachment : A rejoinder to our discussants. *Child*

Development, **68**, 604-609.

van IJzendoorn, M. H., van der Veer, R., & van Vliet-Visser, S. (1987) Attachment three years later : Relationships between quality of mother-infant attachment and emotional/ cognitive development in kindergarten. In L. W. C. Tavecchio & M. H. van IJzendoorn (Eds.), *Attachment in social networks* (pp. 185-224). Amsterdam : Elsevier.

Verschueren, K., & Marcoen, A. (1999) Representation of self and socioemotional competence in kindergartners : Differential and combined effects of attachment to mother and to father. *Child Development*, **70**, 183-201.

Volling, B. L., & Belsky, J. (1992) The contribution of mother-child and father-child relationships to the quality of sibling interaction : A longitudinal study. *Child Development*, **63**, 1209-1222.

Wartner, U. G., Grossmann, K., Fremmer-Bombik, E., & Suess, G. (1994) Attachment patterns at age six in south Germany : Predictability from infancy and implications for preschool behavior. *Child Development*, **65**, 1014-1027.

Waters, E., & Deane, K. E. (1985) Defining and assessing individual differences in attachment relationships : Q-methodology and the organization of behavior in infancy and early childhood. In Bretherton, I. and Warters, E. (Eds.), Growing points of attachment theory and research. *Monographs of the Society for Research in Child Development*, **50**, 41-64.

Waters, E., Wippman, J., & Sroufe, L. A. (1979) Attachment, positive affect, and competence in the peer group : Two studies in construct validation. *Child Development*, **50**, 821-829.

Youngblade, L. M., & Belsky, J. (1992) Parent-child antecedents of 5-year-olds' close friendships : A longitudinal analysis. *Developmental Psychology*, **28**, 700-713.

第5章　保育者と教師に対するアタッチメント

数井みゆき

　子どもが体験するフォーマルな最初の社会は，保育所，幼稚園，そして学校だろう。ここでは，様々な議論が起きている保育所に子どもを預ける影響と，そして，幼少期のアタッチメントが後の学校における機能に関連する（しない）実態を概観していく。

5-1　施設保育と親子のアタッチメントとの関連

　最初に，アメリカで乳児保育の議論が沸き起こったのは1960年代から70年代にかけてであった。その後，"Zero to Three"誌上に，乳児期から施設保育を受けさせることは，専業母親に家庭養育されている場合よりも，乳児と母親とのアタッチメント関係を不安定（特に，回避型）にするという議論が載った(Belsky, 1986)。第一養育者（＝実母）に対する回避型分類は，乳児期やその後の幼児期・児童期での対人関係における困難性を増加させることと関連し(Sroufe & Waters, 1977 ; Sroufe, 1979)，そして，そのような状態から攻撃性の増加および協調性と従順さの低下へと連鎖しうる (Schwarz, Strickland, & Krolick, 1974 ; Vaughn, Gove, & Egeland, 1980) と考えられていた。つまり，回避型という分類を受けた乳児は，後に問題行動を発生させやすくなるという認識があった。

　その後も議論が続いたが (e. g. Clarke-Stewart, 1988)，1990年代に入り，全米10カ所の拠点で1357家族の参加を得て始められた，乳幼児保育研究プロジェクトから，様々な知見が得られている (National Institute of Child Health and

第5章　保育者と教師に対するアタッチメント

Human Development, 以下 NICHD, 1997）。生後 15 カ月の時点で母親養育のみ群と保育所経験有り群の比較では，母子間のアタッチメント関係において直接的な差はなく，また，入所の時期と母子アタッチメントとも関連がないと報告されている。ただし，乳児期に，質の悪い保育所に通っている場合や生後 15 カ月以内に保育所を数カ所変わった場合，あるいは，長時間保育を受けている場合で，同時に母親の敏感性のレベルが低いと（下位 25％まで），子どものアタッチメントが不安定化しやすいということは述べられている。また，イスラエルでは，保育所保育の質の低さが不安定化（アンビヴァレント型）に関連していることが報告されている（Sagi, Koren-Karie, Gini, Ziv, & Joels, 2002）。

　保育施設に預けることで，母子間にアタッチメントを根づかせるために必要な時間が絶対的に不足する状況を生み出すという議論が，アメリカの保育論争の発端であった。少ない時間では，乳児は母親との間で安心を感じさせてもらえるアタッチメント関係をうまく築けずに，結果として親を当てにしない心的状態を発達させる（回避型）と一部の研究者が主張したことが妥当かどうかを争う論争であった。しかし，その後の NICHD やイスラエルの研究で明らかになったことを基本に考えると，保育所の利用の仕方や保育所の質によって，親と子の家庭における相互作用が左右される現実を直視する必要がある。つまり，保育所に預けることよりも，保育所でどのように過ごしたのか（i. e. 保育者の数や質に拠るところが大きい）という要因を的確に検証する必要がある。

　ただし，最近のオーストラリアの研究では全く正反対の結果を得ている。オーストラリアでは 1980 年代から 90 年代にかけて，現在の日本のように政策的に女性の就労を増加させる施策がとられ，認可保育所増加などで保育を受けやすい状況が確保され，家庭や職場での男女平等の実質的均等が具現化されてきた。その中で，145 名の第一子を妊娠中の働いている女性を対象に縦断研究が行われた（Harrison & Ungerer, 2002）。その結果，生後 5 カ月以内に仕事に復帰した母親の子が SSP による測定で最も多く安定型に分類され（71.7％），生後 5 カ月から 1 年の間に復帰した母親の子が中間で（61.5％），家庭にとどまった群では安定型が最も少なく（44.7％），不安定型（アンビヴァレント型）が最も多かった（40.4％）。母親側の要因として敏感性やその他の支援要因（夫婦関

115

係や他の社会的サポート），母親の年齢や人格特性，子ども側の要因として神経過敏性などを統計的に統制してもなお，母親の仕事への復帰タイミングと出産前における仕事と家庭を両立させることへのコミットメントという2要因が有意に子どものSSP分類と関連するという興味深い結果となった。

　これは，母親の就労はリスク因だと捉えられてきたことで起きた議論とは正反対の結果である。むしろ，このオーストラリアの研究では，家庭専業群の母親で，いわゆる生活一般や子育てのストレスが高く，対人関係が縮小し孤立化していることも明確になった。そして，そのような状況が母親の自己充実感・健康感を低下させているようであった。また，オーストラリアの保育所はアメリカのものとは異なり，日本のように政府によって認可され，保育者対子どもの比率が低い。そのため，イスラエルで議論されたような保育の質の低下は一般的には起きていないことも関連しているだろう。研究者らは，より成熟した母親で，夫婦や他の対人・社会的関係での十分な支援を持ち，そして，仕事と家庭を責任もって両立させることを引き受けているような人は，子どもが安心して過ごせるように保育環境を整える傾向があると議論している。忙しい日常でも，仕事や子育て・家庭責任の両方から得られる自己充実感や自己実現感によって，ストレスとの折り合いをうまく調和させ，やりくりしていることが，子どもとの関係にとっても肯定的に作用すると考察している。

　つまり，施設保育が一概に親子のアタッチメントを阻害するとは言えないことは明らかだろう。そこには様々な要因が複合的に重なっている現実を検証しなければならない。しかし，以上の議論を角度を変えて見れば，長時間乳児とともに過ごす保育者との間で，乳児は安定的なアタッチメント関係を構築することはできないのか，という問いが当然考えられるだろう（e.g. Howes *et al.*, 1988）。そして，もし構築可能であるのなら，保育者との間で築かれるアタッチメント関係と親子間で築かれるそれとの間に，子どもにとって，意味のある差異（＝発達上の不利益・有益）があるのかどうかを見極めることが，その中心的課題になるはずである。次ではその保育者と子どもの関係が実際，子どもの発達にとってどのような意味を持つのかをみていく。

5-2　アタッチメント対象者としての保育者

　アタッチメントが築かれる必要絶対条件として，Bowlby（1973）は2つの法則を提示している。まず，継続・一貫性については，子どもと養育者との関係がより継続的に一貫しており，そして予測可能であるほど，子どもは安定的なアタッチメントを発達させるが，養育者の関わりに一貫性がなく，そして，養育者がどのように関わるのかの予測が困難な場合に，子どもは不安定なアタッチメントを発達させることになるというものである。もうひとつは，別離が累積する影響に関するもので，乳幼児にとって，母親からの分離体験が多ければ多いほど，それは不安の根源となり，分離を全く経験しないことは最も安心な状態であると説明している。ここでも，アタッチメント対象者は「母親」が想定されており，これは，いわゆる「モノトロピー」といわれた状態である。母親が専任で養育にあたり，母親とのアタッチメントを最初にしっかり築くことができれば，後の人生は大過なく過ごせるという，初期形成論のもとになった発想である。

　しかし，この「モノトロピー」という概念が，日常生活場面においてうまく適合しなくなってきたと van IJzendoorn et al. (1992) は指摘している。欧米社会が1960年代後半頃から現在に至るまでに経験した社会変動は，「標準的」と考えられていた家族（父母と子どもの核家族で，性役割分業が明確なもの）に比べて，イレギュラーな家族を多く生み出した。例えば，母親の就労の増加，アメリカの父親の2割は「専業主夫」的な状況にあること（Lamb et al., 1992），片親家庭やゲイの親を持つ子など非伝統的な家族の増加（シャファー，2001）など，母親が専業で子どもを育てている家庭が少数派になっている現実がある。

　つまり，前述の法則について，van IJzendoorn は，現代版にアレンジしなおすことを推奨している。彼の修正によると，継続・一貫性に関しては，その子の養育に継続的にあたることができる人物が誰であってもいい（実母でなくとも）と読みかえられ，別離の累積化の影響については，特定の人物のみからの別離として定義するのではなく，複数存在するアタッチメント対象者のひとりからの別離とすることが妥当であるとなっている。別離に関しては特に，複

数存在するアタッチメント対象者のうちのひとりからの別離という状況では，他に利用可能な人物（例．祖父母，保育者，父親など）がいっしょにいるわけだから，モノトロピー的な状況での別離，つまり，唯一ひとりのアタッチメント対象者である母親からの分離が意味する大変不安に満ちた心境を子どもが経験する，というものの影響から免れ得ると考えられる。

　それでは，保育を受けている子どもにとって，保育者はアタッチメント関係を築く対象となっているのだろうか。ある人物が子どものアタッチメント対象者かどうかを同定する基準が必要になるが，母親以外の人物でアタッチメント対象者となり得る者の基準として，①身体的・情緒的ケアをしていること，②子どもの生活の中における存在として持続性・一貫性があること，③子どもに対して情緒的な投資をしていること，の3点が基本的な点としてあげられるだろう（Howes, 1999）。

　以下では，複数養育に関する研究報告を概観していく。

5-2-1　オランダとイスラエルにおける縦断研究

　それぞれ別国で行った研究であるが，共同して報告してある部分があるので，この2つをまとめて概観する。この2つの研究グループでは，アタッチメント理論・研究を基盤にアタッチメントの安定性の発達に重点をおく5つの基準を提案した（van IJzendoorn et al., 1992）。①乳児と保育者とのSSPでの分類において回避型の比率が平均よりも高くないこと，②分類不能の比率が平均よりも高くないこと，③保育者との分類は親との分類と関連していないこと，④保育者の関わりにおける敏感性は乳児のアタッチメント分類と関連していること，⑤保育者とのアタッチメント関係が子どもの後の社会情緒性の発達を予測すること，の以上である。

　父母と保育者の両方とで乳児（1～2歳児）はSSPを経験した（Goossens & van IJzendoorn, 1990 ; Oppenheim et al., 1988）。この分類結果から，保育者と乳児との間で回避型と分類不能の率が，父母のそれらと比べて特別多くないことから，前述の van IJzendoorn らの基準①および②は支持されることがわかる。もともと，安定型は6割前後いるので，数値的には一致が高いように見えるが，

統計的な分析では，保育者へのアタッチメント分類と父母に対する分類は独立していた (Goossens & van IJzendoorn, 1990 ; Sagi et al., 1985)。つまり，母親に対するアタッチメントが安定型であると，保育者に対しても安定型のアタッチメントを築きやすいという証拠がなかったということである。そしてこのことは，乳児は保育所でいっしょに長時間過ごす保育者に対して，そこでの相互作用を基準に，その保育者との間で独自のアタッチメントを形成していることを示している。

さらに，その子どもを追跡して，オランダでは3～4歳児，イスラエルでは5歳児の時点で，幼稚園や保育所での社会情緒的な指標による測定が行われている (van IJzenndoorn et al., 1992)。表5-1は，子どもが形成するアタッチメントを母親だけの場合，父母を合算した場合，父母と保育者を合算した場合の3とおりで算出し，それらと社会情緒性の指標との相関を検証した結果である。オランダでは，母親だけとのアタッチメント係数は子どもの独立性と関連し，父母と保育者を合算したアタッチメント係数は発達指数，独立性と関連していた。イスラエルでは，父母合算のアタッチメント係数は発達指数，弾力性，場独立性，目的指向性，独立性と関連していたが，父母と保育者の合算のアタッチメント係数においては父母のみ合算の場合に加えて，情動制御，優位性，共感性とも関連していた。

以上の結果は，van IJzendoorn らの基準の④以外をすべて満たしていることを示した。

5-2-2 アメリカにおける縦断研究

アメリカでは複数の研究者が保育と子どもの発達にそれぞれの切り口から取り組んではいるが，その中でも特に Howes らのグループは保育者とのアタッチメント関係についていくつかの重要な次元を分析的に明らかにした研究を行ってきている。幼少期における母親，保育者，子どもの3者関係を扱ったもの (Howes et al., 1988 ; Howes & Hamilton, 1992a, 1992b ; Howes, Matheson, & Hamilton, 1994) や，敏感性の高い応答をするようにトレーニングした保育者の群とそうでない群における保育の質と子どものアタッチメントなどとの関連を検討

表5-1 乳児期におけるそれぞれの対象者に対するアタッチメント分類と,幼児期における社会情緒性の領域と関連 －ピアソン相関係数から－

	オランダ			イスラエル		
	母のみ	母・父	母・父・保母	母のみ	母・父	母・父・保母
発達指数／IQ	-0.03	0.16	0.2*	0.26	0.38**	0.31*
Resilience 弾力性	-0.03	-0.06	-0.12	-0.05	0.42**	0.35**
Undercontrol 統制の弱さ	-0.01	0.08	0.05	0	0.2	0.38**
Field Independence 場独立性	-0.07	-0.06	-0.14	0.08	0.41**	0.34*
Hostility 敵対行動				-0.11	-0.02	-0.03
Resistance 耐性				-0.01	0	0.03
Intractability 扱いの困難性				0.09	0.07	0.14
Dominance 優位性				0.15	0.23	0.31*
Goal Directed 目的指向性				0.04	0.36**	0.47**
Achievement 達成度				0.15	-0.02	0.16
Independence 独立性				0.18	0.27*	0.33*
Peer Play 仲間との遊び				0.02	0.06	-0.02
Empathy 共感性				0.04	0.2	0.34*
Locus of Control 統制位置				-0.15	-0.1	-0.15
Sociability 社会性	-0.02	0	0.02			
Timidity 臆病	0.04	0.1	0.08			
Aggressiveness 攻撃性	0.08	-0.22	-0.14			
Independence 独立性	0.32**	0.08	0.25*			
Readiness 準備状態	-0.18	0.02	-0.11			

van IJzendoorn *et al.* (1992) を参照して作成。

注 **：p＜.01, *：p＜.05
・父母の点数は,両方が安定型3点,片方が安定型2点,両方不安定1点である。
・父・母・保母の点数は,3名が安定型4点,いずれか2名が安定型だと3点,いずれか1名が安定型だと2点,3名とも不安定だと1点。

(Howes & Smith, 1995 ; Howes, Galinsky, & Kontos, 1998a) したものがある。ここでは特に,0歳から9歳までを縦断的に追跡した結果(Howes, Hamilton, & Philipsen, 1998b)を中心に見ていく。

 この研究の目的は,乳幼児期に測定された母親と保育者に対するアタッチメントが,後の9歳時点における,母子関係,教師との関係,および,仲間との関係の3領域で,どのように関連してくるのかを探ることであった。9歳時点で,母親との関係,先生との関係,自分にとっての一番の友だちとの関係の3領域で,被験児は質問紙などへ回答をした。この際,一番の親友だと名前のあがった子の母親に,名をあげられた子どもにとっても被験児が親友であるかど

うかを確認し，また，先生からも被験児との関係に対する認識を質問紙で回答してもらっている。

その結果，幼少期の関係性の質は，それぞれ独自に9歳時点における子どもの認識に関連していることがわかった。76％の子どもにとって，乳幼児期における母親とのアタッチメント関係と9歳時点での母子関係についての認識とが関連していた。しかし，約4分の1の子どもでは，乳幼児時代の母子アタッチメントと現在の母子関係での関連性が示されず，母子関係の質的な変化が認められたようであった。このことについて，9歳時点では，乳幼児期からの母子関係が一般化された内的表象が測定されたというよりも，9歳という現時点での母子関係を反映した認識内容になったからなのではないかと結論づけている。

また，12カ月と48カ月時における母子関係は，9歳時点での先生や仲間との関係についての認識と関連しておらず，むしろ乳児期での保育者とのアタッチメント関係が9歳時点での先生との関係に関連していた。安定的な関係を保育者との間で形成した子どもは，文脈的に連続性のある学校で，そこでの中心的な大人である先生（役割的には保育者との連続性がある）との関係がうまくいっていると相互（子どもからも先生からも）に認識していた。

モノトロピー的なアタッチメント理論では，母親との関係がすべての関係の基礎になるということが前提だが，むしろHowesらの研究はひとつの文脈（保育所）における主要な大人（保育者）との関係は，同様な文脈（学校）における類似の役割（先生）を担う大人との関係に関連してはいるものの，母親との関係性での特徴が一般化し，すべての関係性の雛形になることを否定する結果を示している。つまり，子どもが先生との間で築く関係は，母子間でのアタッチメント関係とは独立的に存在しているようであり，母親との間で形成された関係性の表象は，子どもと先生との相互作用においてほとんど影響を与えていないと見なすことができよう。

ただし，保育者とのアタッチメント経験すべてが，子どもにとって有利に働くわけではなく，それは保育所の質に大きく依存している。具体的には，保育者対子どもの比率が低いところにおいて，保育者はより敏感に子どもと接して

おり，そして，子どもは安定的な関係を保育者と作っていた（Howes et al., 1988）。

5-3　学校における教師との関係

　幼児期から児童期にかけて，子どもの世界は家庭生活を超えてより広い範囲へと広がっていく。そしてそれに伴い，子どもはそれまでとは異なる環境への適応を迫られることになる。特に学齢期に入ると，学校での教師との関係は学校生活を円滑に送り，学業を滞りなく遂行するためには，最も重要な要因のひとつである。

　子どものアタッチメントと児童期以降の教師との関係を調べた研究はこれまであまり行われていない。その中のひとつが，前節で取り上げた Howes らの研究（1998b）であった。簡単に繰り返すと，保育所における保育者とのアタッチメントが安定していた場合に，9歳時点での教師との関係が子どもからも，そして，その教師本人からも良好であると認識される傾向にあった。

　また，教師になるための2カ月半の教育実習中に，その教師予備軍のアタッチメントスタイルが幼稚園年長組から小学校5年生までの児童との関係でどのように影響したのかを検証した研究がある（Kesner, 2000）。アタッチメントスタイルの下位尺度の一部である「親からのしつけの厳しさ」が，生徒との親密性を低下させる方向で関連していたが，全体的にはあまり有意な関連はみられなかった。教生自身の親との関係性は，学校現場での「教師―児童」という関係性における特徴と領域的には異なることや，その教生の現在保持する教師と児童との関係のあり方という認知モデルなどの影響もあることで，教生とその親とのアタッチメントスタイルはあまり教生―児童という関係性に影響を与えなかったのかもしれないと考察されている。

　小中学校における教師と子どもとの関係では，心理的な安心感を与えることや導き教えるという教育的ガイダンスを与えることなどが，アタッチメントの機能として考えられるだろう。ただし，それらをどのような変数として捉えるのか，あるいは，結果をアタッチメントとして解釈してもいいのかどうかなど，

第5章　保育者と教師に対するアタッチメント

教育とアタッチメントに関しては，理論的な整理が必要なのかもしれない。

5-4　本章のまとめ

　保育所保育については，諸外国ではかなりのデータの蓄積があり，系統だった結論を引きだすことができよう。つまり，保育を受けるかどうかということだけではなく，保育の質や保育者との関係，そして，家庭における関係の質といった要因すべてが最終的には子どものアタッチメントの発達と関わるということである。

　教育現場への肯定的な移行を支える土台として，安定したアタッチメントを形成していることは大きな利点であろう。しかし，それに加えて，幼稚園や保育所で，子どもは，親とは異質な大人との関わりを通してその現場での関係性をも築くのである。保育者も含めた教師的な立場の相手が自分に対してポジティヴな関わりをするかどうかという大まかな表象を形成し，そして，それに基づいて現実の保育者や教師との相互作用を行っていると言えるだろう。親へのアタッチメントは，子どもにとってその後のすべての対人関係の雛形になるものでは必ずしもなく，教師との関係は，原則的には親へのアタッチメントとはかなり独立的に構成される可能性が否めない。

　たとえば，イスラエルのキブツでは，保育者との間でのアタッチメントが乳児期に安定型であった5歳児は，幼稚園において，共感性や独立性が高く，達成志向的で目的行動的な様子が明らかであった（Oppenheim *et al.*, 1988）。また，主たる養育者に虐待やネグレクトを受けて，不安定なアタッチメントを形成している低学年の児童は，学校では教師に親しさや安心感をより一層求める傾向にある（Lynch & Cicchetti, 1992）。このように，保育現場や教育現場における子どもの適応については，その子がどのような先行経験をしているのかによって異なる場合もある。家庭における経験がスピルオーバー的に影響を及ぼす場合もあるし，そうでない場合もある。子どもは，より良く関わってくれる大人を見つけ，そこから少しでも肯定的に発達を促す要素を取り込もうと努力をしているとも言えるのかもしれない。

123

第5章 引用文献

Belsky, J. (1986) Infant day care. *Zero to One*, **6**, 1-7.

Bowlby, J. (1973) *Attachment and Loss: Vol. 2. Separation.* New York: Basic.

Clarke-Stewart, A. (1988) "The 'Effect' of infant day care reconsidered" reconsidered: Risks for parents, children, and researchers. *Early Childhood Research Quarterly*, **3**, 293-318.

Goossens, F. A., & van IJzendoorn, M. H. (1990) Quality of infants' attachments to professional caregivers: Relation to infant-parent attachment and day-care characteristics. *Child Development*, **61**, 832-837.

Harrison, L. J., & Ungerer, J. A. (2002) Maternal employment and infant-mother attachment security at 12 months postpartum. *Developmental Psychology*, **38**, 758-773.

Howes, C. (1999) Attachment relationships in the context of multiple caregivers. In J. Cassidy & P. Shaver (Eds.), *Handbook of attachment* (pp. 671-687). New York: Guilford.

Howes, C., & Hamilton, C. E. (1992a) Children's relationships with caregivers: Mothers and child care teachers. *Child Development*, **63**, 859-866.

Howes, C., & Hamilton, C. E. (1992b) Children's relationships with child care teachers: Stability ad concordance with parental attachments. *Child Development*, **63**, 867-878.

Howes, C., & Smith, E. (1995) Children and their child care caregivers: Profiles of relationships. *Social Development*, **4**, 44-61.

Howes, C., Galinsky, E., & Kontos, S. (1998a) Child care caregiver sensitivity and attachment. *Social Development*, **7**, 25-36.

Howes, C., Hamilton, C. E., & Philipsen, L. C. (1998b) Stability and continuity of child-caregiver and child-peer relationships. *Child Development*, **69**, 418-426.

Howes, C., Matheson, C., & Hamilton, C. E. (1994) Maternal, teacher, and child care history correlates of children's relationships with peers. *Child Development*, **65**, 264-273.

Howes, C., Rodning, C., Calluzzo, D. C., & Myers, L. (1988) Attachment and child care: Relationships with mother and caregivers. *Early Childhood Research Quarterly*, **3**, 403-416.

Kesner, J. E. (2000) Teacher characteristics and the quality of child-teacher relationships. *Journal of School Psychology*, **28**, 133-149.

Lamb, M. E., Sternberg, K. J., & Prodromidis, M. (1992) Nonmaternal care and the security of infant-mother attachment: A reanalysis of the data. *Infant Behavior and Development*, **15**, 71-83.

Lynch, M., & Cicchetti, D. (1992) Maltreated children's reports of relatedness to their teachers. In R. C. Pianta (Ed.), *Beyond the parent : The role of other adults in children's lives. New Direction for Child Development, Vol. 57*(pp. 81-105). San Francisco : Jossey-Bass.

National Institute of Child Health and Human Development Early Child Care Research Network (1997) The effects of infant child care on infant-mother attachment security: Results of the NICHD study of early child care. *Child Development*, **68**, 860-879.

Oppenheim, D., Sagi, A., & Lamb, M. E. (1988) Infant-adult attachment in the Kibbutz and their relation tosocioemotional development 4 years later. *Developmental Psychology*, **24**, 427-433.

Sagi, A., Lamb, M. E., Lewkowicz, K. S., Shoham, R., Dvir, R., & Estes, D. (1985) Security of infant-mother, -father, and -metapelet attachment among kibbutz-reared Israeli children. In I. Bretherton & E. Waters (Eds.), Growing points of attachment theory and research. *Monographs of the Society for Research in Child Development*, **50** (1-2, Serial No. 209), 257-275.

Sagi, A., Koren-Karie, N., Gini, M., Ziv, Y., & Joels, T. (2002) Shedding further light on the effects of various types and quality of early child care on infant-mother attachment relationship: The Haifa study of early child care. *Child Development*, **73**, 1166-1186.

Schwarz, J. C., Strickland, R. G., & Krolick, G. (1974) Infatn day care: Behavioral effects at preschool age. *Developmental Psychology*, **10**, 502-506.

シャファー，R. H. 無藤隆・佐藤恵理子（訳）2001 子どもの養育に心理学がいえること　新曜社

Sroufe, A. L. (1979) The coherence of individual development. *American Psychologist*, **34**, 834-841.

Sroufe, A. L. & Waters, E. (1977) Attachment as an organizational construct. *Child Development*, **56**, 1-14.

van IJdendoorn, M. H., Sagi, A., & Lambermon, M. W. E. (1992) The multiple caretaker paradox: Data from Holland and Israel. In R. C. Pianta (Ed.), Beyond the parent: The role of other adults in children's lives. *New Directions for Child*

Development, **57**, 5-24. San Francisco : Jossey-Bass.

Vaughn, B., Gove, F. L., & Egeland, B. (1980) The relationship between out-of-home care and the quality of infant-mother attachment in an economically disadvantaged population. *Child Development*, **51**, 971-975.

第 6 章　青年期・成人期のアタッチメント

安藤智子・遠藤利彦

　既述したように Bowlby は，アタッチメントを，人生早期に限らず生涯にわたって，その人自身の心的状態あるいは他者との関係のとり結び方などを説明し得る総合的な概念として扱っていた。実際，青年期や成人期においても，アタッチメントの主な特徴である近接欲求や分離抵抗，そしてまた安全基地あるいは安全な避難所としての役割を，その親との関係や友人関係，夫婦関係，恋愛関係，患者とセラピストの関係などの中に容易に見てとることができる。本章では，青年期・成人期におけるアタッチメントの性質と機能，およびそれに乳幼児期のアタッチメントがいかに連続するかなどについて概観・整理していくことにしたい。

6-1　アタッチメント対象の拡大

6-1-1　親とのアタッチメント関係の変化

　青年期に至ると，子どもは一般的に，論理的で抽象的な思考が可能になる。そのため，乳幼児期からの親との関係のあり方を抽象化して捉え，それをより客観的に，また柔軟に評価するようになる。例えば，アタッチメント対象の特徴を「ママといると気分がよくなる」，「パパは私が泣いていると無視する」と個人ごとに認知するだけではなく，「私が困った時には誰かに助けてもらえるが，みんなから同じように助けてもらえるわけではないので，選んで助けを求

めよう」といった具合に,より統合された表象として把握することが可能になり,必要な援助を両親以外の対象に求めることも増える。また,親に拠らない自分独自の価値観を徐々に形成し(Ricks, 1985),両親は時に子どもから批判を向けられることにもなる(Hill & Holmbeck, 1986)。

このように,親から離れて自律的にふるまおうとする動きは,ある意味,一種の探索行動と捉えることができる。乳幼児がストレス時以外は親から離れ探索行動をする(Ainsworth, 1989)のと同様,思春期においても,安全基地としての親の存在を前提に,仲間や友人との関係をはじめ,様々な領域において有意味な探索活動をなし得ると考えられる。それだけに,この時期に子どもが,親との関係をどう捉えなおし,再構築するかということが,友人や恋人を新たなアタッチメント対象として長期にわたる安定した関係性を確立・維持し,また生産的な職業を持つなどの諸課題をこなしていくための重要なポイントとなる。このことは,思春期の種々の自律―探索行動が,両親との肯定的関係と高い相関があるという研究知見からも支持されるだろう(Allen et al., 1994)。

6-1-2　親とのアタッチメントから友人・異性関係へ

児童期における主たるアタッチメント対象はいまだ親であると言える。しかし,児童期の中期頃までには,きわめて親密な関係を友人との間にも築き得るようになり(Rubin et al., 1998),その後,青年期にかけて徐々に,友人は悩みをうち明け,情緒的サポートを得る対象として親よりも好まれるようになる(Steinberg et al., 1986)。これは,何か不安や困惑した時に立ち戻る避難所としての機能を時に仲間や友人が果たし得るようになることを意味する。

Hazan & Zeifman(1994)は,6歳から17歳までの被験者を対象に4つのアタッチメント要素の構造を面接で測定し,アタッチメント対象がいかに移行するかを調査した。それは,例えば「誰と一緒に過ごすのが好きか(近接欲求)」「離れていて最も寂しく感じるのは誰か(分離抵抗)」「いつも頼れると感じるのは誰か(安全基地)」「落ち込んでいる時に誰に慰めを求めるか(安全な避難所)」という問いに,それぞれあてはまる対象をひとりあげてもらう形で行われる。その結果,全年齢のすべての被験者が近接欲求を向ける相手として

友人をあげ，安全な避難所の対象についても，8歳から14歳までに両親から友人へと徐々に移行することがわかった。一方，14歳までは，安全基地・分離抵抗の対象には一貫して多く親が選ばれていたが，15歳から17歳になると，4項目ともその対象が友人に置き換わり，そのうちの83％は第一のアタッチメント対象を異性の友人と考えていた。つまり，児童期から思春期の間に，4つのアタッチメント要素すべてを主に友人が担うように変化したのである。

このように思春期には，友人と過ごす時間が増え，その関係の質的な転換が起こる。特に，安全な避難場所としての互いの信頼関係が強まることで，友人同士でアタッチメントを形成する道が開かれていく。また，ことに恋愛関係におけるパートナーがいる者にとっては，恋人が親に置き換わり，最も情緒の安定に寄与する対象となることが伺えよう。

6-1-3 アタッチメントと恋愛

乳幼児期における親との関係と恋愛関係には様々な機能的な類似点があると考えられる。しかし，乳幼児期には親が世話をし，子どもは世話を受けるという一方向的な養育的関わりが中心であるのに対し，青年期・成人期には，互いに世話をしあう双方向的関わりが中心となり，また性的関心という別種の要素がそこに付加されることになる。恋愛は，こうした養育的関わり（caregiving）と性的関心（sexuality）に，アタッチメントを加えた3つの要素の統合であると考えられる（Hazan & Shaver, 1994）。この3つは時と場合により異なって稼働するが，その中でもアタッチメントシステムは，発達的に最初に現れ，他の2つの要素の発達にも影響を与えることになるため，より中心的な要素であると考えられる（Shaver et al., 1988）。一般的に「性的関心」は恋愛関係の比較的初期にその重要性がピークに達し，関係が始まってから3年後までには「アタッチメント」や「養育的関わり」よりもその重みを減じるに至る。一方「アタッチメント」と「養育的関わり」は関係が開始された後3年までの間に徐々にその強度と重要性を増すと言われている（Hazan & Shaver, 1994）。

恋愛のパートナーに対するアタッチメント形成過程でも乳幼児期との類似点が見られる。Bowlbyは，乳幼児期における養育者とのアタッチメント形成に

ついて4段階（→第1章）を提唱したが，Zeifman *et al.*（1997）も，成人の恋愛を形成する過程を4段階で説明している。

①アタッチメントの前：ひかれあいたわむれあうこと（flirting）　笑いかける，アイコンタクトをとる，比較的，大げさな身振りや顔の表情をつけ生き生きと話すといった行動を顕著に示す（Eible-Eibesfeldt, 1989）。自己開示は，肯定的か中立的な内容の事柄に限られる。これからアタッチメントの絆を築いていくために，近接の維持が一貫して図られる。

②アタッチメントの形成：恋に落ちる　相手を好きになると，相対的に高覚醒状態になり，あまり眠れず食事もとれず，恋愛に多くのエネルギーを注ぐようになる（Tennov, 1979）。また，手をつなぐ，肩に手を回すといった「親が子にするような」身体接触や，囁きあるいは「赤ちゃんことば」も見られる。否定的な事柄や不安などの個人的な内容を多く話すようになり（Altman & Taylor, 1973），信頼関係が作られ，情緒的サポートを相互に与え始める。そして，互いが他方の安全の避難場所となる。

③明確なアタッチメント：恋愛関係の確立　相手のことを好きになった状態から，両想いが確認されたことで，明確なアタッチメントの段階に入ったと考えられる。関係が落ち着くこの時期は性的な活動が減り（Fisher, 1992），情緒的に支え合うことが重要になる（Kotler, 1985）。また，2人が一緒にいるというだけでは興奮しないが，関係を保つために不十分な感じも持たなくなる。このような安定した関係の中で，社会生活でのストレスや心配事を，同じ人に身体接触も伴った形で繰り返し受けとめてもらうことは，アタッチメントの絆をより確固としたものにしていくのに重要な意味を持つ。興奮をもたらす関係から穏やかに過ごす関係への変化が成人のアタッチメントのサインである。この段階になると，分離の不安が徐々に形成される。

④目標修正的協調性：恋愛の後（日常生活）　身体接触，視線の共有，性的つながりなどの関係を促進するような行動は頻度が減り，心的エネルギーは，恋愛の初期には無視されていた他の現実的な仕事や友人などとの関係に向かう。この段階になると，表面的には見えないが，深い情緒的相互依存が成立する（Bersheid, 1983）。この関係ができあがると，恋愛関係は日常性に埋没する傾向

第6章　青年期・成人期のアタッチメント

があるが，パートナーは安全の基地として機能し続ける。

　このように，身体接触を伴う非常に接近した一体感を感じ得る段階から，その関係を基地とし，他の関係での生産的な活動に取り組むことができるようになるといったアタッチメントの進展を，恋愛関係の形成プロセスにも見てとることができる。

　もっとも，こうした恋愛関係を単純にアタッチメントの延長線上に位置づけ，両者にパラレルな進展過程を仮定する向きに対して幾分批判的な見方が存在することも知っておくべきだろう（e.g. Kirkpatrick, 1998, 2005）。繁殖（reproduction）に直接絡み得る恋愛関係の成立には，配偶パートナーがどれだけ優良な遺伝子を保有している可能性があるか，あるいは子どもの養育への投資者としてどれだけ豊かな資質を備えているかなど，本来アタッチメントにはない異種の要素が深く関与する可能性があるし，また男女によってパートナーおよび関係に求めるものに微妙な差異が存在する可能性も否めない（e.g. Buss, 1992 ; Simpson, 1999）。少なくとも発達早期のアタッチメントの性質がそのまま恋愛関係にも当てはまるといった安易な見方は慎むべきであろう。ちなみに，Miller & Rodgers（2001）は，人間の情緒的絆のシステムには，親へのアタッチメントを中核とする養育依存（succorant）システム，朋友関係を中核とする親和（affiliative）システム，恋愛関係を中核とする性（sexual）システム，子どもへの養育を中核とする養護（nurturant）システムが存在し，それらは個体発生過程において，相互に深く関係しながらも個々独立の原理をもって並行的に，しかし各発達期によってそれぞれの重みを微妙に変えながら機能し続けると仮定している。

6-1-4　別離・喪失とその影響

　Bowlbyは，乳幼児が主たる養育者との別離において，抗議，絶望，脱愛着という一連の過程を経ることを想定している。成人間の別離や分離の際も，アタッチメントシステムが機能していれば同様の過程を辿ることが考えられる。現に，例えば配偶者の喪失により，不安とパニックが起こった後に無力感と抑

131

うつ状態が襲い，その後，情緒面での分離を通して回復するという経過が認められている（Hazan & Shaver, 1992）。このような過程は，アタッチメント関係以外では認められないものであるため，アタッチメントシステムが異性間でも働くということのひとつの裏づけと考えることができるだろう。

　また，成人は乳幼児と比べると，生存のためのアタッチメント対象が必要ではないように思われるが，実際のところは，アタッチメント関係から多くの利益を得ていると考えられる。それは，逆にアタッチメント関係を失ったり，あるいは，そもそも持っていなかったりする，ということに起因して，時に健康を害すようなことがあることからも推察されよう。例えば，離婚のような関係の崩壊が，心身の様々な病気や免疫システムの低下，事故，自虐行為，自殺のような精神病理の引き金になることもあるのである。また，数多くあるストレス原因の中でも，特に配偶者とのアタッチメント関係の喪失が，最も大きなストレッサーになることはよく知られるところである（Holmes & Rahe, 1967）。

　もっとも，このような心身状態への影響は，アタッチメントが十分に確立せず，いまだ形成途上の段階にある時点においては見られないという。例えば，結婚後2年を経ずして夫を亡くした未亡人は，抗議，絶望，脱愛着といった通常の喪失反応の過程をとらない傾向にあることが報告されている（Weiss, 1988）。

6-2　青年期・成人期におけるアタッチメントの個人差

6-2-1　個人差研究の2つの流れ

　青年期・成人期におけるアタッチメントの個人差研究には大きく2つの流れがあると言える（Simpson & Rholes, 1998）。ひとつは，父母子を基本ユニットとする家族内の不可避的関係性を問題にする正統的アタッチメント研究の流れであり，あくまでも早期段階における親子の関係性の質が子どもの種々の人間関係の構築も含めた生涯発達全般に相対的に強い影響を及ぼすことを前提視するものである。そのため，青年期・成人期のアタッチメントの個人的特質も，友

人や恋人などの現在の主要なアタッチメント対象との関係性の実態そのものについてではなく，過去の自己と養育者との関係性に関する記憶表象について問われることになる。その主たる測定方法はアダルト・アタッチメント・インタヴュー（Adult Attachment Interview：AAI）であり，そこでは，個人の過去の養育者との関わりに関する語りの構造に，無意識的に，その個人のアタッチメントに関する情報処理の特異性，すなわち，内的作業モデルの質が反映されると仮定され（遠藤，1992a，1992b；Hesse，1999），乳幼児期のSSPにおける分類と明確な理論的対応性を有する類型化が試みられる（詳細はTOPIC 6-1　青年期・成人期におけるアタッチメントの測定(1)：アダルト・アタッチメント・インタヴュー）。

　もうひとつの流れは，アタッチメント研究の本流というよりは，恋愛，対人魅力，親和性，対人葛藤といった，様々な社会人格心理学的研究の延長線上に位置するものであり，Hazan & Shaver（1987）以来，一貫して，親友や恋人あるいは配偶者など，基本的に個人が選択的に構築し得る現在の関係性の実態を問題にしてきている。そこでは，アタッチメントおよび内的作業モデルの概念が，種々の対人関係領域に通底する，共通の基本枠として応用されることになるが，そこに親子関係の視点は相対的に希薄であり，個人のアタッチメントの類型化は，もっぱら，個人と現在の主要なアタッチメント対象との関係についてなされる。その主立った測定方法は自己報告的な強制選択あるいは多項目の質問紙法であり，個人の無意識的過程に焦点を当てるAAIに対して，どちらかと言えば，個人が意識的に想起し得る関係性の側面を把捉しようとするところに大きな特徴があると言える（詳細はTOPIC 6-2　青年期・成人期におけるアタッチメントの測定(2)：質問紙法）。

　ひとつの大きな理論的関心事は，当然，こうした2つの流れおよびそれぞれの測定法によって取り出されるアタッチメントの個人的類型にどれだけの一致が認められるかということになるが，現時点においては，そもそも両者が異なる関係性に焦点化し，なおかつ活性化を試みる表象（意識）のレベルにおいても違いがあることから，その一致性を訝る声が大きい（Hesse，1999）。また，現実に両者の間に有意な連関を認めた研究も相対的に稀少であるようである

133

(Crowell et al., 1996)。その統合を図ろうとする論者ももちろんいないわけではない（e.g. Bartholomew & Shaver, 1998）が，現段階では両者をある程度峻別して考えておくのが妥当かも知れない。ちなみに Kirkpatrick（1999）は，いかなるものであれ，青年・成人のアタッチメントとして測定されるものが，発達早期に問題になる原義のアタッチメントそのものというよりも，繁殖（reproduction）のストラテジーにより深く関わるとした上で，さらに，その繁殖の中でも，AAI が養育（caregiving）に関係する要素を多く取り出し得るのに対して，Hazan & Shaver（1987）以来の質問紙法が配偶（mating）に関係する要素により敏感である可能性を論じている。

以下では，親子関係およびそれとの関連で朋友関係を取り上げた研究については AAI を用いたものが相当数なされていることから，それらを中心に，一方，AAI の適用が少数に留まる恋愛関係の研究については，主に質問紙法による知見に依拠しながら概観・整理を行っていくことにしたい。

6-2-2　親からの自律と友人関係の構築に見るアタッチメントの個人差

先述したように，思春期には親子間で考えや意見のぶつかり合いが増える傾向にある。親を安全基地として自律していくためには，その対立や立場の違いなどに向き合い，対応していくことが必要となる。また，この時期，子どもは親からの自律と同時並行的に仲間や友人との間に深く親密な友情関係を構築していかなくてはならない。しかし，こうした親からの自律および朋友関係の構築プロセスには，アタッチメントタイプによる広範な個人差が認められるようである。

AAI を用いたいくつかの代表的な研究（e.g. Becker-Stoll & Fremmer-Bombik, 1997 ; Kobak et al., 1993）によれば，安定自律型は話し合いが加熱しても，現在の親との関係も保とうと努力しながら，生産的な問題解決を目指そうとするという。一方，アタッチメント軽視型は，恐れ・怒り・失望・傷つき・寂しさなどの強い感情を伴う話や考えを避けることで親から距離をとり，親と交渉した上で何かを解決するということに端から関心を示さない。一見，親から独立しているように見えるが，結局は抜本的な問題解決を何もしないことになるため，

結果的に自律性の獲得が困難になるらしい。逆にとらわれ型は、親とのアタッチメントに潜在的に関わり得る様々なことに多くの時間、多大な注意を向け、それに感情的かつ行動的に巻き込まれてしまい強く反応する傾向があるため、結果的に親への依存状態からうまく抜け出せず、自律性や自己信頼感の獲得に困難を来すことになるという。ちなみに、親子関係に、このような関係性の困難さがどの程度伴うのかについては、乳幼児期や6歳頃のアタッチメントスタイルからある程度予測できるという知見が得られている（Becker-Stoll & Fremmer-Bombik, 1997）。

　朋友関係の構築に関しても少なからずアタッチメントスタイルによる特異性が認められるようである。ここでもAAIを用いたいくつかの代表的研究（e.g. Cassidy et al., 1996 ; Slough & Greenberg, 1990）に依拠しながら見ると、安定自律型は、元来、親とのアタッチメントに絡む経験や感情に関する談話内容において一貫性を保持しているわけであるが、友人に関しても基本的にこの性質は変わらず、現実に良好な友人関係を持ち（Zimmermann et al., 1996）、また友人から相対的に高い社会的評価を受けやすいこと（Allen et al., 1998）などが明らかにされている。一方、とらわれ型はアタッチメントについて防衛的であり、人に心底、信頼や期待を寄せることがあまりできないため、人とのコミュニケーションを肯定的に受け取りにくく、発達に伴って、様々な対人関係上の問題を抱える傾向にある（Dodge, 1993）。アタッチメント軽視型は、友人と長くつきあうことができず、本来、潜在的には親友となり得るような人からも自ら離れていきやすいことが指摘されている。また、このアタッチメント軽視型については友人から敵意があり社会的スキルが欠けていると評価されやすいことも知られている（Kobak & Sceery, 1988）。とらわれ型にしてもアタッチメント軽視型にしても不安定なアタッチメントを有する個人は、過去のみならず今なお親との関係において少なからず困難を抱えているため、その関係を超えて自由に新しい関係を仲間や友人との間に作ることが相対的に難しいようである（Gavin & Furman, 1996）。これらの結果は、人生早期から思春期に至る間の親子関係に基づいて構築した表象モデルが、友人関係における行動パターンや情緒的な相互作用にも影響を与えている可能性を示唆していると言えよう。

6-2-3　各種心理社会的適応に見るアタッチメントの個人差

　アタッチメントの個人差は，種々の心理社会的適応の中にも見出すことができる。一般に，AAIで安定自律型と判定される個人は自尊心が高く（Benoit et al., 1989），対人関係において自我弾力性（ego-resiliency）が豊かで柔軟に対処することができる（Allen & Land, 1999）。また，高レベルの社会的サポートを享受し，何かあった時には誰かに助けを求めることができると感じており，孤独感が少ない。また，人との関係であまり不安や敵意を持たないという（Kobak & Sceery, 1988）。

　一方，アタッチメント軽視型は，友人からの評価では敵意をもっており，また感情的に不安定であることが報告されているが，自己報告では対人関係上の問題や不安定な心理的兆候・ストレスなどをあまり訴えないことが知られている（Kobak & Sceery, 1988）。そして非行のような反社会的，攻撃的な行動など，外在的問題を示すこともあるいう（Allen et al., 1998）。これとは対照的に，とらわれ型の青年は孤独感を抱きやすく，社会的サポートを受けることが少ないと感じており，また自分のことを社会的に有能でないと評価し，不安やストレスを多く報告する傾向がある。そして，自分の内在的問題，特に抑うつ的な気分について言及する場合が多い（Kobak et al., 1991）。

　このように，アタッチメントが不安定な個人の特徴については，それをストレスやある種の精神病理の現れであると考える向きも一部にはあるが，それよりはむしろ，彼らが，主要なアタッチメント対象とのやりとりの質を自ら調整しようとする試みであると見なすべきかも知れない。例えば，人にけんかをしかけたり，十分にお金を持っているのに万引きしたりするというような自己破壊的な行動は，親などのアタッチメント対象の関心を引き，潜在的に助けを求める手段とも解し得るだろう（Allen et al., 1998; Kobak et al., 1993）。また，どちらの不安定型も養育者との関係の中で自らの否定的な感情を適切に制御・処理する方法を学習してきていないために，相対的に多く不適切な行動パターンを示すという可能性も否定できない。

第6章 青年期・成人期のアタッチメント

6-2-4 恋愛関係に見るアタッチメントの個人差

　先述したように恋愛関係については AAI に基づく研究が少なく，質問紙を用いた研究が大半を占める。ここでは，主に質問紙法による研究知見に依拠して考察を行うことにしたい。

　恋愛や結婚のパートナーとして，どのようなアタッチメントスタイルを持っている者同士が結びつきやすいかについての見解は，現在のところ必ずしも一貫していない（Feeney & Noller, 1996）。ただ，その中ではっきりしている結果は，現実に安定型同士のカップルが多く（Collins & Read, 1990），架空の関係を想像した選択では，どのアタッチメントスタイルの個人も安定型のパートナーを好む（Pietromonaco & Carnelley, 1994），という安定型志向である。総じて人は潜在的に自らがどうであれ安定型の人に惹かれやすいが，実際の持続的関係の形成ということになると，現に安定型同士のカップルがそれを最も具現しやすいのかも知れない。もちろん，元来は安定型でない人も，安定した応答的なパートナーと共に過ごすうちに，アタッチメント対象に対する否定的な内的作業モデルを改め，結果的に安定型に移行するという可能性も否定できないところである。

　この他に，アンビヴァレント型の女性と安定型かあるいは回避型の男性のペアは，比較的関係の形態が崩れずに維持されやすいことなども明らかにされている（Kirkpatrick & Davis, 1994）。この回避型とアンビヴァレント型の組み合わせ（Pietromonaco & Carnelley, 1994）や同じアタッチメントスタイルを持つ対象の選択（Franzier et al., 1996）については，人には対人関係に関する期待を固定化するようふるまう傾向があるという自己確証過程（self-verification process）（Swann, 1983）（→ TOPIC 6-3　アタッチメントの連続性を支えるメカニズム）の考え方による説明も可能だろう。例えば，回避型はパートナーにぴったり依存してもらうことを，アンビヴァレント型は距離をとり拒否されることを感情的に強く厭いながらも潜在的にはどこかで期待しており，そのような自分の期待に沿うような他者を無意識裡に引き寄せる傾向があるのではないかと考えられる。もっとも，生物種としてのヒトの繁殖ストラテジーにおける一般的な性差

（相対的に男性は配偶行為に，女性は子どもの養育により多くのエネルギーを配分して適応度の向上を図る）からすると，男性にとってはアンビヴァレント型の女性（嫉妬感情が強く他のパートナーとの配偶機会が奪われる）が，また女性にとっては回避型の男性（養育への投資が少ない）が，最も適応価が低いと考えられる（Kirkpatrick, 1999）にもかかわらず，この組み合わせのペアが比較的多いというのはなぜなのか，今後検討されるべき興味深い問題と言えるだろう。

次に，すでに実際に恋愛・結婚生活の中にあって相手と具体的にどのような関係を築き，またいかなる感情を経験するかについて見ると，その関係の取り方や感じ方は，パートナーよりも自分自身のアタッチメントスタイルとより強く関連しているようである。特に，男性の回避型（近接に対する快適さが低い）と，女性のアンビヴァレント型（関係に対する不安が高い）は，デートでの相手との関係を否定的に評価する傾向が顕著であることが知られている（Collins & Read, 1990 ; Simpson, 1990）。また，必ずしも強い連関ではないが，相手のアタッチメントスタイルとの関連性も検討されている。例えば，相手の男性が安定型（近接関係に快適さを覚え人と一緒にいることを厭わない）である場合，そのパートナーの女性も一緒にいて楽しむことができ，関係を肯定的に評価する傾向が高い。一方，相手の女性がアンビヴァレント型である場合（見捨てられ不安が強い），一般的に男性はその関係の取り方を嫌悪する傾向が比較的，顕著であるという（Collins & Read, 1990）。このように恋愛・結婚関係においては，アタッチメントスタイルの組み合わせによって，男女の関係に関する評価が大きく異なってくるようである（Mikulincer & Nachshon, 1991）。

なお，こうしたアタッチメントスタイルの組み合わせについては，性役割の観点からの考察も必要であると考えられる。例えば，親密さを不快に思うこと（回避型）は，男性の独立を指向するステレオタイプにより合致するのに対して，親密でないことを怖がること（アンビヴァレント型）は，女性の性役割期待に沿った表出行動と解釈されよう。4カテゴリー・モデル（TOPIC 6-2 参照）では，男性は女性と比べて拒絶回避型が多く，女性はとらわれ型が多いことが知られており（Bartholomew & Horowitz, 1991），ここからも，女性の方が，関係性を重要視し，男性の方が，関係よりは独立や達成を重要視していること

が伺えるだろう (Feeney et al., 1994; Collins & Read, 1990)。

先に恋愛関係はアタッチメントと養育的関わりおよび性的関心との統合であると述べたが，研究の中には，アタッチメントスタイルによってこれらがどのような差異を示すかを取り上げたものもある。4カテゴリー・モデルに依拠し，大学生を対象に行ったある調査研究 (Kunce & Shaver, 1994) によると，安定型と拒絶回避型は，とらわれ型や対人恐怖的回避型に比べて過度に世話を焼くことが少なかった。また，安定型は相手の必要に応じて適切な世話を提供する傾向が高かった。それに対して，とらわれ型や対人恐怖的回避型は相手の必要というよりも，自分がしないと気が済まないかのように強迫的なケアを行うことが多かったという。

性的行動の頻度やそれに対する満足度にもアタッチメントスタイルによる違いがあるようである。安定型はコミットしている恋愛関係以外では他の相手との性的交渉をあまり持たないし，また，コミットしている関係の中では避妊をする確率が高い (Januszewski et. al., 1996)。そして，性的なものであれ非性的なものであれ，身体接触を楽しいものと認識するようである (Moore, 1997)。それに対して，回避型は，性的交渉の経験を比較的早期に持ち，親密でない人とも関係を持つ傾向がある。そして愛のない性交も快いと感じやすいようである (Brennan & Shaver, 1995)。また，アンビヴァレント型の女性は，他型に比してやや性的に露出的でより多くパートナーを変えがちであり，また性的に支配されることを求め服従する傾向が見られるようであるが，同タイプの男性はむしろ性的な事柄をあまり口にしないという傾向があるらしい (Brennan & Shaver, 1995)。

6-3 アタッチメントの連続性

6-3-1 乳幼児期のアタッチメントスタイルとの関連

乳幼児期におけるアタッチメントの質が，成人になった際にも保持される傾向があるのかどうかについてはいまだ見解の一致を見ていない。低・中流家庭

の被験者を対象にした長期縦断研究（Waters et al., 2000）によれば，乳幼児期のSSPと同一個人の20年後のAAIにおける分類の一致率（理論的に想定されるとおりの2時点間の合致）は，A，B，C 3タイプの分類で64％，安定／不安定の2分類で72％と高く，そこにある程度明確な連続性があることを伺わせるものであった。また，シングルマザーや同棲カップルなどの非伝統的家族形態も含むサンプルを対象にした別の研究（Hamilton, 2000）でも，乳幼児期のSSPと青年期（17〜19歳時）のAAIの間に，A，B，C 3分類で63％，安定／不安定の2分類で77％の一致が見られており，さらにそこでは，否定的なライフイベントが不安定型のアタッチメントスタイルの維持に関連することが示唆されている。

その一方で，こうした連続性を見出していない研究も存在している（Lewis et al., 2000 ; Weinfield et al., 2000 ; Zimmermann et al., 1998）。このうち，Weinfield et al.（2000）の研究は，ハイリスク・サンプル（片親家庭・低所得・高ストレス・低サポート等）57人を対象としたものであるが，そこでは，乳幼児期に39％だった不安定型が，18〜19歳時には68％（60％はとらわれ型）に増加していた。また，乳幼児期に不安定型だったうちの78％と，安定型だったうちの65％においてアタッチメントのタイプが変化していた。

こうした研究結果の食い違いは，それぞれの研究におけるサンプルが，乳幼児期から青年期・成人期前期までに，どれだけの環境の変化を経験してきているかということに密接に関係している可能性がある（Waters et al., 1995, 2000）。相対的に高い連続性を示している研究においては，その被験者となっている子どもは，総じて同一家庭で同じ養育者から一貫した養育を受けている確率が高いのに対して，低い連続性しか見出していない研究では，子どもが，養育者の離婚をはじめ，大きな養育環境の変化を経験している割合が高いと考えられるのである。このことは，先に見たWaters et al.（2000）の研究において，重大なライフイベントに遭遇したケースを除くと，さらに連続性の数値が高まる（A，B，C 3分類での一致率が78％になる）ことからも間接的に伺い知ることができる。アタッチメントの連続性は，早期の被養育経験に基づいて個人が内在化した内的作業モデルの固定的性質に唯一支えられているというよりも，環境

や親の養育態度などに相対的に高い連続性があることによっても保持されていると見るべきかも知れない（Thompson et al., 1995, Thompson, 1999）。逆に言えば，人は本来，現在置かれている家庭環境や社会文脈的状況の特質に応じて，そのアタッチメントスタイルをある程度柔軟に変化させ得るものと言えるだろう（Lewis, 1997 ; van IJzendoorn, 1996）（→ TOPIC 6-3　アタッチメントの連続性を支えるメカニズム）。

6-3-2　アタッチメントの変化を促す要因

前節では，環境の激変を経験した場合に，相対的に多く，アタッチメントスタイルの変化が生じやすいことを見たわけであるが，その環境上の変化とは具体的にいかなるものであるのだろうか。まず，安定型への移行についてであるが，それは，恋愛を通じて初めて安定した関係を持った場合（Feeney & Noller, 1992）などのように，新たな満足できる人間関係の構築と密接に関連することが想定されている（Hammond & Fletcher, 1991）。親以外の対象との支持的で温かい関係性を享受することや，それまでの情緒的経験とは異質の安定した経験をすることで，アタッチメントスタイルを肯定的な方向に変化させ得るようである。また，生活環境が不安定なハイリスクサンプルでの縦断研究（Weinfield et al., 2000）によると，乳幼児期に同じく不安定型であった被験者でも，被虐待経験のない場合には，それがある場合よりも安定型に移行する確率が高いことなども知られており，早期経験の質が，その後の変化可能性の大きさそれ自体に影響を及ぼすことも考えられる。

一方，安定型から不安定型への移行には，アタッチメント対象の喪失などの否定的な出来事が深く関与するようである。先にも見た Waters et al.（2000）の研究では，親の死や離婚，親や自分の生死に関わる病気，抑うつなどの親の精神障害，18歳以前の身体的・性的虐待などのストレスフルな出来事を一度でも経験したことのあるグループにおいては乳幼児期に安定型だった子どもの約3分の2が20歳段階において不安定型に移行していた（ストレスフルな出来事のないグループでの安定型から不安定型への変化は15％のみであった）。

しかしながら，現段階において，こうした環境の変化に応じたアタッチメン

トの変質が生涯にわたって同水準に維持されるものなのか，それとも，あくまでも青年期くらいまでの比較的まだ未成熟なタイムスパンに限定されたものなのかについては，安易に結論を下すことができない。これについては，多様なサンプルにおける，より長期にわたる縦断研究の進行を待って慎重に考察すべきであろう。もっとも，ひとつ確実に言えることは，個人が加齢に伴い成育家庭から離れるにつれて，より自律的に自らの対人関係や環境を選択し構築するようになるということである。見方を変えて言えば，自らの内的作業モデルにとって異質な要素を排除し，それを強化するような同質の要素を選択的に自らの周りに引き寄せることを通じて，徐々に環境の変化そのものが相対的に生じにくくなるということである（遠藤，2001）。当然のことながら，発達が進むにつれてそうした変化が生じにくいということになれば自ずと，アタッチメントおよびそれに関連するパーソナリティも高い連続性を示すということになるのかも知れない（Goldberg, 2000）。

6-4　本章のまとめ

　本章ではここまで青年期・成人期のアタッチメントに関わる主要なトピックについて概観を行ってきた。この発達期の研究は，現在，様々な理論的背景を持つ研究者によって推進され，非常に急速な勢いでその数を増してきている。また，進化心理学など，新しい理論とのインターフェースも盛んであり，ある意味，最もホットなトピックを提供している発達ステージであるとも言える（→ TIOIC 6-4　進化心理学から見るアタッチメント）。

　しかしながら，そもそも青年期・成人期のアタッチメントを乳幼児期のアタッチメントとどこまで同列にまた同様の理論枠で論じ得るのか，また両者に連続性が見られるといった場合，それは真に個人の中で何がつながっていることを意味するのか，さらには本文中でもふれたように成人のアタッチメントに関する2つの流れはどこでどこまで重なり，また食い違うのかなど，今後解決されるべき課題が山積していることも事実である。恋愛などの身近な話題が比較的多く，また質問紙法による簡便なアプローチも可能であることから，読者の

中にはこの発達期に大きな興味を覚えるものも少なくはないだろう。が，その際には，こうした課題があることを十分に踏まえた上で研究や実生活に生かしていただきたいものである。

TOPIC 6-1

青年期・成人期におけるアタッチメントの測定法(1)アダルト・アタッチメント・インタヴュー (Adult Attachment Interview : AAI)

　乳幼児期のアタッチメントはストレンジ・シチュエーション法（SSP）によって実際の乳幼児の行動をもとに測定された。しかし，成長とともに，アタッチメントを行動のみから捉えることは難しくなる。そのため，思春期・成人期のアタッチメントにおいては，様々な言動のもととなる表象を扱うことが必要になる。そして，その表象を測定する代表的な手段のひとつとしてアダルト・アタッチメント・インタヴュー（AAI）がある。

　AAIは，Mainらによる縦断研究の中で作られた，半構造化された面接手法（Main & Goldwyn, 1984）である。Mainらは，乳児のSSPでのアタッチメント分類とその養育者のアタッチメントをめぐる語りの（内容以上に）構造・語り方との間に特異的な関連があることを見出し，そうした語り方の特徴をより具体的に捉え得る面接方法としてAAIを案出した（Hesse, 1999）。この方法は，個人のアタッチメントシステムの活性化を促すよう工夫されており，「無意識を驚かす（George et al., 1996）」ことで，被面接者自身も通常は，意識化し得ないようなアタッチメントに関する情報処理過程の個人的特性を抽出する。乳幼児におけるSSPが現にそこにいる養育者に対する物理的近接の仕方を問題にするのに対して，このAAIは，頭の中に想起された養育者に対する表象的近接のあり方を問題にする手法であると言えよう。

　具体的にAAIではまず両親との関係について子ども時代のことを想起し語ってもらうことから始まり，その後，表6-1-1に示すような要領で面接が進行する（表は母親と父親を中心に記述されているが，その他に重要なアタッチメント対象が存在していれば，その対象との関係についても父母の場合と同様の質問がなされる）。

　面接の中身はすべて逐語的に記録され，基本的にそれに基づいて分析がなされることになる。まず，語りの内容（何を語ったか）と語り方（いかに語ったか）という，大別して2つの側面について，様々な評定が行われる。

第6章 青年期・成人期のアタッチメント

表6-1-1 アダルト・アタッチメント・インタヴュー実施要領（プロトコル）の要約（Hesse, 1999 からの意訳）

1. 初めに，私にあなたの家族のことを少し説明していただけますか。例えば，家族構成や住んでいた場所など。
2. さて，思い出せる限り昔にさかのぼって，子どもの頃のご両親との関係を話して下さい。
3. 子ども時代のお母様との関係を表すような形容詞や語句を5つあげて下さい。私がそれらを書き留めて，5つ揃ったら，それらの言葉を選ぶに至った思い出や経験をおたずねします。
4. （父親について同様の質問）
5. どちらの親御さんをより親密に感じましたか。理由は。
6. 子ども時代に動揺した時，あなたはどのようにしましたか。どうなりましたか。情緒的に動揺した時の具体的な出来事を話していただけますか。けがをした時は。病気の時は。
7. ご両親との最初の分離についてお話しください。
8. 子ども時代，拒絶されたと感じたことはありますか。あなたはどのように反応しましたか。ご両親は拒絶したことを気づいていたでしょうか。
9. ご両親があなたを脅かしたことはありましたか。しつけや冗談で。
10. あなたの幼い頃の経験全体は，どのように大人としてのあなたに影響しているでしょうか。成長の妨げになったと思われるようなことはありますか。
11. ご両親が，あなたの幼い頃，そのようにふるまったのはなぜだったのでしょうか。
12. 子ども時代，親のように親密であった大人は他にいましたか。
13. ご両親，あるいは他の親密な人を，子ども時代に亡くされた経験はありますか。大人になってからは。
14. 子ども時代と大人になってからでは，ご両親との関係に多くの変化がありましたか。
15. 現在，あなたにとって，ご両親との関係はどのようなものですか（もしすでにお子さんをお持ちであれば，あなたの育てられ方が，あなた自身の子育てにどう影響していると思いますか）。

注　AAI は，このように手短に修正されたプロトコルの要約に基づいて実施できるものではない。この表の内容においては，いくつかの質問項目や重要な追加の確認質問（probes）が省略されている。

①主要なアタッチメント対象の行動に関する評定（語りの内容）：親から受けた愛情（loving），拒否（reject），無視（neglect），巻き込まれ／役割逆転（involving／role-reversal），達成への圧力（pressure to achieve）の程度について9段階で評定される。その際，例えば「母親は優しかった」といった全般的な印象よりも，「母親は私が泣いている時に抱き上げて頭をなでてくれた」といった具体的なエピソードや経験が重視される。

②心の状態（state of mind）に関する評定（語り方）：親についての理想化（idealization）や，思い出せないという主張（insistence on lack of recall），感情的

に巻き込まれた結果としての怒り（involving anger），アタッチメントを蔑視する程度（derogation），喪失に対する恐れ（fear of loss），メタ認知的モニタリング（metacognitive monitoring），話の受動性（passivity of speech）と，それらを総括した話の首尾一貫性（coherence）の程度について評価がなされる。なお，こうした評定の基礎としてあるのは，Grice（1975）の会話の公準であり，そこではこの公準に従い，語りの質（話に矛盾がなく信じられるかどうか），語りの量（情報が十分でしかも多すぎることはないか），関連性（問われた質問に適切に答えているか），語りの様式（話は不自然に崩れていないか，予め用意されたような紋切り型のものやごまかしの冗談ではなく生き生きはっきりしたものか）という4つの点が慎重に吟味される。

そして，被面接者は最終的に，これらすべての評定結果，ことに語り方の諸特徴の結果に基づき，アタッチメント安定のカテゴリーであるF.自律型（autonomous）と，不安定のカテゴリーであるDs.アタッチメント軽視型（dismissing），E.とらわれ型（preoccupied），U.未解決型（unresolved）のいずれかの類型に振り分けられるのである。ちなみに，これらは，順に乳幼児のSSPにおけるB.安定型，A.回避型，C.アンビヴァレント型，D.無秩序型に理論的に対応すると仮定されている。

安定自律型は，経験の内容にかかわらず，理解可能なストーリーを首尾一貫した形で語ることができる。たとえ虐待されたような否定的な経験があっても，それをアタッチメント関係の肯定的な面と併せて，バランスのとれた見方で捉え，落ち着いた様子でオープンに語ることができ，なおかつアタッチメントにまつわる経験が自分の発達に与えた影響を十分に認識している。こうした一連の語りの特徴は，このタイプの被面接者が，記憶の中のアタッチメント対象に，防衛や恐れなく容易に（表象的な）近接が可能であることを物語っており，そのことがまさに乳幼児期のSSPにおける安定型の特徴に重なることになる。

アタッチメント軽視型は，親との経験を時に好ましいものとして理想化して話すことがあるが，それを裏づける具体的エピソードをあげることができなかったり，むしろそれとひどく矛盾するエピソードを語ったりするようなことがある。例えば「親はとても優しかった」と言いながら，その後，具体的なこと

は何も覚えていないと言い張ったり，「ひどいけがをした時に怒られるのが怖くて言いに行けなかった」といった凡そ優しさとはほど遠い内容に言及したりする。また，自分の人格発達に早期のアタッチメント関係があまり影響していないと主張し，基本的にそれに価値を見出すことがない。こうした特徴は，このタイプの被面接者が，表象空間に潜在するアタッチメント対象に，容易に近接することができず回避的なスタンスを取っていることの反映であると考えられ，そうした意味で，SSPにおける回避型に相当するものと言えるのである。

　とらわれ型は，質問に対して首尾一貫した形で語ることができず，曖昧なことばを多用し，話は冗長でまとまりがなく，過去の経験を語りながらしばしば感情的に混乱してしまうようなところがある。アタッチメントにまつわる特定の記憶，特に辛かった出来事を比較的多く想起し，時にそれが今生じているかのように強い怒りや恐れを表出することもある。過去に親が自分に対して取った態度にいまだに強く拘泥し，また，親の要求に子どもが敏感に気づき過度に喜ばせようとするといった，親との役割の逆転も部分的に認められる。こうした語りの特徴は，このタイプの被面接者が，自ら想起したアタッチメント対象に対して今なお不安定な表象的近接関係を有していることを表しており，依存と葛藤にまつわる問題を相対的にそのまま引きずっているという意味で，乳幼児のSSPにおけるアンビヴァレント型と通底する特徴を強く示しているものと考えられる。

　未解決型は，面接での話の内容にそれなりに一貫性があるが，ある特定の外傷体験について語る時に"魔術的な"解釈や非現実的な思いこみが認められる（ある特定の事柄に対して選択的にメタ認知が崩れる）。例えば，亡くなった人がまだ生きているかのように信じていたり，子どもの頃にすでに殺されていたように感じていたりするといった混乱が見られる。また，沈黙が不自然に長く続きフリーズしてしまうような場合もある。過去に突然の分離や喪失あるいは虐待などの外傷体験を有し，それを心理的に解決していない，別の言い方をすればいまだに"喪"（mourning）の過程から抜け出していないタイプであると考えられ，同じく種々の外傷体験との関連が指摘される乳幼児期の無秩序／無方向型に相当すると仮定されている。

なお，AAIの施行は，特別に訓練を受け，テストに合格した者にのみ許されるものであり，基本的にマニュアルの公開は制限されている。もっとも，最近，AAIに関するかなり詳しい解説が公開されている（Crowell *et al.*, 1999; Hesse, 1999）ので，適宜それらを参照されたい。

安藤智子・遠藤利彦

TOPIC 6-2

青年期・成人期におけるアタッチメントの測定法(2)質問紙法

　本文中でも述べたように，青年期・成人期におけるアタッチメントの個人差研究には，あくまでも過去の（あるいは過去から現在まで連綿と続く）親子関係に焦点を当てる正統的アタッチメント研究と，現在の親友や恋人あるいは配偶者等との関係性を問題にする社会人格心理学的研究という，大きく2つの流れがある。TOPIC 6-1で見たように前者は主にAAIをもってアタッチメントの個人差にアプローチするのに対し，後者は一般的に独自に開発した質問紙法をもって個々人のアタッチメントの質を測定しようとする。

　後者の先駆けとなったのはHazan & Shaver（1987）によるアタッチメントスタイル質問紙（Attachment Style Questionnaires）であり，それは乳幼児期のSSPにおけるABCの各タイプに対応させる形で，成人の一般的な対人態度についての記述文を3種類提示し，その中からひとつ，被調査者に，自らに最も当てはまる文を強制選択させるというものである。

　このHazan & Shaver（1987）の質問紙は，以後多くの研究に用いられ，現在の質問紙による青年・成人アタッチメント研究の隆盛を招来することになった。しかし，3種類の対人関係の持ち方に関する記述の中からひとつを強制的

表6-2-1　アタッチメントスタイル質問紙

質問	あなたの気持ちを一番ぴったり表しているのは次のどれですか。
安定型	誰かと割と簡単に親しくなれるし，その人たちに頼ったり，その人たちから頼られたりするのが好きです。誰かに見捨てられるような気持ちを抱いたり，誰かと親しくなりすぎることを気にかけたりすることはあまりありません。
回避型	私は誰かと親しくなるのはあまり好きではありません。誰かを完全に信じたり，頼ったりするのは苦手です。誰かと親しくなりすぎたり，私の恋愛のパートナーが，私が快適と感じる以上に親しくしてほしいと頻繁に求められてきたりすると不安になります。
不安―アンビヴァレント型	私が望むほど，皆が私とは親しくなりたがりません。私はよく，自分のパートナーが，本当は私のことを愛していないのではないか，私と一緒にいたくないのではないか，と心配になります。私は他の人と完全に溶け合うぐらいに一緒にいたいと思いますが，こうした気持ちが時々人を怖がらせ遠ざけてしまうこともあります。

に選択させるだけでは，細かな個人的特性を抽出するのが難しいのも事実である。そのため，その後，この3種類の記述を基礎に，複数の評定項目からなる多次元的尺度が開発されることになった（e.g. Carnelley & Janoff-Bulman, 1992；Collins & Read, 1990；詫摩・戸田，1988）。

これまでに，こうした尺度は多変量解析等を通して，通常，近接関係を享受することの快適さ（comfort with closeness）と関係を維持することに対する不安（anxiety over relationships）という2次元からなるという知見が得られている（Feeney & Noller, 1996）。前者は特に安定型と回避型を分ける次元であるのに対して，後者は愛情の欠如，見捨てられ不安，極端な親密性への渇望等に関連し，不安／アンビヴァレント型のアタッチメントか否かを峻別する次元であるとされている。なお，成人のアタッチメントに関するより広範な内容を扱った尺度においても同じ次元の存在が確認され（Brennan et al., 1998；Feeney et al., 1994），今では，この2次元上の得点の高低をもって成人のアタッチメントの特質を量的に表現することがかなり一般的になってきているようである。

質問紙研究の流れの中で近年もうひとつ注目すべきものにBartholomew（1990）による4カテゴリー・モデルがある。彼は，アタッチメントは自己に関する作業モデルとアタッチメント対象に関する作業モデルとの両方の特質を反映するというBowlby（1973）の主張に基づき，自己と他者に対する主観的信頼感の高低を組み合わせて，成人のアタッチメントを4カテゴリーに分ける理論枠および手続きを案出した。それによれば，自己とアタッチメント対象に関する意識はその得点の高低に応じて，それぞれ，肯定的（自分は他者から愛情や注意を受けるに値する／他者は助けてくれるし関心を持ってくれる）か否定的（自分には価値がない／他者は信頼できないか拒否的である）かに2分割される。表6-2-2に示されるように，自己のモデルは他者への依存あるいは他者からの受容に対する信頼の程度，他者のモデルは親密な関係の回避の程度を反映しており，そしてこの組み合わせによって，安定型，とらわれ型，拒絶回避型（dismissing avoidant），対人恐怖的回避型（fearful avoidant）の4カテゴリーに分類されることになるのである。

この4カテゴリー・モデルの最も大きな特徴は，従来回避型として同等に扱

表6-2-2 Bartholomew（1990）による4カテゴリ・モデル（Feeney & Noller, 1996）

		自己モデル（依存）	
		肯定的（依存低）	否定的（依存高）
他者モデル（回避）	肯定的（回避低）	安定型 親密であることと自律的であることが快適	とらわれ型 感情的巻き込まれ アンビヴァレント
	否定的（回避高）	拒絶回避型 アタッチメントを否定 拒絶的 反―依存的	対人恐怖的回避型 アタッチメントを怖がる 回避的 社会的関係からの撤退

われていたものを，拒絶回避型と対人恐怖的回避型の2種に峻別するところにあると言える。現に，先に見た Hazan & Shaver（1987）の強制選択法との関連を見ると安定型—安定型，とらわれ型—アンビヴァレント型，拒絶回避型—回避型，対人恐怖的回避型—回避型という対応が有意に見られるという（Brennan *et al.*, 1991）。拒絶回避型と対人恐怖的回避型には親密な関係を避けようとするところに共通性があるが，両者は他者に対する意識において大きな差異を示す。拒絶回避型は，他者に対して冷淡かつ時に敵対的であることが特徴である。何かを達成することを重視し，自分は他者以上に価値があるという認識を維持するために人との関係を避けようとする。それに対して，対人恐怖的回避型は，自分を適切に主張することが不得手で，社会的に不安定であることが特徴である（Bartholomew & Horowitz, 1991）。また，人と親密になるのは快適ではないが，他者から認めてほしいという気持ちは強く，人との関係に没頭しやすい。親密さを求めるが拒絶されることが怖いので，結果的に親しい関係を避けてしまうことになるタイプである。

この4カテゴリー・モデルについては，先に述べたアタッチメントの2次元との整合的な対応関係も認められており（Feeney *et al.*, 1994），最近ではこの4カテゴリー・モデルを用いた青年・成人のアタッチメント研究が確実に増えつつあるようである。

安藤智子・遠藤利彦

TOPIC 6-3

アタッチメントの連続性を支えるメカニズム

　第4～6章において乳幼児期のアタッチメントがその後，青年期・成人期前期に至るまで現実にどれだけの連続性を示すかについて様々な角度から検討してきたわけであるが，総じて言えることは，各種数値の上で見る限り，その連続性は決定的なものではないが，それと同時にまた決して無視できないものでもあるということである。それでは，その連続性はいかなるメカニズムによって生み出されるのだろうか。

　すでに第2章で見たようにBowlby（1973, 1980）は，発達早期における主要なアタッチメント対象との関係が，自己と他者あるいは対人関係全般に関する表象モデル，すなわち内的作業モデルとして個人に取り込まれ，そして，それが，その後の様々な他者との関わりを知覚・解釈したり，また自らの行動をプランニングしたりする際のテンプレートとして用いられることになるため，結果的に対人関係のパターンに高い通状況的・通時間的一貫性がもたらされると仮定していた。つまり，いったん内在化された表象モデルの存在およびその固定的な性質が，アタッチメントの生涯にわたる連続性を支えると考えていたのである。

　一方，アタッチメントの質の規定因として気質の働きを重視する論者（e.g. Kagan）は，まさに，この遺伝的・生物学的基盤をもった生得的個性が，生涯発達過程の中であまり変化することがないため，その随伴現象とも言えるアタッチメントやそれに関連する種々の社会的行動にも必然的に高い時間的連続性が生まれるのだと考えている。

　また，遺伝的・生得的な意味での生物学的基盤ということではないが，胎生期も含めた発達早期の諸経験の質あるいはそれらの剥奪やそのタイミングなどが，その後の生涯発達を基礎づけ，方向づけるような神経生理学的メカニズムの構成にかなりのところ不可逆的な影響を及ぼし得るのではないかという考えもなされている（e.g. Schore, 1999, 2003）。つまり，そうした早期段階に固定化

してしまうような，ある種の脳神経および身体機能の個々人における特異性が，アタッチメントの質の連続性に重要な役割を果たしている可能性があるということである（e. g. Goldberg, 2000）（→第1章）。特にアタッチメントについてというわけではないが，こうした影響プロセスの存在は，ヒト以外の生物種の様々な発達の側面において広く認知されるところであり（e. g. Nelson & Bosquet, 2000 ; Schneider & Moore, 2000），ヒトにおける厳密な吟味・確認が待たれるところとなっている。

　さらに，本章の本文中でもふれたことであるが，アタッチメントの連続性を環境の時間的安定性の観点から解釈する向きもある（e. g. Easterbrooks & Goldberg, 1990）。この立場は，"原理的に"ある発達時点のアタッチメントや各種の社会的行動の質が，その時々の（養育者の関わりを含む）環境要因に大きく左右され得るということを前提視する。しかしながら，通常，個人が成育する環境に劇的な変化が生じる確率は相対的に小さい（多くの子どもは一般的に，同じ養育者の下，等質な環境条件の中で，かなりの年齢まで生育することになる）ため，その結果としてアタッチメントにも高い連続性が生まれるのだという（環境の激変を経験し現にアタッチメントの質を変化させる個人が稀少であるため，全体として数値として見た時に，そこに有意な連続性が認められることになる）。現に，本文中でも言及したように，経済的困窮や家族成員の頻繁な入れ替わりをはじめ，ストレスフルな状況下にあり，環境の変化を被りやすいハイリスクサンプルでは，アタッチメントタイプを変化させる個人の割合が相対的に高くなることが知られている。また，複数の研究者が，父母それぞれに対する子のアタッチメントが必ずしも一致するわけではないということを見出し（Belsky & Rovine, 1987 ; Cox *et al.* 1992），アタッチメントの質が，（内的作業モデルにしても気質にしても"個人"の安定した性質によるというよりもむしろ）結局どのような他者との相互作用であるか，その個別の"関係性"の性質を反映したものである可能性がより高いと結論している（これはアタッチメントの質が，個人外の環境要因の影響を受けて本質的に大きく変化し得ることの間接的な証左と言える）。

　現時点においてはまだまだ決定的な証左が乏しく，上述したうちの特にいかなる要因が重要であるかを安易に結論することはできない。今のところは，あ

153

る発達時点におけるアタッチメントタイプおよび適応性などが，早期の養育者との関係性およびそれを基盤にして形成された内的作業モデルと現今の環境要因との交互作用の中から生み出されてくると考えておくのが妥当であろう（Lewis & Feiring, 1991 ; Rothbart & Shaver, 1994）。また，そこに何らかの形で気質あるいはそれ以外の生物学的要因が介在する可能性も無論否めない。アタッチメントの連続性は，こうした複数の要因のダイナミズムによって生じると考えられる（Thompson, 1999）。

　もっとも，発達のより早い段階においては，環境の持つ影響力が相対的に大きく（Lewis & Feiring, 1991），また後になるにつれて，個人に内在化された表象モデルの影響力が増大してくるのかも知れない（Rothbart & Shaver, 1994）。第2章で述べたように，Bowlbyは，内的作業モデルが，乳幼児期，児童期といった未成熟な時期に漸次的に形成され，加齢とともにその構造的安定性・固定性を増していくと考えていたが，これは裏を返せば，早期段階の内的作業モデルにはまだ十分な可塑性が残されているということを意味する。発達早期においてはそうしたモデルが確固としていない分，子どもには，様々な環境の変化を受け入れ，相対的に大きく変化する可能性（あるいはそれらに容易に反応してしまう傾向）があると言えるだろう。

　しかし，加齢が進行し，内的作業モデル，そしてそれと当然重なり合っていると思われる自己概念，他者理解などが固まってくると，環境とその時々の行動や感情の間に，不可避的にそれらが介在するようになるのだろう。例えば，不安定なアタッチメントのモデルを作り上げてしまった個人は，たとえ新たに遭遇する他者が潜在的に自らにサポートを与え得るような人であっても，その人の言行を歪めて解釈し，自ら不適切な行動をとることで，自分が予測する方向に相互作用を導いてしまう（結果的にサポートを遠ざけてしまう）といったことがあるのかも知れない（Bowlby, 1988）。つまり，人は，内的作業モデルあるいは信念や期待に基づいて，自分にとって（たとえそれが苦痛なものであっても）よりなじみやすく予測可能な対人世界を作り上げ，そこに安住するようになるということである。Sroufe（1990）は，10〜11歳の子を対象にしたサマーキャンプにおいて，いつもいじめられてきた不安定型アタッチメントの子ども

が，ある日，偶然いじめに遭わなかった時に，当惑して，そのいつもいじめている子に，なぜいじめないのかを悲しげに問うたというエピソードをあげているが，アタッチメントパターンの連続性は，こうしたその人自身の（内的作業モデルに依拠した）働きかけによって維持されていくところもあるのだろう。

　Swann（1983）は，人には一般的に，その生活環境の知覚・認知やそれに対する具体的働きかけ，さらには環境の実際の調整や構成を通して，自己概念などの個人の内的特質を頑なに護ろうとする傾向があることを仮定し，それを"自己確証過程（self verification process）"と呼んでいるが，上述したことはまさにこのメカニズムに相当するものと考えられる。アタッチメントの生涯発達過程には，無論，ところどころに不連続性を生み出す重要な契機，すなわちそれまでの成育過程からするときわめて異質な出来事や対人関係との遭遇などが存在し得ると考えられる。しかし，その契機は相対的に，（個人が自ら環境を選べない）発達早期により多く，加齢とともに（個人が次第に環境を選択・構成し得るようになると）少なくなっていく，より正確に言えば，個人によって徐々に排除されていくというのが実状なのかも知れない（アタッチメントを含めたパーソナリティ全般における連続性のメカニズムについては遠藤［2003］を参照されたい）。

　ちなみに最近，Rutter et al.（2004）は，早期経験の長期的影響を問う，一種の"自然の実験（natural experience：Rutter et al., 2001）"とも言えるルーマニアの孤児（→第1章，第10章）のデータに依拠しながら，アタッチメントの連続性と変化について興味深い論考を試みている。悪政下のルーマニアの施設で物理的にも社会的にも極度の剥奪にさらされてきた孤児（乳幼児）たちは，確かに，英国の養親家庭に引き取られた後，急速に，種々の発達上の改善・回復を見せる。そして，このことは，上述した環境上の連続性・変化に反応して，発達状態が規定されるという説を一見，支持する証左のようにも思われる。しかし，彼らが発達早期に受けたハンディキャップは，テープレコーダーの重ね撮りのように，新たな環境入力によって完全に消し去られるということはなく，例えば，彼らに特徴的とされる無差別的なアタッチメント（→第1章，第10章）の傾向は，彼らが養子に出されて数年の時を経てもなお，少なくとも一定割合の

子どもに確実に残っていたのである。そして，そうした影響の程度は，彼らが人生初期に施設で過ごした時間が長ければ長いほど大きいものであった。さらに注視すべきことは，4歳および6歳時に測定された彼らの発達上の個人差は，ほとんど養親やその家庭環境の違いによって説明されることはなく，実質的に（養子として引き取られた直後の，すなわち施設収容時あるいはそれ以前に形成された）乳幼児期の個人差とかなりのところ連続するものであったということである。このことは，旧環境による影響が新環境による影響を多少とも上回っていることを示唆する。Rutter *et al.* は，孤児たちの一貫した認知機能の遅れおよび低さが，彼らの栄養失調の度合いや（脳発達の指標としての）頭周の大きさと関係していたことから，それは，彼らが人生初期に受けた"脳神経上"のダメージを介して生じている可能性が高いのに対し，アタッチメントの特異性およびその連続性に関しては，そうした神経生理学的指標との関連がないことから，おそらくは（その例外的に劣悪な）早期環境への"心理行動上"の適応という観点から解釈すべきであろうと論じている。先に発達早期においてはまだ内的作業モデルの固定性が低く，環境の変化に反応してアタッチメントの質が大きく変じ得る可能性があると記したが，ことに，こうした剥奪的環境で人生を出発させた個人においては，相対的に早くから，その内的作業モデルの固定性がとりわけ強く，なおかつ持続的であるということなのかも知れない。

遠藤利彦

―― TOPIC 6-4 ――

進化心理学から見るアタッチメント

　Bowlbyのアタッチメント理論は，心理学や精神分析のみならず，生物学や比較行動学など，当時，最先端にあった諸科学の粋を集めた，まさにグランドセオリーとも言うべきものであった。しかし，科学の歩みは決して止まらない。次々と生み出される新たな発見や理論化の蓄積の中で，今やその理論にもいくつか看過しがたいほころびが見え始めてきたことは否みようがない。特に，それは，アタッチメントに対するBowlbyの進化論的見方の中に顕著だと言われている（Simpson, 1999）。そして，このことは，Bowlbyの主要な著作のほとんどが，近年隆盛の兆しが著しい進化心理学（ヒトの心が，主要な適応論上の問題を迅速にまた効率的に解決すべく，長い進化の歴史の中で自然選択を通して，漸次的にデザインされてきたと考える心理学の一立場）"以前"のものであることを考えれば，半ば致し方ないことと言えるものである。

　本文中でも繰り返し強調されていることであるが，Bowlbyが仮定するアタッチメントの最大の機能は，何と言っても個体の生存（survival）を高度に保障することである。しかし，実のところ，この仮定が，ある意味，現代の進化心理学的見解に最もそぐわないものとなっている（Kirkpatrick, 1998, 2005）。Dawkins（1976）の利己的遺伝子（selfish gene）の話を持ち出すまでもなく，今や，生物個体の究極のゴールが，その個体レベルの生存ではなく，遺伝子の維持・拡散にあることを疑う者はない。つまり，適応論的にアタッチメントを論じるのであれば，特にそれを生涯発達の視点から考究するというのであれば，それは決して狭く個体の生存に限定されたものであってはならず，その繁殖（reproduction）［配偶・生殖・養育］における成功にも関わるものでなくてはならないということである。さらに言えば，アタッチメントの適応価は，単に，例えば乳幼児期の"今"という一点においてではなく，その個体の生涯全体において，トータルで考えられる必要があるということである（例えば"今"の不適応事態が生涯という観点から見ると高い適応価を有するというような場合も想

定されなくてはならない)。そして，現在，こうした観点から，アタッチメントおよびそこに現れる個人差を根本から再考しようとする動きが生じてきている。

　もっとも，この動きの向きは一様ではない。ひとつの流れはBowlbyの根本発想を保持しつつ，それに現代の進化心理学的外形を与えようというものである。例えばZeifman & Hazan (1997) やMiller & Fishkin (1997) らは，アタッチメントのメカニズムが，乳幼児の安全保障のみならず，成人期の安定した二者（男女）間の絆を確立・維持するようにも"共選択（co-opt）"されたのだと主張する。彼らによれば，成人期のアタッチメントは特定男女間の一夫一婦的な絆の形成を通して，結果的にその遺伝子を分け持つ子どもの生存と繁殖の可能性（＝遺伝子の維持・拡散）を高めることに寄与するという。すなわち，アタッチメントが親子関係のみならず配偶関係においても，一貫してそれらを保持・強化する機能を果たすがゆえに，生涯トータルで考えてもその適応価が高いというのである。そして，この立場では，BowlbyおよびAinsworth (1979) が乳幼児期におけるBタイプ（安定型アタッチメント）を"自然のプロトタイプ"と考えていたように，一夫一婦的な長期的絆（monogamous long-term bonding）を成人のアタッチメントの基本型と見なし，前者の延長線上に後者の発達を位置づけることになる。別の見方をすれば，持続的で安定したアタッチメントから逸脱した種々の関係性の形態は必然的に，適応価を持たない（遺伝子の維持・拡散に貢献しない）不適応・機能不全型と見なされることになるのである。Miller & Fishkin (1997) は，乳幼児期の不安定なアタッチメントおよび成人期の短期的（short-term）な関係性などは元来，アタッチメント進化の背景となった祖先の野性的環境下にはほとんどなく，より現代の文明的環境下において顕在化してきたものだろうとしている。

　こうした考えにおいてひとつ問題になるのは，いくら古環境に合わせてデザインされたメカニズムが現代的環境に対応しきれなくなってきているという仮定をとったとしても，成人における不安定なアタッチメントの比率が45％程度（Miller & Fishkin, 1997）にも上るということであり，そしてそれを一様に不適応・機能不全型と位置づけ得るかどうかということである（Buss & Greiling, 1999）。元来，Bタイプ的なアタッチメントを適応価の高い唯一のプロトタイ

プと見なす Bowlby と Ainsworth の考え方には批判があり（e.g. Hinde, 1982），今ではＡタイプ（回避型）やＣタイプ（アンビヴァレント型）も特定環境下において十分に高い機能を果たすという考えが一般的になってきている（本書第3章の記述も基本的にそれに沿ったものになっている）。そして，ヒトの祖先が住まう古環境それ自体が，Bowlby が仮定したほど画一的かつ穏和なものではなく，むしろ種々雑多で不確かな，そして時に厳酷な状況の現出が多々想定される中で，ＢのみならずＡやＣといったアタッチメントタイプが代替的な適応戦略として進化してきたという発想を有する論者が増えてきているのである（e.g. Belsky, 1999；Chisholm, 1996；Kirkpatrick, 1999；Simpson, 1999）。そして，これらの論者の多くは"ライフヒストリー理論"（e.g. Stearns, 1992）に依拠しつつ，各種アタッチメント・タイプがいかなる環境下で生じ，かつ生涯トータルで見た時に，どのような適応価を有するかを理論化している。

　ライフヒストリー理論とは言ってみれば，生物個体が自らが置かれた環境の特質に応じて，ただ現時現空間においてというのではなく，生涯という長いタイムスパンの中で，身体の保持（生存や成長）および繁殖上の成功（配偶行為や子育て）など，適応に関わる様々な要素に時間，エネルギー，資源などの配分を調整しながら，最大限に自らの適応度の上昇を図ろうとする傾性を問題にするものである。そして，この理論では，それぞれの要素の追求がしばしばコンフリクトを生み出し，結果的に要素間で"トレード・オフ"する必要が生じることを重視する。例えば複数異性との配偶機会を持とうとする傾向と子育てを確実に成し遂げようとする傾向は遺伝子の論理で考えればともに適応的なわけであるが，時間とエネルギーの配分という点において現実的には両立しがたく，そのどちらかを優先しまた犠牲にしなくてはならない事態がしばし生じ得るというようなことである。

　こうしたライフヒストリー理論を下敷きにして，複数の論者（e.g. Belsky, 1999；Chisholm, 1996）が，個人は発達早期の養育者との関係性から，自らがこの後，長期的に住まうことになる，つまりはこれから適応すべき生態学的および社会的環境の特質を見積もり，それに応じて，生涯にわたる時間やエネルギーの配分あるいは要素間のトレード・オフのパターンをある程度，決定するこ

とになるのだと論じるのである。もちろん，乳幼児がこのような複雑な決定を純粋に認知的に行い得るはずはない。むしろ，進化の過程を通して，確率的にその将来的環境を予測させることになる重要な手がかりを察知し，それに応じて，ある特定の配分パターンを取り得る心理的機構がヒトという種に生得的に備わったと見るべきだろう。Chisholm (1996) などによれば，こうした心理的機構こそがアタッチメントであり，A，B，Cといった各種アタッチメントタイプは，予め規定の配分パターンを備えたデフォルトの適応セットとも言うべきものなのかも知れない。

　こうした発想をより具体的かつ体系的に推し進めた理論に，Belsky *et al.* (1991) の進化論的社会化理論がある。彼らによれば，人は，人生の比較的早期に経験するストレスの度合いに応じて，"安定したアタッチメント" / "質的繁殖戦略" あるいは "不安定なアタッチメント" / "量的繁殖戦略" のいずれかを身につけるように方向づけられるのだという。相対的にストレスの低い環境下（同一の対象から持続的に資源を得られるような信頼にたる対人環境で成育するような場合）では，前者，すなわち，特定のパートナーとの間に持続的で安定した関係を持ち，結果的に少産とはなるが，その子孫に対して質的に高い養育を施すことで，確実に自分の遺伝子を残そうとする戦略がとられやすい。一方，相対的にストレスフルな環境下（貧困，不安定な家族および対人環境等）においては，後者，すなわち早く成熟し，早い時期から，複数の異性との間でより頻繁に性行動を行うことで，数多くの子どもを持ち（配偶行動に多く力を注ぐ分，結果的に養育行動はおろそかになる），それを通じて自分の遺伝子を拡散する量産的な戦略がとられやすいという。Belsky らは，個人が被養育経験の質に応じて代替的にとる2つの心理・生物学的戦略は，基本的に，思春期（第二次性徴）の開始時期，性的活動性，対人関係の性質，養育行動等に反映されると考え，図6-4に示すような形でそれぞれ特異的に個人の生涯にわたる発達経路を規定すると仮定している。

　このモデルは，Belsky 自身も関与したニュージーランドの長期縦断データ (Moffitt *et al.*, 1992) によって部分的に支持されているかに見える。そこでは，子ども時代により強く多くのストレス，すなわち家族内葛藤および父親の不在

第6章 青年期・成人期のアタッチメント

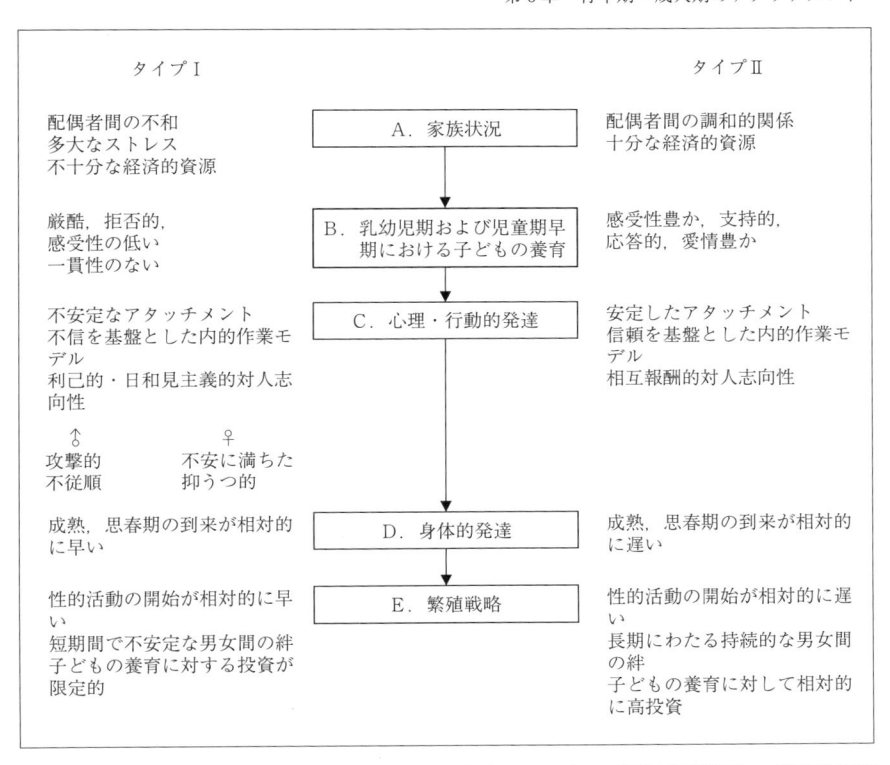

	タイプⅠ		タイプⅡ
	配偶者間の不和 多大なストレス 不十分な経済的資源	A．家族状況	配偶者間の調和的関係 十分な経済的資源
	厳酷，拒否的， 感受性の低い 一貫性のない	B．乳幼児期および児童期早期における子どもの養育	感受性豊か，支持的，応答的，愛情豊か
	不安定なアタッチメント 不信を基盤とした内的作業モデル 利己的・日和見主義的対人志向性	C．心理・行動的発達	安定したアタッチメント 信頼を基盤とした内的作業モデル 相互報酬的対人志向性
	♂攻撃的　♀不安に満ちた 不従順　　抑うつ的		
	成熟，思春期の到来が相対的に早い	D．身体的発達	成熟，思春期の到来が相対的に遅い
	性的活動の開始が相対的に早い 短期間で不安定な男女間の絆 子どもの養育に対する投資が限定的	E．繁殖戦略	性的活動の開始が相対的に遅い 長期にわたる持続的な男女間の絆 子どもの養育に対して相対的に高投資

図 6-4-1　2つの繁殖戦略（タイプⅠ―量的繁殖戦略：タイプⅡ―質的繁殖戦略）の発達的経路，(Belsky et al.,1991)

を経験した女性の（第二次性徴の指標としての）初潮が有意により早い時期に到来する傾向が認められたのである。もっとも，その結果の解釈に関しては，早期のストレスフルな社会的経験が代替的な人生戦略の選択を規定する（ストレスフルな経験→早熟）というよりも，むしろ遺伝的に早熟な母親から同じ遺伝傾向を有する娘が確率的に生まれやすく，そしてまたその早熟傾向が早い結婚や妊娠，あるいは家庭内不和や離婚等と心理社会的な意味で結びつきやすいということを仮定する（遺伝的に伝達される早熟傾向→ストレスフルなイベントの経験）方がより効率的で適切な説明である可能性が，著者自身によって指摘されている。しかしながら，より最近になって行われた別の研究（Ellis & Garber, 2000）は，（部分的に生理学的な早熟傾向と関連しやすいとおぼしき）母親の結婚

161

および出産の年齢を統計的に取り除いてもなお，早期段階の心理社会的なストレスが娘の早い初潮を十分に予測し得ることを見出しており，Belsky et al. (1991) のモデルが完全には否定され得ないことを示唆している。さらに，この研究は，実の父親の不在ではなく，むしろ，家庭崩壊後に新たに生じた義父や母親の男性パートナーとのより長期にわたる生活やそこでの不和・葛藤の経験が，思春期女性の早熟傾向を引き起こす，より本質的な要因の一つである可能性を示しており，それが進化生物学的にどのようなメカニズムに由来するのか，その理論的・実証的吟味が待たれるところとなっている。

さて，Belsky et al. (1991) の理論は不安定アタッチメントとしてのAタイプ（回避型）とCタイプ（アンビヴァレント型）の別を設定していないが，より最近になって Belsky (1999) は量的繁殖戦略を主にAタイプの特徴と位置づけ，新たにCタイプに特異的な戦略として"巣の中のヘルパー（helper at the nest）"戦略を提唱している。それは，個人が生涯にわたり養育者への依存および結果的にその援助を行う役割を取り（あるいは取らされ），養育者の繁殖上の成功をより確実なものにすることによって，間接的に自らの適応度の増大を図ろうとする戦略のことであり（例えば自らが直接子どもを持たなくとも，親も含めたその血縁個体がより多く確実に子どもを残せば，その子どもを持たない個体の遺伝子も間接的に維持されていくことになる），Cタイプの種々の特徴は原理的にそれに適っているというのである。

また，Chisholm (1996) はその基本発想を Belsky et al. (1991) に拠りながらも，Aタイプを養育に対する意志が希薄な（unwillingness）養育者に対する適応戦略，Cタイプを養育の能力が低い（inability）養育者に対する適応戦略，Bタイプを養育の意志も能力も備えた養育者に対する適応戦略と見なす独自の理論を打ち立て，それぞれが，ライフスパンの中で，いかなる適応要素（生存，成長，配偶，子育てなど）への集中的配分あるいは要素間のトレード・オフを示し得るかを論じている。

これらの現代進化心理学に基づくアタッチメント解釈は，アタッチメント研究を理論的にも実証的にも大きく変革する可能性がある。それらは，きわめて大胆かつ斬新なものと言えるわけであるが，それだけにまだ荒削りで，多くの

課題が手つかずに残されているのも事実である。特に，男女の繁殖戦略上の根本的差異を考慮する必要はないのか，タイプ間の違いにもともとの遺伝的差異を仮定してみる余地はないのかなど，これからクリアされなくてはならない問題は少なくないと言える（e.g. Buss & Greiling, 1999 ; Simpson, 1999）。そして，何よりも現段階においては，そのほとんどが仮説としてあるだけであり，これからいかにそれらを実証していくことができるのか，その動向が大いに注目されるところである。

遠藤利彦

第6章 引用文献

Ainsworth M. D. S. (1979) Infant-mother attachment. *American Psychologist*, **34**, 932-937.

Ainsworth M. D. S. (1989) Attachments beyond infancy. *American Psychologist*, **44**, 709-716.

Allen, J. P., Hauser, C., Bell, K. L., & O'Connor, T. G. (1994) Longitudinal assesment of autonomy and relatedness in adolescent-family interactions as predictor of adolescent ego development and self-esteem. *Child Development*, **5**, 179-194.

Allen, J. P., & Land, D. (1999) Attachment in adolescence. In J. Cassidy & P. R. Shaver (Eds.), *Handbook of attachment: Theory, research, and clinical applications* (pp. 319-335). New York: Guilford.

Allen, J. P., Moore, C. M., Kupermine, G. P., & Bell, K. L. (1998) Attachment and adolescent psychosocial functioning. *Child Development*, **69**, 1406-1419.

Altman, J., & Taylor, D. A. (1973) *Social penetration: The development of interpersonal relationships*. New York: Holt, Rineheart & Winston.

Bartholomew, K. (1990) Avoidance of intimacy: An attachment perspective. *Journal of Social and Personal Relationships*, **7**, 147-178.

Bartholomew, K., & Horowitz, L. M. (1991) Attachment styles among young adults: A test of a four-category model. *Journal of Personality and Social Psychology*, **61**, 226-244.

Bartholomew, K., & Shaver, P. R. (1998) Methods of assessing adult attachment: Do they converge? In J. A. Simpson & W. S. Rholes (Eds.), *Attachment theory and close relationships* (pp. 22-45). New York: Guilford Press.

Becker-Stoll, F., & Fremmer-Bombik, E. (1997) *Adolescent-mother interaction and attachment: A longitudinal study*. Paper presented at the biennial meeting of the Society for Research in Child Development, Washington, D. C.

Belsky, J. (1999) Patterns of attachment in modern evolutionary perspective. In J. Cassidy & P. R. Shaver (Eds.), *Handbook of Attachment: Theory, research, and clinical applications* (pp. 141-161). New York: Guilford Press.

Belsky, J., & Rovine, M. (1987) Temperament and attachment security in the strange situation: An empirical rapprochement. *Child Development*, **58**, 787-795.

Belsky, J., Steinberg, L., & Draper, P. (1991) Childhood experience, interpersonal development and reproductive strategy: An evolutionary theory of socialization. *Child Development*, **62**, 647-670

Benoit, D., & Parker, K. C. H. (1994) Stability and transmission of attachment across three generations. *Child Development*, **65**, 1444-1456.

Benoit, D., Zeanah, C. H., & Barton, M. L. (1989) Maternal attachment disturbances in failure to thrive. *Infant Mental Health Journal*, **10**, 185-202.

Bersheid, E. (1983) Emotion. In H. H. Kelley, E. Berscheid, A. Christenson, J. H. Harvey, T. L. Huston, G. Levinger, E. McClintock, L. A. Peplau, & D. R. Peterson (Eds.), *Close relationships* (pp. 110-168). New York: Freeman.

Bersheid, E. (1985) Interpersonal attraction. In G. Lindzey & E. Aronson (Eds.), *Handbook of social psychology 3rd Eds* (pp. 413-484). New York: Random House.

Blos, P. (1962) *On Adolescence: A Psychoanalytic Interpretation*. New York: Free Press.

Bowlby, J. (1958) The nature of the child's tie to his mother. *International Journal of Psycho-Analysis*, **39**, 350-373.

Bowlby, J. (1969) *Attachment and loss: Vol. 1. Attachment*. New York: Basic Books.

Bowlby, J. (1973) *Attachment and loss: Vol. 2. Separation*. NewYork: Basic Books.

Bowlby, J. (1979) *The making and breaking of affectional bonds*. London: Tavistock.

Bowlby, J. (1980) By ethology out of psycho-analysis: An experiment in interbreeding. *Animal Behaviour*, **28**, 649-656.

Bowlby, J. (1982) Attachment and loss: Retrospect and prospect. *American Journal of Orthopsychiatry*, **52**, 664-678.

Bowlby, J. (1988) *A secure base: Parent-child attachment and healthy human development*. New York: Basic Books.

Brennan, K. A., Clark, C. L., & Shaver, P. R. (1998) Self report measurement of adult attachment: An integrative overview. In J. A. Simpson & W. S. Rholes (Eds.), *Attachment theory and close relationships* (pp. 46-76). New York: Guilford Press.

Brennan, K. A., & Shaver, R. P. (1995) Dimensions of adult attachment, affect regulations, and romantic relationship functioning. *Personality and Social Psychology Bulletin*, **21**, 267-283.

Brennan, K. A., Shaver, P. R., & Tobey, A. E. (1991) Attachment styles, gender and parental problem drinking. *Journal of Social and Personal Relationships*, **8**, 451-466.

Buss, D. M. (1989) Sex differences in human mate preferences: Evolutionary hypotheses tested in 37 cultures. *Behavioral and Brain Sciences*, **12**, 1-49.

Buss, D. M. (1992) Mate preference mechanisms : Consequences for partner choice and intrasexual competition. In Barkow, J. H. & Cosmides, L. (Eds.), *The adapted mind : Evolutionary psychology and the generation of culture* (pp. 249-266). New York : Oxford University Press.

Buss, D. M., Greiling, H. (1999) Adaptive individual differences. *Journal of Personality*, **67**, 209-243.

Carnelley, K. B, & Janoff-Bulman, R. (1992) Optimism about love relationships : General vs. specific lessons from one's personal experiences. *Journal of Social and Personal Relationships*, **9**, 5-20.

Cassidy, B., Zoccolillo, M., & Hughes, S. (1996) Psychopathology in adolescent mothers and its effects on mother-infant interactions : A pilot study. *Canadian Journal of Psychiatry-Revue Canadienne de Psychiatrie*, **41**, 379-384.

Chisholm, J. S. (1996) The evolutionary ecology of attachment organization. *Human Nature*, **7**, 1-38.

Collins, N. L., & Read, S. J. (1990) Adult attachment, working models, and relationship quality in dating couples. *Journal of Personality and Social Psychology*, **58**, 644-663.

Cox, M. J., Owen, M. T., Henderson, V. K., & Margand, N. A. (1992) Prediction of infant-father and infant-mother attachment. *Developmental Psychology*, **28**, 474-483.

Crowell, J. A., Waters, E., Treboux, D., & O'Connor, E. *et al.* (1996) Discriminant validity of the Adult Attachment Interview. *Child Development*, **67**, 2584-2599.

Crowell, J. A., Treboux, D., & Waters, E. (1999) The Adult Attachment Interview and the Relationship Questionnaire : Relations to reports of mothers and partners. *Personal Relationships*, **6**, 1-18.

Dawkins, R. (1976) *The selfish gene.* New York : Oxford Univesity Press.

Dodge, K. A. (1993) Social-cognitive mechanisms in the development of conduct disorder and depression. *Annual Review of Psychology*, **44**, 559-584.

Easterbrooks, M. A., & Goldberg, W. A. (1990) Security of toddler-parent attachment : Relation to children's sociopersonality functioning during kindergarten. In M. T. Greenberg & D. Cicchetti, *et al.* (Eds.), *Attachment in the preschool years : Theory, research, and intervention.* (pp. 221-244). Chicago : University of Chicago Press.

Eibl-Eibesfeldt, I. (1989) *Human ethology.* New York : Aldine de Gruyter.

Ellis, B. J., & Garber, J. (2000) Psychosocial antecedents of variation in girls' pubertal timing: Maternal depression, stepfather presence, and marital and family stress. Child Development, **71**, 2, 485-501.

遠藤利彦 (1992a) 愛着と表象:愛着研究の最近の動向-内的作業モデル概念とそれをめぐる実証研究の概観 心理学評論, **35**, 201-233.

遠藤利彦 (1992b) 内的作業モデルと愛着の世代間伝達 東京大学教育学部紀要, **32**, 203-220

遠藤利彦 (2001) 関係性とパーソナリティ発達の理論:愛着理論の現在 中島義明 (編) 現代心理学理論事典 (pp. 488-521) 朝倉書店

遠藤利彦 (2003) パーソナリティ発達研究の現況と課題 日本児童研究所 (編) 児童心理学の進歩 (pp. 1-32) 金子書房

Feeney, J. A. (1994) Attachment style, communication patterns and satisfaction across the life cycle of marriage. *Personal Relationships*, **1**, 333-348.

Feeney, J. A. (1996) Attachment, caregiving, and marital satisfaction. *Personal Relationships*, **3**, 401-416.

Feeney, J. A., & Noller, P. (1992) Attachment style and romantic love: Relationship dissloution. *Australian Journal of Psychology*, **44(2)**, 69-74.

Feeney, J. A., & Noller, P. (1996) *Adult attachment.* Thousand Oaks, CA: Sage.

Feeney, J. A., Noller, P., & Hanrahan, M. (1994) Assesing adult attachment: Developments in the conceptualization of security and insecurity. In M. B. Sperling & W. H. Berman (Eds.), *Attachment in aduls: Theory assesment, and treatment* (pp. 128-152). New York: Guilford.

Fisher, H. E. (1992) *Anatomy of love.* New York: Norton.

Franzier, P. A, Byer, A. L., Fischer, A. R., Wright, D. M., & Debord, K. A. (1996) Adult attachment style and partner choice: Correlational and experimental findings. *Personal Relationships*, **3**, 117-136.

Gavin, L. A., & Furman, W. (1996) Adolescent girls' relationships with mothers and best friends. *Child Development*, **67**, 375-386.

George, C., Kaplan, N., & Main, M. (1984) *Adult Attachment Interview Protocol.* Unpublished manuscript, University of California at Berkeley.

George, C., Kaplan, N., & Main, M. (1985) *Adult Attachment Interview Protocol* (2nd ed.). Unpublished manuscript, University of California at Berkeley.

George, C., Kaplan, N., & Main, M. (1986) *Adult Attachment Interview Protocol* (3rd ed.). Unpublished manuscript, University of California at Berkeley.

George, C., & Solomon, J. (1996) Representational models of relationships : Links between caregiving and attachment. *Infant Mental Health Journal,* **17**, 198-216.

Grice, P. (1975) Logic and conversation. In P. Cole & J. L. Moran (Eds.), *Syntax and semantics : Vol. 3. Speech acts* (pp. 41-58). New York, Academic Press.

Goldberg, S. (2000) *Attachment and development.* London : Arnold.

Hamilton, C. E. (2000) Continuity and discontinuity of attachment from infancy through adolescence. *Child Development,* **71**, 690-694.

Hammond, J. R., & Fletcher, G. J. O. (1991) Attachment styles and relationship satisfaction in the development of close relationships. *New Zealand Journal of Psychology,* **20(2)**, 56-62.

Hazan, C., & Shaver, P. R. (1987) Romantic love conceptualized and an attachment process. *Journal of Personality and Social Psychology,* **52**, 511-524.

Hazan, C., & Shaver, P. R. (1992) Broken attachments. In T. L. Orbuch (Ed.), *Close relationship loss : Theoretical approaches* (pp. 90-108). Hillsdale, NJ : Erlbaum.

Hazan, C., & Shaver, P. R. (1994) Attachment as an organizational framework for research on close relationships. *Psychological Inquiry,* **5**, 1-22.

Hazan, C., & Zeifman, D. (1994) Sex and the psychological tether. In K. Bartholomew & D. Perlman (Eds.), *Advances in personal relationships, Vol. 5,* (pp. 151-178). London : Jessica Kingsley.

Hazan, C., Zeifman, D., & Middleton, K. (1994) *Adult romantic attachment, affection, and sex.* Paper presented at the 7th International Conference on Personal Relationships, Groningen, The Netherlands.

Hesse, E. (1999) The Adult Attachment Interview : Historical and Current Perspectives. In J. Cassidy & P. R. Shaver (Eds.), *Handbook of Attachment Theory, research and clinical applications* (pp. 395-433). New York : Guilford Press.

Hill, C., & Holmbeck, G. N. (1986) Attachment and autonomy during adolescence. *Annuals of Child Development,* **3**, 145-189.

Hinde, R. A. (1982) *Ethology : Its nature and relations with other sciences.* Oxford : Oxford University Press.

Holmes, T. H., & Rahe, R. H. (1967) The Social Readjustment Rating Scale. *Journal of Psychosomatic Research,* **11**, 213-218.

Januszewski, B., Turner, R., Guerin, L., & Flack, A. (1996) *Working models of attachment, socilsexual orientation, and sexual problems.* Paper presented at the biennial meeting of the Society for Research on Adolescence, Boston.

Kirkpatrick, L. A., & Davis, K. E. (1994) Attachment style, gender, and relationship stability : A longitudinal analysis. *Journal of Personality and Social Psychology*, **66**, 502-512.

Kirkpatrick, L. A. (1998) Evolution, pair-bonding, and reproductive strategy. In J. A. Simpson & S. Rholes (Eds.), *Attachment theory and close relationships* (pp. 353-393). New York : Guiford.

Kirkpatrick, L. A. (2005) *Attachment, evolution, and the psychology of religion.* New York : Guilford.

Kobak, R. R., Cole, H. E., Ferenz-Gillies, R., Fleming, W. S., & Gamble, W. (1993) Attachment and emotion regulation during mother-teen problem solving : A control theory analysis. *Child Development*, **64**, 231-245.

Kobak, R. R., & Sceery, A. (1988) Attachment in late adolescence : Working models, affect relation, and representations of self and others. *Child Development*, **59**, 135-146.

Kobak, R. R., Sudler, N., & Gamle, W. (1991) Attachment and depressive symptoms during adolescence : A developmental pathways analysis. *Development and Psychopathology*, **3**, 461-474.

Kotler, T. (1985) Security and autonomy within marriage. *Human Relations*, **38**, 299-321.

Kunce, L., & Shaver, P. R. (1994) An attachment-theoretical approach to caregiving in romantic relationships. In K. Bartholomew & D. Perlman (Eds.), *Advances in personal relationships : Vol 5. Attachment process in adulthood* (pp. 205-237). London : Jessica Kingsley.

Lewis, M. (1997) *Altering fate : Why the past does not predict the future.* New York : Guilford.

Lewis, M., & Feiring, C. (1991) Attachment as personal characteristic or a measure of the environment. In J. L. Gewirtz & W. M. Kurtines (Eds.), *Intersections with attachment.* (pp. 3-21). Hillsdale, NJ : Erlbaum.

Lewis, M., Feiring, C., & Rosenthal, S. (2000) Attachment over time. *Child Development*, **71**, 707-720.

Main, M., & Goldwyn, R. (1984) *Adult attachment scoring and classification system.* Unpublished manuscript, University of California, Berkeley.

Mikulincer, M., & Nachshon, O. (1991) Attachment styles and patterns of self-disclosure. *Journal of Personality and Social Psychology*, **61**, 321-331.

Miller, L. C., & Fishkin, S. A. (1997) On the dynamics of human bonding and reproductive success : Seeking windows on the adapted-for human-environmental interface. In J. A. Simpson & D. T. Kenrick (Eds.), *Evolutionary social psychology* (pp. 197-236). Mahwah, NJ : Erlbaum.

Miller, W. B., & Rodgers, J. L. (2001) *The ontogeny of human bonding systems : Evolutionary origins, neural bases, and psychological manifestations.* Massachusetts : Kluwer Academic Publishers.

Moffitt, T. E., & Caspi, A., Belsky, J., & Silva, P. A. (1992) Childhood experience and onset of menarche : A test of a sociobiological model. *Child Development*, **63**, 47-58.

Moore, C. W. (1997) *Models of attachment, relationships with parents, and sexual behavior in at-risk adolescents.* Unpublished doctoral dissertation, University of Virginia.

Nelson, C. A., & Bosquet, M. (2000) Neurobiology of fetal and infant development : implications for infant mental health. In Zeanah, C. H. (Ed.), *Handbook of infant mental health* (pp. 37-59). New York : Guilford.

Pietromonaco, P. R., & Carnelley, K. B. (1994) Gender and working models of attachment : Consequences for perceptions of self and romantic relationships. *Personal Relationships*, **1**, 63-82.

Ricks, M. H. (1985) Social transmission of parental behavior : Attachment across generations. In. Bratherton & E. Waters (Eds.), Growing points of attachment theory and research. *Monographs of the Society for Research in Child Development*, **50**, 1-2, Serial No. 9, 211-227.

Rothbart, J. C., & Shaver, P. R. (1994) Continuity of attachment across the life span. In M. B. Sperling & W. H. Berman (Eds.), *Attachment in adults : Clinical and developmental perspectives* (pp. 31-71). New York, : Guilford.

Rubin, K. H., Bukowski, W., & Parker, J. G. (1998) Peer interactions, relationships, and groups. In N. Eisenberg (Volume Ed.), *Handbook of Child Psychology Vol. 3 : Social, emotional and personality development* (pp. 619-700). New York : John Wiley & Sons.

Rutter, M., Pickles, A., & Murray, R., & Eaves, L. (2001) Testing hypotheses on specific environmental causal effects on behavior. *Psychological Bulletin*, **127**, 291-324.

Rutter, M., Thomas, G., O'connor, & the English and Romanian Adoptees (ERA)

Study Team. (2004) Are there biological programming effects for psychological development? Findings from a study of Romanian Adoptees. *Developmental Psychology*, **40**, 81-94.

Schneider, M. L., & Moore, C. F. (2000) Effect of prenatal stress on development: A nonhuman primate model. In Nelson, C. A. (Ed.), *Minnesota Symposium on Child Psychology: vol. 31. The effects of early adversity on behavioural development* (pp. 201-244). Mahwah, NJ: Erlbaum.

Schore, A. N. (1999) *Affect regulation and the origin of the self: The neurobiology of emotional development*. Mahwah, NJ: Erlbaum.

Shore, A. N. (2003) The human unconscious: the development of the right brain and its role in early emotional life. In Green, V. (Ed.), *Emotional development in psychoanalysis, Attachment theory and neuroscience: Creating Connections* (pp. 23-54). New York: Brunner-Routledge.

Shaver, P. R., & Hazan, C. (1988) A biased overview of the study of love. *Journal of Social and Personal Relationships*, **5**, 473-501.

Simpson, J. A. (1990) Influence of attachment styles on romantic relationships. *Journal of Personality and Social Psychology*, **59**, 971-980.

Simpson, J. A. (1999) Attachment theory in modern evolutionary perspective. In J. Cassidy & P. R. Shaver (Eds.), *Handbook of attachment: Theory, research, and clinical applications*. (pp. 115-140). New York: Guilford.

Simpson, J. A., & Rholes, W. S. (Eds.) (1998) *Attachment theory and close relationships*. New York: Guilford.

Slough, N. M., & Greenberg, M. T. (1990) Five-year-olds' representations of separation from parents: Responses from the perspective of self and other. In I. Bretherton & M. W. Watson (Eds.), *New directions for child development: No. 48. Children's perspectives on the family* (pp. 67-84). San Francisco: Jossey-Bass.

Sroufe, L. A. (1990) An organizational perspective on the self. In D. Cicchetti & M. Beeghly (Eds.), *The self in transition: Infancy to childhood* (pp. 281-307). Chicago: University of Chicago Press.

Stearns, S. (1992) *The evolution of life histories*. New York: Oxford University Press.

Steinberg L., & Silverberg, S. B. (1986) The vicissitudes of autonomy in early adolescence. *Child Development*, **57**, 841-851.

Swann, W. B. (1983) Self-verification: Bringing social reality into harmony with the self. In J. Suls & A. G. Greenwald (Eds.), *Psychological perspective on the self, Vol. 2* (pp. 33-66). Hillsdale, NJ: Erlbaum.

詫摩武俊・戸田弘二 (1988) 愛着理論から見た青年の対人態度：成人愛着スタイル尺度作成の試み　東京都立大学人文学報, **196**, 1-16.

Tennov, D. (1979) *Love and limerence : The experience of being in love*. New York : Stein & Day.

Thompson, R. A. (1999) Early attachment and later development. In J. Casicy & P. R. Shaver (Eds.), *Handbook of Attachment : Theory, research and clinical applications* (pp. 265-286). New York : Guilford.

Thompson, R. A., Flood, M. F., & Lundquist, L. (1995) Emotional regulation : Its relations to attachment and developmental psychopathology. In D. Cicchetti & S. L. Toth (Eds.), *Roochester Symposium on Developmental Psychology. Vol. 6. Emotion, cognition, and representation* (pp. 261-299). Rochester, NY : University of Rochester Press.

Van IJzendoorn, M. H. (1996) Commentary. *Human Development*, **39**, 224-231.

Waters, E., Merrick, S. K., Albersheim, L., & Treboux, D. (1995) *Attachment security from infancy to early adulthood : A 20-year longitudinal study*. Paper presented at the biennial meeting of the Society for Research in Child Development, Indianapolis, IN.

Waters, E. Merrick, S. K. Treboux, D. Crowell, J. A., & Albersheim, L. (2000) Attachment security from infancy to early adulthood : A 20-year longitudinal study. *Child Development*, **71**, 684-689.

Weinfield, N., Sroufe, L. A., & Egeland, B. (2000) Attachment from infancy to early adulthood in a high risk sample : Continuity, discontinuity, and their correlates. *Child Development*, **71**, 695-702.

Weiss, R. S. (1988) Loss and recovery. *Journal of Social Issues*, **44**, 37-52.

Zeifman, D., & Hazan, C. (1997) Attachment : The bond in pair-bonds. In J. A. Simpson & D. T. Kenrickeds (Eds.), *Evolutionary social psychology* (pp. 237-263). Mahwah, NJ : Erlbaum.

Zimmermann, P., Grossmann, K. E., & Fremmer-Bombik, E. (1998) *Attachment in infancy and adolescence : Continuity of attachment or continuity of transmission of attachment?* Manuscript submitted for publication.

Zimmermann, P., Scheuerer-Englisch, H., & Grossmann, K. E. (1996) *Social relationships in adolescence : Continuity and transformations*. Paper presented at the biennial meeting of the European Association for Research on Adolescence, Liege, Belgium.

第7章 親世代におけるアタッチメント

数井みゆき

 虐待や各種精神病理等の世代間伝達のメカニズムを説明する上で，近年，多くの研究者が，全般的基盤としての関係性そのもの（すなわちアタッチメント）の世代間伝達を問題にする傾向がある (e.g. Zeanah, 1996)。ある問題・病理に連続性が認められるとは言っても，その具体的行為のパターンそのものに必ずしも近似性が認められるとは限らない。例えば，虐待に関してみると，体罰や懲罰などの身体的虐待の経験が身体的虐待をする側に，ネグレクトの既往がネグレクトをする側に，といった対応関係は必ずしも一般的ではない。このような現象に対しては，単純な社会的学習プロセス等を仮定するだけでは十全な説明ができないのが現実である。つまり，経験した関係性全般の性質が内在化されるため，結果的に，その関係性に随伴して生じやすい各種現象が次世代においても現実に生起しやすいことになるわけである。ここでは，そのアタッチメントの全般的関係性が最も伝達されると理論上考えられる養育における領域で，アタッチメントの世代間伝達とそれに関わる実際の養育というものを概観していく。

7-1 アタッチメントの世代間伝達

 世代間伝達を考える上で，アタッチメント理論が影響を受けた精神分析の諸理論において通底する仮定がある。それは，子どもは養育者との関係に応じて養育者および関係性の特質を内在化し，そして，子どもはそれに関連させて自

身の定義や自己の感覚を発達させるというものである。この自己の定義，自己の感覚，過去の記憶，感情等は自身が親となった際に子との関係において再活性化され，養育の質を方向づける（Chodorow, 1978）という。

　この記述は Bowlby の内的作業モデル（IWM）の発想とほとんど変わるところがないが，ただし，じつはアタッチメントの世代間伝達を考える場合には，異なる3つの基本的立場が存在している。最初に，第一世代の過去のある特質が第二世代の現在の同特質と連続性を有する場合である。これは，過去の関係性の特質が現在の関係性において再演されるということであり，例えば過去の被虐待経験が現在の自身の子に対する虐待と高く相関するという例が考えられる（Kaufman & Zigler, 1987）。2番目に，第一世代の現在のある特質が第二世代の現在の同特質と連続性を有するとする立場である。例えば，現在の親の抑うつ症状が子どもの小児性抑うつの発症と高く相関するというのはその一例である（Field, 1986）。3番目に，第一世代の現在のある特質が第二世代のある別の特質と特異的な関連性を有するとする立場である。これは，養育者の感受性が子どものアタッチメントの安定性と関係している（Sroufe, 1996）ことが典型例であろう。多くのアタッチメント研究者の潜在的な関心は第一の立場にあると言えるが，現実には第二あるいは第三を取り出している可能性が高い。

7-1-1　アタッチメントの世代間伝達を支持する証左

　親の過去が子の現在に影響する，つまり，過去の被養育経験が現在の養育経験において再演されるという精神分析的仮定を現代的視点で検討しているのがアタッチメントの世代間伝達についての研究だろう。ただし，そこで現実に問題にされる世代間伝達は，現在の親のアタッチメントに関わる表象が子のアタッチメントにどのような影響をもたらすかという意味，つまり，親の現在の心的状態が子の現在の状態に影響を与える，というものでしかない。これは，IWM が一般的に高い時間的連続性を有するという仮定を絡ませることによって辛うじて，過去から現在への影響過程についての"推論"が成り立つものである。

　多くの実証研究の基本的方向性は，養育者の特性としてのアタッチメント

(AAI：TOPIC 6-1参照）とその子どもの特性としてのアタッチメント（SSP：第3章参照）の対応を問う。理論的に想定されるマッチングがどれだけの確率で認められるかに焦点が当てられている。具体的に言えば，SSP-AAI の一致とはA（回避型）—Ds（アタッチメント軽視型），B（安定型）—F（安定自律型），C（アンビヴァレント型）—E（とらわれ型），D（無秩序・無方向型）—U（未解決型）という親子間でのアタッチメント・スタイルの比較である。van IJzendoorn（1995）によるメタ分析（1988-1995；18サンプル，854組の母子）によれば，安定型対不安定型の2分類比較では74％が一致し，3分類比較では70％が，4分類比較では63％が一致した。また，第一子出産前にAAI を行った5サンプルのデータでは（389組の母子），4分類での一致率は65％であった。出産前ということで，乳児の個別的特性の影響を受けない養育者自身のアタッチメント表象の特質が，出産後の乳幼児のアタッチメントの質を高く予測したことになる。そして，同様の傾向が多数の研究から報告されている（e.g. Hesse, 1999）。

　加えて，祖母と母親，子の3世代にわたる研究からは，祖母と母親のAAI において3分類では関連があったものの，4分類になると有意な関連は認められなかったが，祖母と孫，母と子のそれぞれAAI とSSP においては，有意な関連があった（Benoit & Parker, 1994）。この結果から，ある程度，他の世代間の関係パターンの予測が可能であることがわかった。また，祖母との現在の関係が，母子間のアタッチメントに関連する研究も報告されている（Kretchmar & Jacobvitz, 2002）。

　日本におけるアタッチメントの世代間関連の研究は，数井・遠藤他（2000）によって報告されている。この研究は，欧米諸国以外で，成人のAAI を非英語圏でデータ収集し，子どものアタッチメント行動との対応から，AAI の信頼性を検証した最初の研究である（van IJzendoorn & Sagi, 2001）。この研究では，幼児のアタッチメントはAQS（TOPIC 3-1参照）を用いて測定された。表7-1にあるように，AAI による2分類で，母親が安定型か不安定型かによって，幼児のアタッチメント安定性得点が有意に弁別された。また，50名中33名（66％）の母親が安定型に分類され，アタッチメント軽視型には10名（20

表7-1 母親のAAIの2分類と子どものAQS得点

母親のAAI分類と人数		AQS安定性得点		
	人数	平均値	SD	t-test
安定型（F）	34	.54	.21	$t = 5.21$,
不安定型（Ds, E, U）	16	.11	.37	$p < .001$

表7-2 母親のAAIにおける4分類別でみた子どものAQS安定性得点

母親のAAI分類と人数		子どものAQS安定性得点		
	人数	平均値	SD	F-test
安定型（F）[abc]	33	.54	.22	13.69
愛着軽視型（Ds）[ad]	10	.25	.27	$p < .001$
とらわれ型（E）[be]	3	.23	.25	
未解決型（U）[cde]	4	−.25	.49	

注：abcdの同じアルファベット同士の組み合わせがLSD法による事後検定で有意差あり。

%），とらわれ型には3名（6％），未解決型には4名（8％）が分類された（表7-2参照）。未解決型が，欧米のサンプルに比べて少ないこと以外では，AAI分類について大差は見られなかった。また，AAIの妥当性検証の一部として，子ども側のアタッチメントの安定性得点との関連も検討し，有意に関連していることがわかった。つまり，安定型の母親の子どもは安定性得点が高く，不安定型，特に未解決型の母親の子どもは安定性得点がかなり低い結果となった。

7-1-2 世代間伝達のメカニズム

では，世代間伝達とはどのように現出するのであろうか。アタッチメント研究者は基本的に，養育者のある程度固定化した潜在的なアタッチメント表象が子に対する日常の養育行動に偏りをもたらし，結果的に子に同様のアタッチメントの特質が備わることになるという社会的相互作用観に依拠している。以下，AAIによる成人のアタッチメントとその世代間伝達についての説明を試みる。

アタッチメント軽視型（dismissing）の養育者は，自身のアタッチメントにまつわる不快な記憶を活性化させるような乳幼児のネガティヴなアタッチメント・シグナルを知覚から排除するようにふるまう。つまり，自身の潜在的不快を避けるために子のアタッチメント行動に選択的にしか反応しないのであり，これはopen communicationが崩れた状態と言える。対応して，乳幼児は最低

限の近接関係を維持するために，次善の方略としてアタッチメント・シグナルを最少化するようになる。これが繰り返されると，回避的行動パターンが固定化し，回避的な IWM が形成されることになりやすい。

　安定自律型（autonomous）の養育者は，自身の正負のいずれの意味を持ったアタッチメントの記憶にも容易にアクセスすることができる。つまり，乳幼児のアタッチメント・シグナルを幅広く防衛なく受容（open communication）でき，結果的に養育者のふるまいは乳幼児にとって高い予測可能性を備えたものとなる。そして，乳幼児は養育者の情緒的利用可能性（emotional availability）に対して確信を持つことができ，安定したアタッチメント・パターンを発達させ，安定した IWM を形成することになる。

　とらわれ型（preoccupied）の養育者は，自身のアタッチメントに関連する過去に統合的な見解を有していない。そのため，乳幼児のアタッチメント・シグナルに対して様々な，時に相矛盾するような記憶を活性化する。そして，乳幼児の同様のふるまいに対して非一貫的な関わりをし，それは予測可能性の低さを生み出すことになる。そのような状況に対して，乳幼児は近接関係を維持するために，その予測しにくい状況を自ら統制しようとし，アタッチメント・シグナルを最大化するようふるまう。つまり，養育者の存在に用心深く注意を払っている状態であり，いつ対応してくれるかわからないために信号を送り続けるというアンビヴァレント型のアタッチメントを発達させ，養育者の存在にとらわれている心的状態である IWM を形成する。

　未解決型（unresolved）の養育者は，自身の内部にある外傷的な記憶が時に活性化され，それは突然の行動の乱れやパニック，あるいは子に対する虐待を伴ってしまうこともある。これは，子どもに恐れの情動体験を及ぼすのだが，養育者の怯えた（frightened）様子が，子にとっては怯えさせられる（frightening）経験となる。本来，養育者の存在とは危急の事態に逃げ込む安全基地であるのだが，その安全基地こそが危機を与えるものでもあるという二重拘束的状況が生まれ，乳幼児は近接と回避の本質的な葛藤にさらされることになる。ここに，組織化されない（disorganized）アタッチメントが発達し，状況が変らないまま成長すれば IWM として固定化していく。なお，乳幼児段階におい

第7章　親世代におけるアタッチメント

て未組織・無方向型(D)タイプのアタッチメントを示す子どもは，一般的に加齢につれて，役割逆転（role-reversal）の性質を示すようになると言われている（Main & Solomon, 1990；Goldberg, 1997）。これはある意味，親を気遣うことで，親の不可解で予測できない突然の乱れを，少しでも食い止めようとする試みなのではないかと解釈されている。

しかし，こうしたメカニズムの仮定は十分には実証されているわけではないのである。養育者のアタッチメント表象の質が養育行動を介して子のアタッチメントを規定するという流れは，AAIとSSPの連関を相対的に微弱に説明するものでしかない。例えば，養育行動の質として敏感性の高い応答性（sensitive responsiveness）を取り上げた研究（van IJzendoorn, 1995）では，親子間のアタッチメントの連関の23％を説明するのみだったという。また，Pederson et al.（1998）の研究でも，17％しか説明されていなかった。この理由として，アタッチメントの本質は保護を受けることを確実にするための近接行動であり，それは養育行動とは異なるものであるという点を考慮すれば，そこでは必然的に一致しないずれ，つまり，相対的に大きな伝達の差（transmission gap）が存在していることになっても（van IJzendoorn, 1995），不思議ではないとも言える。事実，次節で紹介するが，養育表象とアタッチメント表象との関連は高いものの，一致しない部分も存在することが報告されている（George & Solomon, 1996）。

ただし，表象と行動との関連について，最初に押さえておくべきことはある。例えば，気質等の生物学的要因の介在の可能性（Fox, 1995）（第3章参照）や，養育に関する一般的な敏感性のレベルではなくて，危機的状況，保護が必要な状況における敏感性に焦点を当てるべきだという考え（Goldberg et al., 1999）である。一方，敏感性以外の養育要因の介在として，養育者の情動的特性（Dix, 1991；Egeland & Farber, 1984）や，敏感性と非侵入性を加算した変数としての情緒的利用可能性（Biringen & Robinson, 1991）があげられている。これらの内容を含む検討も必要だろう。

さらに，もうひとつ重要な観点がある。養育者個人の特性だけで考えるのは実際には無理がある点である。つまり，環境要因として家族全体の情緒的風土

(Easterbrooks & Goldberg, 1990) や社会文脈的観点 (van IJzendoorn & Bakermans-Kranenburg, 1997) が関連するのである。例えば, SSP 分類は AAI で測定された親の現在の心的状態だけで予測されるわけではない。そこには, 家族内外のストレスや支援の有無や程度など, 社会文脈的な要因が直接的に影響する場合もある。親の早期のアタッチメント経験とその後の他の関係性におけるアタッチメント経験が親の現在のアタッチメント表象を形成し, そのアタッチメント表象が現時点での社会的文脈と相互作用をして養育的な特徴が生まれると言える。そして, その養育的な特徴は子どもの特性とさらに相互作用し, 特定の養育行動をとらせるようになり, それに影響を受けて子どものアタッチメント経験が積み重なっていくのである。

以下では親側の養育について, アタッチメントや社会文脈的な要因から概観していく。用語として,「養育システム」という言葉を使うが, これは子育て支援や母子保健の現場などで, 外部からのサポートとの関連を示すときに使う外部に開かれたシステムを指すのではなく, アタッチメントシステムと対応する個人内の表象と行動を取り入れた, 内的なシステムを指すことを断っておきたい。

7-2 養育システムとアタッチメント

養育システムは, その発達的な根源を子ども時代のアタッチメント関係の文脈における自己と他者についての内的作業モデルに持つが, 標準的な条件下では, アタッチメントシステムとは別個に養育システム自体が発達するという (George & Solomon, 1996, 1999)。一般的な条件下では, これら2つのシステムは同じスピードで発達するのでもないし, あるいは, 同じ感受期を共有しているわけでもないが, 養育についての IWM の構築は, アタッチメントの IWM の構築と対応して進行すると仮説づけられている。アタッチメントシステムと養育システムとの共有された目標は近接であり, 同じく共有された機能は保護である。そのため, アタッチメントに関する経験がアタッチメント表象を何らかの方向に変容させることは, 養育についての心的表象にも, それを整理し直す

可能性を提供することとなり，それは一生涯を通して可能なことだとされている。特に，親になった時には，アタッチメントシステムは我が子に対する保護を目的として再組織化される。つまり，親の養育についての表象は，アタッチメントシステムの成熟した変容であると言い換えることができるという。

養育システムの始点　養育システムを自分の中に構築するプロセスの一部分として，個人は思春期に，幼い子どもに保護を与える養育者としての自分の表象を，今までの「アタッチメントしている者」（保護を求める者）としての表象に対応させつつ，しかし個別に構築することになる。理論的には，思春期や前期成人期までに自分の親子関係で，肯定的な経験をしてきている場合に，その人は子どもに保護を与える者としての自分を連想しやすい。しかし，親子関係において様々な困難を経験してきた者にとって，親になることを想像することは，嫌な記憶を思い出すか，過去を振り返らない，あるいは，過去に蓋をするという反応を引き起こす場合もある（e.g. Rholes, Simpson, Blakely, Lanigan, & Allen, 1997）。

養育システムの具現　妊娠期と出産後数カ月間は，思春期に始まった養育表象にとって，最大限変化する可能性のある期間なのではないかと考えられる。この時期は，多くの場合，強烈な感情のぶれや変化などを伴うのだが，心理的未組織化・混乱が起こることと自己の新たな再組織化が起こることの，両方の可能性を持つ期間とも言えよう。そして，親になるという新たなシフトは，成人の表象レベルにおける成熟した変質を結果としてなし得るはずである。そのシフトとは，保護をうけるという意味で受動的であった子ども時代の視点から，保護供給側としての能動的な養育的視点を得ることである。自己内において，この変化が達成された際に，危険や危機の状況についての認知が，養育システムを当然活性化することになるだろう。つまり，親となった今は，自分の子に対して保護を与えるために，心理的・行動的方略を組織化することになる。さらに，もし，これらの状況で，親自身のアタッチメントシステムが活性化されることがあるなら，一般的には，母親は自分のアタッチメント対象者である夫や両親などに保護や支援を求める。

　Solomon & George（1996）は，養育の表象は過去のアタッチメント経験・ア

タッチメント表象に依拠している部分がある一方，一旦赤ん坊が産まれれば，その子との間での現実の養育経験を反映して発達すると提案している。彼女らはPiagetに依拠して，赤ん坊が単に母親の過去の表象に同化されるのではなく，母親もまた，子どもという現実，および，彼女自身がその環境の中心的役割を担っているという養育文脈に，適応していくのだと説明している。養育システムと実際の養育行動は，同化作用と適応作用との間でのバランスの結果として生起する。

　親への移行期における養育システムの発達について，妊娠中に測定された母親のアタッチメント関係の表象から乳児のアタッチメント安定性を予測する研究で，興味深い結果が出ている（Benoit & Parker, 1994 ; Fonagy, Steele, & Steele, 1991 ; Slade & Cohen, 1996 ; Zeanah et al., 1995）。子どもが産まれる前に過去のアタッチメントに対して安定自律型であった母親は，1年後の乳児のアタッチメントが安定型であることと関連していた。しかし，不安定型であった母親の場合には，1年後の赤ん坊のアタッチメントとの関連度はむしろ低かった。つまり，妊娠期における母親のアタッチメントは表象レベルで不安定であったにもかかわらず，多くの赤ん坊は1年後の測定で安定型のアタッチメントを発達させていたためである。このことについて，出産前後の時期におけるアタッチメントについてのIWMの測定は，その時期が様々な意味で激変期であるので，その女性のより基礎的なアタッチメント表象の検出にはむかないのではないかという考え方がある。しかし，SolomonとGeorgeはもうひとつの仮説を示したいと言う。それは，不安定型のアタッチメント表象を持つ女性の多くは，親になった後，他者から好意を受けたり，肯定的な経験をしたりしたことで安定型へと変化した，つまり，養育表象レベルにおいて，再構築化がなされたのだとも考えられるのではないかということである。

7-3　養育行動の個人差

　親の養育システムの表象と，それが対応するアタッチメントシステムおよびアタッチメント表象から理論的に考えられる養育行動の，相互関連性をまとめ

たものが表7-3に示してある。表7-3の養育システムの列は，養育についての半構造化した臨床的面接を母親たちに行った研究からのまとめである（George & Solomon, 1996）。彼女らは，出産6年後における母親に，養育経験についての面接（Experiences of Caregiving Interview：ECI）とAAIを，そしてその子どもには成長にそった分離再会に対する反応を評定した。特に，ECIでは，安全の基地尺度（the secure base scale），拒絶尺度（the rejection scale），不確実尺度（the uncertainty scale），無気力・無能尺度（the helplessness scale）という4つの判定基準尺度により，親の養育表象についての心的状態が評定された。

7-3-1 組織化されている養育システム

柔軟型　このタイプの母親の談話には次のような特徴が見られた。子どもに対するしつけや罰を与える程度，子どもの安全状況，家から離れたところでの探索行動・遊びの様子，親子別々で過ごす時間など，子どもの安心が脅かされる可能性のある状況や状態について，子どもの個性や発達的要求の自律性に照らし合わせて，思慮深く検討されていた。例えば，自転車にのって公園に行くことや，一人で道路を横断することなど，年齢に応じた自律性を促進している一方，巻き込まれる可能性のある危険や事故などについて，明確なイメージを持っており，子どもの安全を確保するために取るべき行動についても語ることができた。Bowlbyの観点である目的修正的パートナーシップに一致しており，バランスがとれた柔軟な思考がこのタイプに特徴的であった。このような情報処理の質は，AAIなどにおける心的状態の一貫性と類似している。つまり，親としての自分や自分の子ども，そして子どもとの関係性，子どもの生活と発達的な必要性，子育て目標，自分自身の子育て以外における要求について，現実的な把握をし，肯定的に，そして柔軟に捉えているのである。このタイプの母親は，養育状況に対して正負両面から率直であり，語りにおける防衛的なプロセスは見られなかった。

拒絶型　このタイプの母親は，養育については条件付きの表象を発達させていたようである。自分を親として，きびしい，要求が多い，頑強である，すぐにいらつくなどと形容し，そのような態度は望ましいものではないし，子育て

表7-3 養育システムと対応する愛着システム

養育表象システム		愛着システム	
養育についての行動・考え・感情	成人愛着面接による愛着表象の分類	愛着からの養育行動とそれに対応して発達する子どもの状態	
安全の基地/柔軟型 (flexible) 子ども、およびその関係性について肯定的な応答。自分が子どもの発達段階での相互的な応答。養育状況、子育てについて、現実的な対応。親としての性格や発達段階での必要性、子育ての目標。自分自身の必要性との関わりを持って子育てを進めており、防衛的な処理が優位ではない。	安定・自律型 (secure/autonomous) 正負両面の愛着経験を容易に想起し、語りに一貫性が認められる。愛着関係の人生に対する重要性を高く認識している。	親自身が、正負のいずれの意味を持った愛着の記憶に、容易にアクセスすることができる。乳幼児の愛着シグナルを幅広く受容 (open communication) することができる。結果として、養育者のあるまいは、乳幼児にとって高い予測可能性を備えたものとなるために、不安感が低い。養育者の情緒的利用可能性 (emotional availability) に対して、乳幼児は確信を持ち、安定した愛着パターン、愛着表象を形成する。
拒絶型 (rejecting) 距離を保って子どもですてる方略をとっており、自分が子どものことを積極的に、価値のない存在だと判断し、親子間での否定的な相互作用を語った。他の群との顕著な不活用と認知的な差が。認知的な防衛的な心的状態であり、子どもの愛着欲求を回避するか、価値のないものとしていた。ただし、育児や保護を放棄しているのではない。	アタッチメント軽視型 (Dismissing) 語りの内容の真実性などが低く、面接を非協力的で過去の記憶を喚起しようとしなかった。愛着対象を過度に理想化する一方で、その具体的な根拠をほとんど示さなかったりするタイプ(例えば、親はとても優しかったと言いながら、根拠となる具体的なエピソードをほとんど思い出せない)。潜在的に、表象空間内の愛着対象への近接を拒んでいると考えられ、愛着の重要性を低く認識している。	自分自身の愛着にまつわる不快な記憶を活性化させるような乳幼児のネガティブな愛着シグナルを知覚からを排除するようにふるまう。つまり、自分自身の潜在的な不快を避けるために、子の愛着行動に選択的にしか反応しない。(open communication) の崩れ)。乳幼児は最低限の近接関係を維持するために、2番目に良いとされる方略として愛着シグナルを最少化するようになる。愛着シグナルを出して嫌われることを避けるためであろう。つまり、回避的なパターンを発達させる。
不確実型 (uncertainty) 行動的、表象的不確かさ。子どもを近くにおく方略をとり、依存を奨励しながら、子どもの発するシグナルに敏感ではないか、不確かな母親の表象は、信念には敏感ではないか、不確かな母親の表象は、肯定的 vs 否定的、よいこと vs 悪いこと、望む vs 望まないことを統合できていないものであり、つま	とらわれ型 (Preoccupied) 基本的に尋ねられた以上のことを話すことが多く、語りが長くなりすぎ、語り全般の整合性一貫性が低いタイプ。時折自ら語った内容に巻き込まれ、とらわれてしまい、情動を制御しきれずに、愛着対象への激しい怒りや恐れなどを表出することが	自分自身の愛着に関連する過去に統合的な見解を育いていない。そのことは、乳幼児の愛着シグナルに対しても様々な、時に相矛盾するような記憶を活性化する。乳幼児の同様のあいまいな関わりをする。乳幼児がそれが予測可能性の低さと、非一貫的な関わりをし、それが予測可能性を維持することとなり、乳幼児は近接関係の低さを

り、認知的分離 (disconnection) によって特徴づけられた。	の子予測しにくい状況を自ら統制しようとする。つまり、愛着のシグナルを最大化しようとぶるよう（養育者の存在に hypervigilant）の、アンビヴァレント型の愛着となる。
無気力・無能型 (helplessness) 組織化に失敗している。養育に関して、一貫した方略がとられず、混乱している。子どもの保護を可能とする養育がとれない。一回一回の行動が異なっていたり、子どもを怯えさせるような行動をとっていたり、あるいは、以前から何もしなかったりする。親は、子育てについて、無気力でしかえない感覚（統制不能感）を抱いており、機能不全状態に陥っている。	
未解決型 (Unresolved) 分離や死別あるいは虐待などの特定事象に関して、選択的なメタ認知が作動せず、語りの内容に非現実的な内容が入り交じり、整合一貫性がなくなっているタイプ（例、死んでしまっているはずの人が今なお生きているかのように語る）。過去の外傷体験に未だに葛藤した感情を抱き、心理的に解決しきれていない状態と考えられる。	自分自身の内部にある外傷的な記憶が時に活性化され、これは、突然の行動の乱れやパニックであったりするが、時にそれは子どもに対する虐待を伴う。子どもから見ると、怯えの情動を引き起こす体験であり、親の「恐れ」にしく行動が、子どもを「脅かす」効果をもたらしてしまう。養育者は、危険な時に逃げ込む「安全基地」であるはずなのに、その安全基地そのものが危機を与えるのである。これによって、近接と回避の本質的コンフリクトにさらされ、乳幼児は組織化しない、混乱した (disorganized) 愛着・IWM の形成へとつながる。

George & Solomon (1996, 1999)；Hesse (1999) を参照して作成。

に意欲がないと語った。また，母親役割を居心地の悪い状態として捉えていた。子どもについても，せっかく世話をしても，子ども側から自分が望むような反応が出てこないので，子どもを見るのが面倒だという内容を語る者もみられた。このように，自分や子どもを否定的に語るということは，こう話すことで，子どものアタッチメント欲求を退けることを可能にする。子どもはかわいくないので，いちいち細かい要求を出してきても，それに関わるほど価値のある存在ではないと認識することになる。つまり，このような認識は，アタッチメント欲求を回避することに対する，正当化を可能とする。アタッチメント要求を回避することとは，要するに，子どものアタッチメント欲求については考えないという認知的な不活性化（deactivation）である。Bowlbyがたとえたところでは，抑圧（repression）であり，組織的に情報を走査し，分類し，そして意識から排除するという処理方法である。ただし，このタイプの母親は，育児を放棄しているわけではないし，身体的な危機などに対する子どもへの保護はそれなりに敏感に応じているようである。

不確実型 このタイプに分類された母親の特徴は，子どもや自分のことについて，明確に把握できず，決心できない状態でいることが語りに現れている。肯定的な面として，子どもを褒め称えるようなこと（例，完璧な，上品な，かわいい，正直，公平，敏感）や育児についての喜びや楽しさを語ったかと思うと，次の瞬間には，困難な子ども（例，未熟，怒りっぽい，ふくれっ面，感情的など）という印象を語り，なぜ，子どもの行動がそのようにぶれるのかということについて，理解できなくて困惑している印象を与える。子どもの保護については，このタイプの母親は，限られた保護しか与えられないようである。というのも，不確かな心的状態である親は，危険な出来事をうまく認知できないことと，認知できてもどのように効果的な関わりをしていいのかわからない。この状態と関連する情報処理は，認知的分断（disconnection）であるという。これはBowlbyが分離（splitting）とたとえた処理法でもある。そこでは，情動はそれを引き起こした状況や人物から分離されて経験される。認知的分断は，質的に相反する評価を分断させることを可能にし，しかし，意識的思考の中にそれを留まらせる。不活性化による防衛的排除とは対照的に，養育システムを活性化

させたままの状態で保つのである。もし，このタイプの母親が子どもに対する負の感情を分離し，分析できれば，じつは自分が我が子を拒絶している気持ちを強制的に認識させられることになるだろう。子を拒絶することができないため，この母（そして子）は不確かな気持ちを抱いたままなのである。言い換えれば，拒絶しないために，「あの子のことは好きか嫌いかよくわからない」，あるいは「好きとか嫌いとか判断するには情報が少ない」とでもいうような，あいまいな心的状態に保つのである。

この3タイプは，とにかく，表象レベルにおいて「組織化されている」という点では共通の土台を持つ。拒絶型と不確実型は，それぞれがそれぞれの方略に特化しているように見えるが，しかし，研究から，拒絶型の親は不確実度についての得点も比較的高く，そして，不確実型の母親は拒絶度についての得点も比較的高いことがわかった。伝統的なアタッチメント研究では，回避／アタッチメント軽視型と，アンビヴァレント／とらわれ型とは，比較的別個の特質を備える心的状態であると考えられてきた。しかし，養育システムという観点からは，以前に考えられているほどこの2つが表象レベルにおいて個別のものではないという解釈ができるだろうと，議論されている。

上記の養育表象は，母親自身のアタッチメント表象などとはどのように関連しているのであろうか。研究結果から，母親のアタッチメント表象と養育表象との一致率は69％（32ケース中22ケースが一致）であることがわかった (George & Solomon, 1996)。また，母親のアタッチメント表象と子どものアタッチメント分類とでは81％（32ケース中26ケース）が一致しており，母親の養育表象と子どものアタッチメント分類も同じ81％（32ケース中26ケース）が一致していた。つまり，母親自身の養育表象とアタッチメント表象との対応率は低くはないものの，ある程度の不一致が見られている。このことは，測定法自体の課題があることも鑑みなければならないが，養育にまつわるシステムおよびその行動パターンが，母親自身のアタッチメント経験や，そこを源とするアタッチメント表象とは異なる部分を持っていることを意味していることも否めないだろう。子を持った親は毎日の子と向き合う生活の中で，母親としても，そして個人としても，発達し変化していく。そのようなダイナミックな環境で

組織化されていく養育システム，という観点から，その独自性をさらに精密に考えてみる必要があるだろう。

7-3-2　無気力・無能な養育システム

　表7-3の4段目には，無気力・無能型という養育表象が記載されている。ここでは，その養育表象および養育的特徴について見ていく。この4番めのタイプは，上記3つの養育表象，および，その表象から導き出され得る現実の子育て行動と比較して，質的に根本的に異なるものだと考えられている。端的に言えば，組織化に失敗している養育表象を持つ群なのである。

　子どもについての描写　子どもに対して，とにかく効果的な関わりができないことが特長であり，そのため，子どものことをより一層，聞き分けのないわがままな存在であると認識している。多くの場合，子どもに対する評価は次の2つのうちのどちらかの極端な形態をとって現れた。ひとつは，家の中から母親を追い出したり，家に鍵をかけて入れないようにしたり，いつまでもおねしょをし続けたり，ひどいだだをこねたりという形容で語られる，野蛮・無能・虚弱タイプである。このことは，子育てをどうしていいのか根本的に混乱してしまっている統制不能感を表している。もうひとつは，コメディアンのような行動をとる，驚くような演技力を持つ，子育て可能なスキルを持つ，超自然的力を持つ，死者と特別なつながりを持つと描写される，早熟だったり，特別な力を持っていたりとされる偽成熟タイプである。関連して，子どもが早熟的に母親の世話をするという役割逆転の現象が語られることから，こちらも親が養育に対して，ほとんど無能であることを示している。

　内的表象の役割　自分自身や子育てについて，能力がないと語ることは，アタッチメント表象における未組織的養育と関連することが見出されている（Main & Hesse, 1990）。ここでもう一度，行動システムについて簡単に説明すると，それは，一貫性のある法則のセットによって表象レベルから導かれて，行動はその目的に達するために，選択され，実行される。Bowlbyは，現行の関係を維持するように個人を動機づけるのは，組織化された表象システムの本質であると強調している。養育システムの設定された目的とは，子どもに保護を

与えることであり，安定型（柔軟型），拒絶型，不確実型の養育表象は，すべて，この目的の周りで組織化されていると考えられるだろう。確かに，どのような防衛的規制が働くかによって，親の実際の育児行動は異なる側面を持つが，この3つのタイプの表象は母親に世話をさせ，そして，究極的には，子どもを守らせることを可能にしている。

このように考えると，もし，個人の持つ内的表象が保護を達成する行動を阻害する方向に作用するのであれば，結果として，養育行動は混乱してしまうだろう。未組織的で混乱している表象からは，ある一定の規則性ある養育行動が導き出されることは，ほぼ不可能であり，このような親の子どもへの関わりには一貫性が乏しい。つまり，親自身が育児に対して，全くどのようにしていいのかわからないという心的状態なのである。

以上の現象は，Bowlbyが言うところの解離させられた表象システムを表している。ストレス下では，母親の以前の解離させられたアタッチメントに関するシステムが活性化される可能性が高くなる。そして，痛々しい感情を呼び戻すだけでなく，多分，トラウマ的な記憶が解き放たれ，押さえられていた感情が発せられる。そして，母親は無能感にさいなまされ，対処できない状態となる。Bowlby（1969/1982）によれば，不活性化させられたシステムは，いつでもそれが活発になる可能性を持っており，ただし，それが現出するときには，悪性の組織化が起こったり，機能不全を招いたりしやすいという。つまり，このような内的表象の未組織化は，この無気力・無能型を，組織化されているその他の不安定型である拒絶型や不確実型とは，分けて考えなければいけないことを指し示している。

母親の無気力さを反映するかのように，ここで報告のあった無気力・無能型の母を持つ6歳の子らは，人形を使った面接場面で，人形の一家が文字通り破壊される場面を構築し，そして，その人形の子どもを脅し，傷つけ，捨てる大人が出てくるストーリーを産出した（George & Solomon, 1996）。このような子どもの行動は，被虐待児がプレイセラピーなどで見せる行動と酷似しており（e.g. Lyons-Ruth & Block, 1996；西澤, 1994），この無気力・無能型の親の養育システムとは虐待的環境を引き起こす強い要因であることがわかる（→第10章

10-3-2参照)。

養育無能化を招く他の要因　無気力型に分類された母親たちは，養育者としての役割を放棄してしまっているか，あるいは，ひたすら統制的な態度をとることで状況をコントロールしようとしているがうまくいかないかのように見える。このような現象は，虐待経験に起源を発する養育環境に起因する場合だけではなく，そこにはいくつかの重要な要因が絡んでいる。まず，親の幼少時代における解決されていないアタッチメント対象者の喪失（Main & Hesse, 1990）が真っ先にあがるだろう。自分の重要なアタッチメント対象者を亡くしたという事実に対して，未だに心理的に解決していない（死を受け入れていない）まま親になった時，産まれた赤ん坊との相互作用を繰り返すなかで，自分の昔のアタッチメント関係の記憶が活性化された場合に，混乱した養育が起きやすいことがわかっている。

さらに，わりと最近の母親自身の生命に危険を及ぼすような病気の経験（Ainsworth & Eichberg, 1991）や流産（Slade *et al.*, 1995）も，一因として考えられるだろう。そして，子どもが生命に危険のある病気を患っているか，事故に遭っている場合，親の養育行動方略が混乱してしまい，秩序を失い，無能化を招いていると考えられる例もある（Pianta *et al.*, 1996）。

以上列挙した状況は，潜在的に母親の気持ちを無力化させる可能性があり，その結果養育システムに混乱をもたらすと予測できる。このような状況は，親に対して，自分の子どもを保護できるのかという問いを突きつけることになりやすい。そして，親自身のアタッチメントシステムが活性化されてしまう可能性も高くなる。何も資源やサポートがない場合には特に，追いつめられて保護を求める親は，子どもを心理的にも物理的にも遺棄したり，子ども自身を結果として脅す態度をとったり，あるいは，子どもに自分を守ってくれるようにすがるような関わりを持ったりしやすくなるのである。

7-4　養育に影響を与える社会文脈的要因

人は養育行動をどのように発達させるのかについて，アタッチメントシステ

ムとの関連を中心に概観してきた。ここでは，養育に関連する，あるいは影響を与えていると報告されている夫婦関係と社会的サポートについて見ていく。

7-4-1 夫婦関係の影響

夫婦関係とアタッチメントや養育についての関連は，多くの研究でその実態が報告されている。多くは親の養育行動を介して子のアタッチメントに影響を与えるという間接経路のモデルである。しかし，夫婦関係の質の良さが直接子どものアタッチメントと関連するという報告もある（Davies & Cummings, 1994; Owen & Cox, 1997）。いずれにしても，現在までに報告されている研究では，機能的で調和している結婚生活を送っている親に育てられている子どもは，より安定的なアタッチメントを発達させる傾向にあるというものである（e.g. Crnic, Greenberg, & Slough, 1986; Goldberg & Easterbrooks, 1984; Howes & Markman, 1989; Jacobson & Frye, 1991）。

特に興味深いのは，縦断型の研究からの報告である。例えば，妊娠中の妻で夫婦関係の満足度が高く，そして，夫婦間葛藤が少ない人の場合に，1年後と3年後における子どものAQS得点の安定性が高いこと（Howes & Markman, 1989）や，第二子出産前における夫婦関係での調和性が高いと，第二子妊娠中とその出産後2カ月における両時点で第一子のAQS得点の安定性が高いこと（Teti et al., 1996）が報告されている。さらに，妊娠中と出産後3カ月で観察された夫婦間葛藤が激しい場合に，12カ月時点でSSPによって測定された子どものアタッチメントは，父子間では不安定型か無秩序・無方向型になりやすく，母子間では無秩序・無方向型になりやすいことが見出された（Owen & Cox, 1997）。アタッチメントに有意に関連している諸変数を統制してもなお，夫婦間での葛藤レベルが直接子どものアタッチメントの不安定化とそれぞれ関連していた。

ただし，夫婦関係と子どものアタッチメントの間に有意な関連がないという報告もいくつか存在している（e.g. Belsky, 1996; Teti et al., 1991）。しかし，このような結果は夫婦関係を子どものアタッチメントを決める直接要因として捉える場合に起こりやすいのではないかとも考えられる。むしろ，夫婦関係の質が

媒介要因として親子関係を調整していることを表している研究は多い（e.g. Das Eiden, Teti, & Corns, 1995；Isabella, 1994；数井・無藤・園田, 1996）。

以上のことは大きく2つのことを示している。ひとつは，継続的な敵対関係にある両親のもとでは，両親の言い争いやけんかは幼い子どもにとって「怯え」の経験となり，対立状況ではたとえ子ども自身に近接要求が高まっても，親には容易に近接しにくいことになってしまう。そのため，両親の敏感性が低くなくても，無秩序・無方向型のアタッチメントを築きやすい情緒的土台が家庭に存在することになる。これは，夫婦関係が直接影響を与える場合である。2つめには，葛藤状態が激しくない夫婦関係をベースに考えた場合に，夫婦関係の良好さが他の養育に関わる要因のマイナス面を補う可能性が示唆されたことである。もちろん，夫婦関係の状態のみが養育を規定するのではないが，親側にとっては養育行動に重要な影響を与える要因であることは確かであり，この場合は間接的な影響となるだろう。

7-4-2　社会的サポートの影響

社会的サポートが母親の養育態度に与える肯定的な影響については以前より報告が存在している（Andersen & Telleen, 1992）。例えば，妊娠中にサポートの多かった母親は，出産後3カ月の時点で赤ん坊に敏感性高く関わっていたこと（Goldstein, Diener, & Mangelsdorf, 1996）や，低所得のアフリカ系アメリカ人で社会的ネットワークが豊かな母親は赤ん坊との関わりで応答性が高いこと（Burchinal, Follmer, & Bryand, 1996）などが報告されている。ただし，子どものアタッチメントとの関係ではサポートの肯定的影響が見出されなかった研究も存在している（e.g. Crnic *et al.*, 1986；Zeanah *et al.*, 1993）。しかし，母親や子どもに何がしかのマイナス要因がある場合には，サポートの影響が子のアタッチメントに関連していた。例えば，Crockenberg（1981）は，気質的に難しい子どもを持っていても，母親の生活上の社会的サポートがストレスを上まわっている場合に，その子どもは安定的なアタッチメントを発達させたことを報告している。また，Crnic *et al.*（1986）の研究でも，未熟児で生まれた赤ん坊の母親は地域でのサポートがあった場合に，その子どもは後に安定型に分類されやす

いことを述べている。

　以上の結果から，基本的にストレスやリスクが少ない中流のサンプルでは，親が受けているサポートの高低はあまり子どものアタッチメントに影響しないことがわかった。しかし，何かしらのリスク因を抱えている場合には，サポートが媒介要因として影響を与えることも明確になった。

　夫婦関係や社会的サポートの影響は，その要因が単独で乳幼児のアタッチメントへの主効果を示すことはあまり多くはなく，調整要因（moderator）や媒介要因（mediator）としての効果を，他の要因との関連で発揮しやすいと言えるだろう。

7-5　本章のまとめ

　Bowlbyは，乳児にとって必要な安心と安全を確保するためのアタッチメント行動については詳しく理論化しているが，実際，養育者側がそのような乳児の欲求に対してどのように動機づけられて，行動をするのかについてはほとんど理論化していなかった。そのため，本章の中でも触れたGeorgeとSolomonらによる養育システムの理論化は，Bowlbyのアタッチメント理論とは内容は関連するものの，その骨組み自体は彼女らが考究し整えたものだと言えよう。同様に，Bell & Richard（2000）も，養育，特にその行動を動機づける観点を理論化しようと試みた仮説を提示したが，赤ん坊がまさに産道から産まれ出ようとしている瞬間のプロセスを生き生きと描写はできるものの，アタッチメントに関する養育というよりも，養育一般の傾向を大まかに描写したにすぎない仮説にとどまってしまった。特に，根本的にアタッチメント理論を理解していない，誤解の上に自分たちの仮説を練り上げている等々，アタッチメント研究者からの批判は厳しい（Cassidy, 2000 ; Shaver & Fraley, 2000）。そして，Bell & Richard（2000）が抱える最も深刻な問題点は，自分たちの仮説を全く実証的に検証していないところである。

　ただし，養育行動，養育システムをアタッチメントの反転的機能としてのみ

考えること事態,じつのところ,無理があるのかもしれない。本章で概観してきたように,養育については,アタッチメント以外の要因も大きな影響を与えている可能性が高いことは,夫婦関係や社会的サポートのところからも明らかであろう。

　以上の議論に付け加えて,もうひとつ,個人の要因として,人の持つ可変性の大きさをあげておきたい。Pianta *et al.* (1996) によれば,障害児や重篤な病気を負った子どもを持った場合に,確かに虐待やネグレクトの可能性が統計的に高くなることがあるが,その反面,親が熱心に療育に励むケースも多々見られるという。同様な傾向は,アタッチメントに対する現在の心的状態が,"earned secure" に分類される親の一群にも見られる。主に幼少期において,不良な養育状況にあったにもかかわらず,成人である現在において,安定したアタッチメントを持っている個人がいる。そのような人が親になった時,初めから安定型であった群と比べて,子育てにおいて遜色ないことがわかっている (Pearson *et al.*, 1994 ; Phelps, Belsky, & Crnic, 1998)。つまり,厳しい子どもの現状に即して親が変化していく可能性や,親自身の過酷な過去は外部からのサポートや本人自身の認知的成熟によって,その個人の人格や養育を脅かすような要因ではなくなる可能性など,養育システムの変容は一生を通して起こり得るという例である。

　また,社会全体が養育についてどのようなスタンスを持つのかという枠組みが,親の子育てについての意識に影響するとも考えられる。例えば,トロントのように子育て支援が充実しているところ (武田, 2002) においては,子育てすること自体が,日本のように,ネガティヴには捉えられにくいだろう。

　養育に関する表象は,現実の育児環境における外側の世界と密接に相互作用をしながら,実際の養育行動を起こしていく。表象だけが養育の行動を決定づけるのではないことは確かであろう。

―― **TOPIC 7-1** ――――――――――――――――――――――――

男性の養育システムとは何か

　本章では，基本的に多くの議論が母親あるいは女性についての研究結果をもとに構成されている。しかし，父親もまた親であることにかわりはない。父親についても，子どもに影響を与える存在という立場での研究は，欧米ではすでに1970年代に報告が開始されており（e.g. Lamb, 1977 ; Parke, 1979），男性の親への移行や父親であることについての知見も蓄積されるようになった（Parke, 1996）。ただし，生物学的レベルにおける男性の養育についての知見は，養育行動と配偶行動が複雑に絡まっている諸相を浮かび上がらせているし（遠藤，1995 ; 長谷川・長谷川，2000 ; Mackey, 2001），文化や地域において，男女における違いが養育行動や意識に現れている（日本女子教育会，1995）ことも確かである。

　アタッチメントについて，乳児期におけるジェンダー差は事実上みられていない（Ainsworth, 1991）し，AAIにおいても父母ともに，アタッチメント表象のタイプにおける有意な男女差は検証されていない（Hesse, 1999）。そうなると，本章で説明してきたように，養育システムの発達がアタッチメントシステムと対応して進行するという理論的立場から鑑みると，現出している養育行動における男女差は（進化的な適応度から説明できる部分がある程度存在するとしても），社会文化的そして社会文脈的な状況からの学習による部分が大きいのではないかと推測できる。現時点では，父親に対する養育システムに関連するインタビュー結果については報告がまだされていないようなので，母親と同様な結果が出るのかどうかはわからない。しかし，少なくとも実際の養育行動において，おおむね男性の方が子育てに関わらないという男女差が顕著なことについての説明は，生物学的（進化的）基盤，環境（文化・社会，生活状況）からの学習，アタッチメントシステム・養育システム，そして，性別役割分業の社会経済的意味づけなどという複数の錯綜する要因から起因しているのではないかと推定されるだろう。逆に考えれば，養育システムについての踏み込んだ研究

が男性にとっても必要なことを示している。特に，ドメスティックバイオレンスや性的虐待における父親（男性）の比率は9割を超えていることからも，男性にとっての養育システムがどのように発達するのか，それが支えられ，あるいは，変容する要因は，女性の場合と同様なのかどうかを検証する必要があるだろう。

数井みゆき

TOPIC 7-2

アタッチメント理論から示唆する育児への考え方

　自分の子どもを持つまで，赤ん坊とほとんど触れ合ったことのない男女が多いなか，育児困難，育児不安という育児にまつわる諸課題が議論されている。赤ん坊との関わりの中で，アタッチメント理論からの実際的な助言をいくつか紹介してみたい。

1．親の特質と関わり方への直接的なフィードバック

　第3章で見てきたように，子どもの個人差を規定するひとつの大きな要因として，親側の関わり方の違いがある。12カ月時点で回避傾向のある赤ん坊の母親は，0歳代早期の段階で刺激を与えすぎる傾向があること，逆にアンヴィバレント型の赤ん坊の場合は赤ん坊とのやりとりをあまりしない傾向がある。母子保健の現場などでは，新生児期から11カ月までの間で，たいてい3回ほどの健診の機会がある。このような時に，お母さんたちに「関わって少し様子を見る」「赤ん坊の反応を待つ」というタイミングのコツを伝えることはできないだろうか。もちろんこれは，母親だけが実行すればいいというものではなく，父親も同様に学習することが大切である。

　また，保健師や母子保健現場で相談に当たる立場の方々にも，考えていただきたいことがある。それは，社会性（人とのやりとり一般）とアタッチメントはじつは異なるのだということである。例えば，やたらに他者には愛想が良く，いっしょに遊ぶことを求めるような幼児が，（母）親とはそのような行動が見えない場合に，親とのアタッチメントはあまり安定していないこともある。一見，自立していて，きちんと遊べるようには見えるものの，それは回避型や，あるいは，不適切な養育を受けているために親よりはむしろ見知らぬ人と親密にしやすいタイプかもしれない。親が部屋を出て行った場合に，どのような行動をとるのか，そして特に，親子別々に過ごした後などに子どもが親と再会する場面でどのような行動をとるのか，そのような自然に発生する分離や再会場

面を丁寧に観察すれば、親子関係の一面をうかがい知ることができるかもしれない。

　もうひとつ覚えておいて欲しいのは、アタッチメント（現場では「愛着」と言っているだろうが）と愛情は一緒ではないということである。アタッチメントとは、あくまで、子ども側の要因であり、親との近接を維持するためにどのような行動を子どもがとるのかを指しているのである。

2．分離そのものには害はないことの理解

　親が気持ちよく育児をすることが、結局は子どもとのやりとりにおいて、肯定的な結果を出す。たとえ、専業で育児に当たっていても、子どもを一時的に預けたり、誰かに見てもらったりすることは、親として怠慢でもなければ、子どもにとって不安定になる要素でもない。子どもは一時的に嫌がるようなことはあっても、預けられる場所が安心なところであれば、問題はない。例えば、各地に発展している「ファミリーサポートセンター」のようなところを通して、子どもを一時的に預け、親がリフレッシュすることは重要なことである。筆者がアメリカ留学中には、自分の先生や知り合いから、よくベビーシッターを頼まれたものである。子どもを預けて夫婦が外出することは、夫婦という単位が重要であるという欧米の文化の反映かと思われたが、これは育児をしている者のレスパイト的な意味合いも多分にあるようだった。そして、そのような気分転換は子どもに向かう時に肯定的に働くのである。また、第5章の保育状況との関連でも見たとおり、保育施設を使うことも原則的には害はない。忘れてはならないことは、一時預かりや託児、あるいは、保育施設を使うにしろ、子どもはそれ以外の時間には、親や祖父母など身近な養育者と過ごすということである。子どもは家庭に帰ってきて、そこでの相互作用がそこそこ肯定的ならば、十分なのである。

　母性神話やモノトロピー的な考えが、まだまだ、社会にも、そして、母親自身にもある。しかし、いくら熱心な育児への思い入れが親にあっても、それが必ずしも質の良い子育てにつながるとは限らない。大切なのは、柔軟性である。少し前までは、何もかも一人で背負って、子どものために自分を犠牲にするこ

とが「良い母親」としてあがめられていた。しかし，自分がつらい時にはつらいと言え，そして，支援を求められる柔軟性を備えた態度こそ，大切である。逆に，一人で抱え込むことは自分に対するストレスを増強するばかりである。現代の社会において，「良い母親」を研究的に定義すれば，それは「困っていることに困っていると言え，サポートを求められる親」となるだろう。

3. アタッチメントの根底にあるコツ

子どもの側から考えると，アタッチメントは安心と安全の確認の積み重ねである。一般的な養育環境にいる子どもにとっては，夜や病気，けがの時はこの安心の確認を特にしたくなる。あるいは，一度小児科に行って注射をするなどという痛い体験をした後には，病院へ行くのを嫌がることは，多くの養育者は知っていることだろう。究極的に言うならば，このような子どもにとって恐い状況や場面で，しっかりと世話をし，抱きしめ，そして，安心させるということを繰り返しているならば，子どものアタッチメントの基礎的な部分は満たされることが多い。

もっと子どもと遊んであげましょう，子どもの目を見つめて微笑んであげましょう，情緒的な経験を共有しましょう，という社会性や情緒性の豊かさのコミュニケーションを行うことが推奨されている。もちろん，このようなことも大切ではあるが，しかし，じつはアタッチメントの機能は安全感であり，親密性などの肯定的な感情のやりとりとは重なる部分があるものの，異なるところもある。育児疲れでうまく関われない時，あるいは，育児のコツがわからなくて，多くのことをやってしまっている場合には，一度，アタッチメントの機能という側面から見直してはどうだろうか。言い方は悪いかもしれないが，最低限どこを押さえれば子どもは「不安」を感じないのか，という視点で見てみることで，情報を整理し，向き合う優先順位が設定できるかもしれない。

4. 複数のアタッチメント対象者の存在

子どもにとって，安心が感じられる対象を複数持つことは心強いことである。アタッチメントは，遊びや活動などで快感情を共有するだけではなかなか育ま

れない。父親と母親ではアタッチメントが異なるという結果も，その関わりの質に大きく依存しているからだろう。つまり，先にも述べたように，わかりやすい例でいえば，**夜間や病気の時に誰が関わっているのかという点**である。父親は子どもの病気や夜のケアをどの程度やっているだろうか。この時に，きちんと関わっていれば，父親を単なる「遊び友だち」という存在ではなくて，安心して信頼できる親として子どもは認識していくだろう。30年以上前の育児書には，赤ん坊の夜泣きが激しい時期は，母子は父親とは別の寝室で寝て，父親の仕事に差し支えないようにしましょう，というような記述があったと聞く。そのようなことをやっていると，父親は同じ家にいても，自分に安心を与えない者として子どもにとっては距離のある存在になっていく。「父親不在」と盛んに言われてきた背景には，アタッチメント上にはこのような問題があったのだろう。父親との関係がうまくいかない，あるいは，父親とは「うすい」関係しかなくて根本的なところで話をしたことがないということは，不登校や引きこもりの家庭には多くきかれることである。もし，赤ん坊の時からアタッチメント上必要な時にこそ父親が関わっていれば，子どもの中に，困っている時に助けてくれるのはお父さんだ，という気持ちが芽生えてくるはずである。

数井みゆき

―― **TOPIC** 7-3 ――

離婚家族と非伝統的家族

　アタッチメントの研究は，基本的に，夫（父親）のいる家庭で母親が主たる養育者として機能している家族を対象として行われてきている。しかし，アメリカなど半数の結婚が離婚に終わるだけではなく，再婚，再々婚など，家族が複合化，複雑化している現状がある。また，ヨーロッパの方では特に，婚姻届を出さない親子関係もめずらしくない。実は Bowlby は話の中で，彼が 1950 年代に報告した，戦争によって家族を失った子どもたちの心の不健康の問題以上に，現在の離婚が子どもにもたらす不良な影響を心配し，研究や治療を行っていかなければならない領域だと危惧していることが伝えられている（R. Bowlby, 2004）。

　残念ながら，離婚と子どものアタッチメントを直接扱った研究はあまり多くはないのである。たとえば，1つは，養育システムについての研究の中で（Solomon & George, 1999），離婚した母親の下位グループ比較で，1カ月に1度以上，父親のところに子どもが泊まることをしている群と，そのようなアレンジをしていない離婚群では，父親のところに泊まっている群の乳児のアタッチメントの方が安定している傾向にあるという結果が報告されている。また，離婚した家庭で，再度どのように家族機能を構築し，困難を切り抜けていけるのかが，子どもの仲間関係における社会的コンピテンスと関連していることを受けて，離婚家庭のみから構成されている4, 5歳の幼児を対象にし，アタッチメントに関する人形を使った語りの手法を用いた研究が行われている（Page & Bretherton, 2001）。幼児の9割が母親と同居していたが，母子間におけるアタッチメントが活性化され安心感を得られる内容の語りが，男児においても女児においても，仲間関係における社会的コンピテンスと最もポジティブに関連していた。また，同居していない父親について，男児が父子のアタッチメントと共感性を多く語ることは，教師がその子を仲間関係で社会性が高いと評定することと関連していたが，女児の場合は多く語ることが，ネガティブに仲間関係

での社会性と関連していた。このあたりは，離婚後における母親と父親との関係性なども影響しているようで，その影響に対する子どものジェンダー差が見られたと考察されている。

さらに，非伝統的な家庭として最もあげられるゲイやレズビアン家庭の研究についても，アタッチメント研究では大人の関係性については報告があるものの（例，Mohr, 1999），そこで育つ子どものアタッチメントに関する研究はあまりないようである。その中で，ゲイやレズビアンの家庭に養子となった子どもで，アタッチメントに関わる不調が見られることは，その親子関係だけからの問題ではなく，社会的な受容状況など複雑要因を正しく分析しなければならないと注意を喚起している報告がある（Alexander, 2001）。また，15組のレズビアン家庭に対するインタビューから，子どもがレズビアンの親に対してアタッチメントを発達させていることが明らかになったが，養育や世話を両方が同じように行っていても，一部の子どもはアタッチメントに関する優先順位を発達させていることがわかった（Bennett, 2003）。

離婚家庭においても，あるいは，非伝統的な家庭においても，従来アタッチメント研究が推進してきたようなデータ収集が十分に行われているとは，まだまだいえない状況である。社会変動とも関わり，家族関係が複雑化，多様化している中，子どもの安心・安全感がそのような中でも，どのように発達していくのかを明らかにすることが今，最も求められているだろう。

数井みゆき

第7章　引用文献

Ainsworth, M. D. S. (1991) Attachments and other affectional bonds across the life cycle. In C. M. Parkes, J. Stevenson-Hinde, & P. Marris (Eds.), *Attachment across the life cycle* (pp. 33-51). London : Routledge.

Ainsworth, M. D. S, & Eichberg, C. (1991) Effects on infant-mother attachment of mother's unresolved loss of an attachment figure, or other traumatic experience. In C. M. Parkes, J. Stevenson-Hinde, & P. Marris (Eds.), *Attachment across the life cycle* (pp. 160-183). London : Routledge.

Alexander, C. J. (2001) Developmental attachment and gay and lesbian adoptions. *Journal of Gay & Lesbian Social Services : Issues in Practice, Policy & Research*, **13**, 93-97.

Andersen, P., & Telleen, S. (1992) The relationship between social support and maternal behavior and attitudes : A meta-analytic review. *American Journal of Community Psychology*, **20**, 753-774.

Bell, D. C., & Richard, A. J. (2000) Caregiving : The forgotten element in attachment. *Psychological Inquiry*, **11**, 69-83.

Belsky, J. (1996) Parent, infant, and social-contextual determinants of attachment security. *Developmental Psychology*, **32**, 905-914.

Bennett, S. (2003) Is there a primary mom ? Parental perceptions of attachment bond hierarchies within lesbian adoptive families. *Child & Adolescent Social Work Journal*, **20**, 159-173.

Benoit, D., & Parker, K. C. H. (1994) Stability and transmission of attachment across three generations. *Child Development*, **65**, 1444-1456.

Bowlby, J. (1969/1982) *Attachment and loss : vol. 1. Attachment.* New York : Basic.

Bowlby, R. (2004) *Fifty years of attachment theory.* London : Karnac.

Biringen, Z., & Robinson, J. (1991) Emotional availability in mother-child interactions : A reconceptualization for research. *American Journal of Orthpsychiatry*, **61**, 258-271.

Burchinal, M., Follmer, A., & Bryand, D. (1996) The relationships of maternal social support and family structure with maternal responsiveness and child outcomes among African American families. *Developmental Psychology*, **32**, 1073-1083.

Cassidy, J. (2000) The complexity of the caregiving system : A perspective from attachment theory. *Psychological Inquiry*, **11**, 86-91.

Chodorow, N. (1978) *The reproduction of motherhood.* Berkerly, CA : University of

California Press.

Crnic, K. A., Greenberg, M. T., & Slough, N. M. (1986) Early stress and social support influences on mothers' and high-risk infants' functioning in late infancy. *Infant Mental Health Journal*, **7**, 19-33.

Crockenberg, S. B. (1981) Infant irritability, maternal support and social support influences on the security of infant-mother attachment. *Child Development*, **52**, 857-869.

Das Eiden, R., Teti, D. M., & Corns, K. (1995) Maternal working model of attachment, marital adjustment, and the parent-child relationship. *Child Development*, **66**, 1504-1518.

Davies, P. T., & Cummings, E. M. (1994) Marital conflict and child adjustment: An emotional security hypothesis. *Psychological Bulletin*, **116**, 387-411.

Dix, T. (1991) The affective organization of parenting: Adaptive and maladaptive processes. *Psychological Bulletin*, **110**, 3-25.

Easterbrooks, M. A., & Goldberg, W. A. (1990) Security of toddler-parent attachment: Relation to children's sociopersonality functioning during kindergarten. In M. T. Greenberg, D. Cicchetti, & E. M. Cummings (Eds.), *Attachment in the preschool years* (pp. 221-244). Chicago: University of Chicago Press.

Egeland, B., & Farber, I. A. (1984) Infant-mother attachment: Factors related to its development and changes over time. *Child Development*, **55**, 753-771.

遠藤利彦 (1995) 社会性の生物学的基礎——心理進化論的アプローチ　聖心女子大学論叢, **84**, 194-252

Fonagy, P., Steele, H., & Steele, M. (1991) Maternal representation of attachment during pregnancy predict the organization of infant-mother attachment at one year of age. *Child Development*, **62**, 891-905.

Fox, N. A. (1995) Of the way we were: Adult memories about attachment experiences and their role in determining infant-parent relationships: A commentary on van IJzendoorn (1995). *Psychological Bulletin*, **117**, 404-410.

George, C., & Solomon, J. (1996) Representational models of relationships: Links between caregiving and attachment. *Infant Mental Health Journal*, **17**, 198-217.

George, C., & Solomon, J. (1999) Attachment and caregiving. In J. Cassidy & P. R. Shaver (Eds.), *Handbook of attachment* (pp. 649-670). New York: Guilford.

Goldberg, S. (1997) Attachment and childhood behavior problems in normal, at-risk, and clinical samples. In L. Atkinson & K. J. Zucker (Eds.), *Attachment and psychopathology* (pp. 171-195). New York : Guilford.

Goldberg, S., & Easterbrooks, M. A. (1984) The role of marital quality in toddler development. *Developmental Psychology*, **20**, 504-514.

Goldberg, S., Grusec J. E., & Jenkins, J. (1999) Confidence in protection : Arguments for a narrow definition of attachment. *Journal of Family Psychology*, **13**, 475-483.

Goldstein, L., Diener, M., & Mangelsdorf, S. (1996) Maternal characteristics and social support across the transition to motherhood : Associations with maternal behavior. *Journal of Family Psychology*, **10**, 60-71.

長谷川寿一・長谷川眞理子(2000)　進化と人間行動　東京大学出版会

Hesse, E. (1999) The Adult Attachment Interview : Historical and current perspectives. In J. Cassidy & P. R. Shaver (Eds.), *Handbook of attachment* (pp. 395-433). New York : Guilford.

Howes, C., & Markman, H. J. (1989) Marital quality and child functioning : A longitudinal investigation. *Child Development*, **60**, 1044-1051.

Isabella, R. A. (1994) Origins of maternal role satisfaction and its influences upon maternal interactive behavior and infant-mother attachment. *Infant Behavior and Development*, **17**, 381-388.

Jacobson, S. W., & Frye, K. F. (1991) Effect of maternal social support on attachment : Experimental evidence. *Child Development*, **62**, 572-582.

Kaufman, J., & Zigler, E. (1987) Do abused children become abusive parents ? *American Journal of Orthopsychiatry*, **57**, 186-192.

数井みゆき・遠藤利彦・田中亜希子・坂上裕子・菅沼真樹（2000）日本人母子における愛着の世代間伝達　教育心理学研究, 48(3), 232-332

数井みゆき・無藤隆・園田菜摘（1996）子どもの発達と母子関係・夫婦関係：幼児を持つ家族について　発達心理学研究, **7**, 31-40

Kretchmar, M. D., & Jacobvitz, D. B. (2002) Observing mother-child relationships across generations : Boundary patterns, attachment, and the transmission of caregiving. *Family Process*, **41**(3), 351-374.

Lamb, M. E. (1977) Father-infant and mother-infant interaction in the first year of life. *Child Development*, **48**, 167-181.

Lyons-Ruth, K., & Block, D. (1996) The disturbed caregiving system : Relations among childhood trauma, maternal caregiving, and infant affect and attachment. *Infant Mental Health Journal*, **17**, 257-275.

Mackey, W. C. (2001) Support for the existence of an independent man-to-child affiliative bond : Fatherhood as a biocultural invention. *Psychology of Men & Masculinity*, **2**, 51-66.

Main, M., & Hesse, E. (1990) Parents' unresolved traumatic experiences are related to infant disorganized attachment status : Is frightened and / or frightening parental behavior the linking mechanism ? In M. T. Greenberg, D. Cicchetti, & M. E. Cummings (Eds.), *Attachment in the preschool years* (pp. 127-159). Chicago : University of Chicago Press.

Main, M., & Solomon, J. (1990) Procedures for identifying infants as disorganized / disoriented during the Ainsworth strange situation. In M. T. Greenberg, D. Cicchetti, & E. M. Cummings (Eds.), *Attachment in the preschool years : Theory, research, and intervention* (pp. 121-160). Chicago : University of Chicago Press.

Mohr, J. J. (1999) Same-sex romantic attachment. In J. Cassidy & P. R. Shaver (eds.), Handbook of attachment (pp. 378-394). New York : Guilford.

日本女子教育会（1995）家庭教育に関する国際比較調査報告書

西澤　哲（1994）子どもの虐待　誠信書房

Owen, M., & Cox, M. (1997) Marital conflict and development of infant-parent attachment relationships. *Journal of Family Psychology*, **11**, 152-164.

Page, T. & Bretherton, I. (2001) Mother-and father-child attachment themes in the story completions of pre-schoolers from post-divorce families : do they predict relationships with peers and teachers ? *Attachment & Human Development*, **3**, 1-29.

Parke, R. D. (1979) Perspectives of father-infant interaction. In J. Osofsky (Ed.). *A handbook of infant development* (pp. 549-590). New York : Wiley.

Parke, R. D. (1996) *Fatherhood*. Cambridge, MA : Harvard University Press.

Pearson, J. L., Cohn, D. A., Cowan, P. A., & Cowan, C. P. (1994) Earned- and continuous-security in adult attachment : Relation to depressive symptomatology and parenting style. *Development and Psychopathology*, **6**, 359-373.

Pederson, D. R., Gleason, K. E., Moran, G., & Bento, S. (1998) Maternal attachment representations, maternal sensitivity, and the infant-mother attahment relationship. *Developmental Psychology*, **34**, 925-933.

Phelps, J. L., Belsky, J., & Crnic, K. (1998) Earned security, daily stress, and parenting : A comparison of five alternative models. *Development & Psychopathology*, **10**, 21-38.

Pianta, R. C., Marvin, R. S., Britner, P. A., & Borowitz, K. C. (1996) Mothers'

resolution of their children's diagnosis: Organized patterns of caregiving representation. *Infant Mental Health Journal*, **17**, 239-256.
Rholes, W. S., Simpson, J. A., Blakely, B. S., Lanigan, L., & Allen, E. A. (1997) Adult attachment styles, the desire to have children, and working models of parenthood. *Journal of Personality*, **65**, 357-385.
Shaver, P. R., & Fraley, R. C. (2000) Attachment theory and caregiving. *Psychological Inquiry*, **11**, 109-114.
Slade, A., & Cohen, L. J. (1996) The process of parenting and the remembrance of things past. *Infant Mental Health Journal*, **17**, 217-238.
Slade, A., Dermer, M., Gerber, L., Graf, F., Siegal, N., & Tobias, K. (1995, March) *Prenatal representation, dyadic interaction, and the quality of attachment*. Paper presented at the bieenial meeting of the Society for Research in *Child Development*, Indianapolis, IN.
Solomon, J., & George, C. (1996) Defining the caregiving system: Toward a theory of caregiving. *Infant Mental Health Journal*, **17**, 183-197.
Solomon, J., & George, C. (1999) The caregiving system in mothers of infants: A comparison of divorcing and married mothers. *Attachment & Human Development*, **1**, 171-190.
Sroufe, A. L. (1996) *Emotional Development: The organization of emotional life in the early years*. New York: Cambridge University Press.
武田信子（2002）社会で子どもを育てる　平凡社
Teti, D. M., Nakagawa, M., Das, R., & Wirth, O. (1991) Security of attachment between preschoolers and their mothers: Relations among social interaction, parenting stress, and mothers' sorts of the Attachment Q-set. *Developmental Psychology*, **27**, 440-447.
Teti, D. M., Sakin, J., Kucera, E., Corns, K., & Das Eiden, R. (1996) And baby makes four. *Child Development*, **67**, 579-596.
van IJzendoorn, M. H. (1995) Adult attachment representations, parental responsivenss, and infant attachment: A meta-analysis on the predictive validity of the Adult Attachment Interview. *Psychological Bulletin*, **117**, 387-403.
van IJzendoorn, M. H., & Bakermans-Kranenburg, M. J. (1997) Intergenerational transmission of attachment: A move to the contextual level. In L. Atkinson & K. J. Zucker (Eds.), *Attachment and psychopathology* (pp. 135-170). New York: Guilford

van IJzendoorn, M. H., & Sagi, A. (2001) Cultural blindness or selective inattention? *American Psychologist*, **56**, 824-825.

Zeanah, C. (1996) Beyond insecurity: A reconceptualization of attachment disorders in infancy. *Journal of Consulting and Clinical Psychology*, **64**, 42-52.

Zeanah, C., Benoit, D., Hirschberg, L., Barton, M., & Regan, C. (1995) Mothers' representation of their infants are concordant with infant attachment classifications. *Developmental Issues in Psychiatry and Psychology*, **1**, 1-14.

Zeanah, C., Benoit, D., Barton, M., Regan, C., Hirshberg, L., & Lipsett, L. (1993) Representations of attachment in mothers and their one-year-old infants. *Journal of the American Academy of Child and Adolescent Psychiatry*, **32**, 278-286.

第8章　人生後半期のアタッチメント

菅沼　真樹・数井みゆき

　Bowlbyが生涯発達理論としてアタッチメント理論を提唱したことはよく知られているが，人生後半期におけるアタッチメントとは何なのかについての概念化は，幼少期に比べて明確さを欠き，また実証的な研究も多くはない。実際，人生半ば以降をも含めた包括的な生涯発達については，主にEriksonによって理論化されている。彼の心理社会的発達の理論（Erikson, 1963）では，発達課題は幼少期での基本的信頼感を獲得できるか否かに始まり，うまく信頼感を心に根づかせた場合には希望を獲得することにつながるとされる。この希望は，自分の生活や他者との関係を支える土台となるという。さらにこの段階以降は，青年期，成人期，老年期へとつながり，成人前期では親密性の獲得―対―孤立が課題として存在し，成人期では生成継承性―対―停滞が課題となり，老年期では統合―対―絶望という課題が提示されている。対照的に，アタッチメント理論においては，このような明確な発達段階は示されていない。そのため，ここではまず成人期一般におけるアタッチメントとは何なのかに触れ，そしてそれぞれの時期における研究を中心に概観することで，人生半ば以降におけるアタッチメントを描写していく。

8-1　中年期のアタッチメント

　中年期という定義は，40代半ばから60代半ばという大まかな年齢的な範疇に当てはまると考えられるが，過去12年間のPsychLit（American Psychological Association のデータ検索機能）で探索したところ，中年期のみに焦点化されたアタッチメントの研究はほとんど見当たらなかった。その中で，見つかったものを中心にいくつか提示していく。

　まず，個人差の研究では，アメリカの全国レベルの調査から，15歳から54歳という年齢の8000人強の横断的なデータで，成人アタッチメントを検証したものがある（Mickelson, Kessler, & Shaver, 1997）。成人のアタッチメントスタイルは，Hazan & Shaver（1987）の質問紙を基本とした尺度を使用して測定された。15～44歳（6624名）では58％前後が安定型であったのが，45～54歳（1456名）では63.6％となっていた。また，回避型は全体の年齢でほとんど差はなかったが（20～28％），恐れ型は45～54歳の群で最も低く（8.0％），若い方では高かった（15～24歳：17.4％，25～34歳：10.7％）。年齢での差が確認されたのは恐れ型だけであった。しかしこれも，縦断型のデータではないので，恐れ型が安定型に年齢を経てなっていったのかどうかまではわからない。全体を通して，アルコールと薬物依存については，回避型の特性を持つタイプが最も顕著であることと，親の離婚は安定型の減少および不安定型の増加と関連していたことが明らかになった。また，人口動態要因では，白人女性，高学歴，中流，既婚，中年期，アメリカ中西部の地域居住という変数に帰属していると，安定型である確率が高いこともわかった。

　親子関係については，思春期の子どもの巣立ちと親との関係か，あるいは，中年期を含む成人子と老年期の親との関係かのどちらかが主である。例えば，18～32歳の青年の子どものアタッチメントスタイルは，父母（40～68歳）の性差と適合していることが報告された（Mikulincer & Florian, 1999）。つまり，母親が安定型だと女性の子どもが安定型である確率が高くなり，父親が安定型だと男性の子どもが安定型である確率が高くなっていた。また，中年期の子どもと老年期の親との関係では，後の老人期のアタッチメントでも触れるが，娘とその母親という組み合わせが多く，それも介護についての要因が様々に絡んでいる。そのため，この話題は次のセクションで改めて説明したい。

　恋愛関係がすべて結婚に進むわけではないが，大枠で恋愛が結婚の前段階プロセスとして認識されている欧米や現代の日本において，夫婦関係の一要素に

はアタッチメントの機能があることは確かである。安定型同士のペアが多いという報告があるが，結婚の継続性との関連で言えば，若いカップルにおいて夫側が回避・アタッチメント軽視型で，妻側が不安・アンビヴァレント・とらわれ型である場合にも高いことがわかっている（Kirkpatrick & Davis, 1994）。これは，アンビヴァレントな女性は関係を維持することについて多大な努力をする傾向にあり，そのような努力に報いないために妻のそういう傾向をさらに助長する回避型の男性と，相互にその内的作業モデル（IWM）を強化する方向でペアになっていると推測されている。そのため，現実の結婚生活の維持や態度的側面について，成人のアタッチメントスタイルは，単純に良し悪しを判断する要因ではないこともまた確かなのである。ただし，中年期の夫婦関係とアタッチメントに焦点を当てた研究がほとんど見当たらないのは，この時期までに継続した結婚においてはアタッチメント以外の要因の説明力が大きいという見方もできるだろう。

しかし，この中年期においてのアタッチメント研究は大変少ない。人生の折り返し地点に至って，子どもの巣立ちや親との死別，自身の退職など，人生における大きな区切りを迎える時期で，大きなライフイベントを複数経験し，それに伴う周囲の人々との関係性の変容も当然予想される。親，配偶者，子どもをはじめとする重要な他者との関係性の変容をアタッチメントの概念から見直し，アタッチメントの生涯発達を捉える視点へとつなげていくことはアタッチメント研究において必要不可欠の領域だと言える。

8-2 老年期のアタッチメント

中年期における研究の少なさと比べると，老年期のアタッチメントをめぐる実証研究にはいくつかの積み重ねがある。とはいっても，PsychLitでの検索によれば，過去3年間のアタッチメントに関する研究が全体で3000以上あったのに対し，そのうち老年期に関するものは1％前後と，アタッチメント研究全体における老年期の研究は，まだまだ十分とは言えない。しかし，老年期は，アタッチメントがまた深い意味を持つ時期でもある（Bradley & Cafferty, 2001）。

8-2-1　老年期のアタッチメントの個人差

　平均年齢69歳の49名を対象としてAAIを実施したところ，安定自律型が20名，不安定型が28名という分類結果が得られている（Grossmann, 1996）。安定自律型の老人は不安定型の老人よりも人生満足度が明らかに高く，身体面でも主観的に健康だと報告した。また，安定自律型の老人は，社会的ネットワーク資源を使用する能力が高かった。このサンプルにおいては，社会的ネットワークの成員のほとんどは親戚で，情緒的な満足感は親しい家族の中で最も満たされていた。家族成員については個人個人生き生きと語られたが，その他の友人などについては，より一般的な言及に留まり，言及量自体も少なかった。一方，社会的ネットワークの規模自体は，アタッチメントのタイプとは直接的な関連はなかった。しかし，愛情深い世話をより多く回想した安定自律型の老人は，何も思い出せずにアタッチメント対象からの無視を報告した不安定型の老人に比べて，サポートの授受についてより多く語っていたという。つまり安定自律型の老人は，危機的な状況において，他者からの援助を受けることも他者を援助することも容易であることが示された一方，アタッチメント軽視型の老人は自己依頼的（self-reliant）な語りを行い，その中には未来展望がほとんどなかったという。

　Webster（1997）は，社会心理学の分野で注目されているBartholomew & Horowitz（1991）の2次元尺度を用いて，老年期のアタッチメントの個人差を捉えることを試みている。平均年齢67.9歳の76名を対象とした調査では，健康な者はそうでない者よりも主観的幸福感が高く，安定型と回避型に分類された者は恐れ型に分類された者よりも，主観的幸福感が高いことが示された。因みに，配偶者が現在いるか否かは，主観的幸福感と関連しなかった。

　またColin（1996）は，各タイプについて未実証ながらも以下のように論考を行っている。安定自律型の老人は，不安型の老人よりも，平均的により長く健康と幸福を維持する可能性があるだろう。なぜなら，安定自律型の老人は安定型の子どものように，自我弾力性（ego-resilience）があり社会的コンピテンスがあるだろうから，不必要なケアは求めずに，逆に必要な場合には容易にケ

アを引き出し得るだろうからである。そして安定自律型の老人は，来るべき時にはより潔く死を受容するかもしれない。一方，攻撃的で怒りに満ちたアタッチメントモデルを持つ老人（子どものC1に相当すると考えられる老人）は，争い続け，他者にケアをしてもらうために依存的，操作的，高圧的な行動をとるのではないだろうか。消極的抵抗型（passive-resistant）の老人（子どものC2に相当すると考えられる老人）は，比較的早くに断念して老人ホームに定住するかもしれない。回避的，防衛的な老人は，強迫的に自己依頼的にふるまいがちであり，利用可能な支持的人物やサービスとのやりとりを拒否するかもしれない。また，加齢に伴う変化は，人生の初期で長期の分離や実際の喪失といった混乱を経験した人々にとっては，昔の不安を再活性化させる可能性を持つだろう。つまり，老年期を迎えて加齢に伴う変化に対処する上で，いかに容易に他者からのケアを引き出し受容するかについては，その人のアタッチメントについての表象モデルが，多分に反映されているのではないかと考えることができる。なお，以上の論考はあくまで未実証なので，その点に留意すべきであることはColin自身も強調している。

　老年期における施設に入所している老人に対する質問紙と聞き取り調査によって，アタッチメントスタイルとその他の変数を調べたところ（菅沼, 1997），不安定型である恐れ・回避型老人に比べて，自己信頼と他者信頼の高い安定型の老人は，適応性と活動性において良好であった。また，老人の自分史全体を聞き取る中で（菅沼, 1998），被養育体験の語り方やその内容におけるアタッチメントスタイル間の差異について検討したところ，安定型の老人はネガティヴな経験に対しても事象の捉えなおしが見られたが，不安定型の老人はネガティヴな事象について，現在も後悔し続けていたり，未解決の問題と捉えていたりする傾向があった。

　ただし，過去からの連続性という問題に関して，ここで注意しなければならないことを加えておきたい。乳児期から20歳前後までを追跡した4つの長期縦断研究では（Waters et al., 2000），乳児期のアタッチメントと青年期，成人期のアタッチメントとの関連が有意に示されたものは2研究，示されなかったものは2研究であった。老人が語るアタッチメント関係は，確かに過去のアタッ

チメント経験を積み重ねてきたものではあるが，幼少期などのアタッチメントを回想することに重点が置かれた AAI に加えて，成人してからのアタッチメント経験とそれらに対する心的状態を測定し，検証する必要があるのかもしれない。前述の４つの長期的縦断研究で明らかになったことのひとつとして，親との死別経験や，親の重篤な身体的，精神的疾患といったことが，アタッチメントのタイプの変化と関連していた。この結果は，青年期，成人期以降にも何らかの大きな出来事が，アタッチメントについての心的状態を変化させる可能性を持つことを示唆するものである。

8-2-2　老年期におけるアタッチメント対象者との関係

老年期のアタッチメントを考える時に，その前提となる問題として，老人にとってのアタッチメント対象者とは誰なのか，ということについて考えてみる必要がある。老年期に至るまでの長期間，老人たちが親密な関係を維持し続けている対象として家族関係が優勢であることから（Kahn & Antonucci, 1980；Antonucci, 1994），老人にとっての重要な家族メンバーとして配偶者と子どもをあげることができるだろう。アタッチメントの保護的機能ということを老年期に当てはめてみると，介護の問題を抜きには考えられないが，介護が必要となった場合の介護の担い手としても，配偶者と子どもは重要な役割を果たすことが多い。子どもの保護と老人の介護を全く同じものと考えることはできないだろうが，Allen & Walker（1992）は，高齢の母親を世話する娘は母親の晩年の生活において，自分の幼少期に母親の行動が果たしたのと同様の機能（生命を保護する，発達を促す，社会に受け入れられるようにする機能）を満たしているとしている。以下では，夫婦関係と親子関係に関して，主に介護問題をめぐって概観していく。

夫婦関係　老夫婦関係は，概ね円満で情緒的にも親密である場合が多いようである（Erikson, Erikson, & Kivnick, 1986；Levenson *et al.*, 1993；Sitnnett, Carter, & Montgomery, 1972）。中年夫婦と老年夫婦とを比較すると，夫婦間葛藤の内容が質的に異なってくる（Levenson *et al.*, 1993）。中年夫婦間では子どもの養育や

経済的な問題などをめぐる葛藤が生じやすいが，老年夫婦間ではこのような深刻な葛藤は生じにくい。また，子どもや孫についての会話をしたり，休暇をともに過ごすなど，中年夫婦よりも老年夫婦の方が楽しみも多い。このように，老年夫婦は中年夫婦に比べて，あまり葛藤を経験していないだけでなく，楽しみを多く経験していると言える（Carstensen, Graff, Levenson, & Gottman, 1996）。

　痴呆老人と介護者との関係について，介護者のアタッチメントスタイルという観点から検討が行われている（Markiewicz, Reis, & Gold, 1997）。対象者は，平均年齢74.4歳の痴呆患者と，平均年齢62.2歳の介護者，113組であった。介護者のうち，74名（65.5％）は患者の配偶者であり，39名（34.5％）は患者の子どもであった。介護者は，平均3.4年間，患者の在宅ケアを担ってきた者であった。介護者のアタッチメントスタイルは，13項目の質問紙法によって測定された（Simpson, 1990 ; Simpson et al., 1992）。その結果，患者を地域社会の中でケアし続けることを選択する介護者よりも，施設入所を選択する介護者の方で回避性が高かった。アンビヴァレント性の低い介護者ほど，より広いサポートネットワークを報告し，受けているサポートに対してもより高い満足を示した。アンビヴァレント性の高い介護者ほど支えてくれる人が少ないと報告し，サポートへの満足感も低く，患者の記憶や行動上の問題に対してより否定的な情動反応を示した。

老親と成人子　介護者である子どもの側の個人差を捉えた研究としては，以下のものをあげることができる。老母との強い情緒的なつながりの歴史を持つ娘は，主観的な負担感を報告することが少なく，多くの援助行動を行っていることが示された（Cicirelli, 1993）。しかし，その一方，「親の介護は私がしなければならない」といった強い義務感を報告した娘は，負担感を強く抱いていた。痴呆患者の介護者のうち，病前の患者との関係を親密なものであったと報告した介護者は，親密でなかったと報告する介護者よりも，経験する負担感は少ないという結果が得られている（Williamson & Schulz, 1990）。成人子（介護者）が病気の親との間で情動的な親密さを強く感じている場合には，ストレスやうつはより低く，「自分は介護の役に立っている」という効力感はより高く経験さ

れていた。逆に，成人子が老親との関係で大きな葛藤を感じている場合には，ストレスやうつはより高く，効力感はより低く経験されていた（Townsend & Franks, 1995）。現実的な介護そのものについて娘のアタッチメントスタイルによる差は見られなかったが，安定型のアタッチメントスタイルを持つ娘は情愛的な気持ちを込めた介護をしている（Brian, 2001）という報告もある。

さらに，痴呆の親を持つ成人108名を対象とした研究から（Crispi, Schiaffino, & Berman, 1997），成人子（介護者）のアタッチメントスタイルは，介護する上での行動上の困難と心理的な困難という2つの介護負担と関連していることがわかった。またこの研究では，アタッチメントスタイルの分類とは別に，とらわれ性（親との関係にとらわれている程度）の指標を測定している。それは，最近2週間での親を慕う気持ちや親との関係性についての考えに関して量的尺度への回答を求めたものである。その結果，成人子が親との関係にとらわれている程度が高いと，心理的な負担が経験されやすかった。しかし，介護者の年齢や性別，教育水準，結婚しているか否かなどの人口動態的な要因は，心理的な負担とは関連していなかった。これらの結果から，老親に対する成人子（介護者）のアタッチメントが安定していることは，介護上の緊張や重い負担から介護者を保護する緩和的役割を果たしているのではないかと考察されている。

一方，介護される側である老親の個人差に注目した研究には，どのようなものがあるのだろうか。Wright et al.（1995）は，老年期にかかりやすい慢性の疾病は人の自立を奪い，できないことが増加するという感覚をもたらし，それは恐怖や不安の源になると解説する。その中で，分離不安や見捨てられるという恐怖から，老人はアタッチメント対象者や介護者により一層依存する場合もある。特に，アルツハイマー性の痴呆は老人の機能を徐々に低下させるし，あるいは，脳血管障害は回復不可能な機能不全をいきなりもたらすので，老人はしがみついて，近接を要求する行動を増加させるという。

そのようななか，アルツハイマーや痴呆の患者にみられる「親固着」（parent fixation）は，単なる現実の誤認識や幻視・幻覚ではなくて，アタッチメント理論の枠組みから捉えなおすことができると提示している研究者もいる（Miesen, 1992, 1993, 1998）。この親固着とは，老人が親を呼んでもらえるように

頼んだり，親の名前を自ら呼んだりすることに見られる，まるで，すでに亡くなっている両親が生きているかのようにふるまう行動を指す。「呆け」の状態にある老人は自らが呆けていっている過程に恐怖を感じ，安心と安全の感覚の再確認，再構築のために，アタッチメント対象者や介護者との間での近接を維持しようとする。特に，痴呆の初期の段階では，具体的な対象者に何らかの慰めや確認を求めるが，痴呆が進行すると，内的な資源に安定性を求めるようになるという。それが，親がまだ生きているという信念である。Miesen（1993）は，親固着そのものがすでにアタッチメント行動になっており，老人自身の中から生まれる安心感への要求は，その老人本人の中で確認されるという循環的やりとりになっているようだと解釈している。

　Magai & Cohen（1998）は，中期・後期痴呆患者 168 名とその介護者を対象に，痴呆患者の病前のアタッチメントスタイルを介護者に回顧的に評定してもらい，痴呆患者の前病の情動制御スタイルや痴呆の行動上の症状と，介護者の負担感との関連を検討した。高齢患者のアタッチメントスタイル（安定型か回避型かアンビバレント型か）は，情動制御の特徴と関連しており，若年サンプルで得られているパターンと類似したものだった。しかし，このサンプルにおけるアタッチメントスタイルの分布は有意に異なっており，若年サンプルでの分布に比べてアンビヴァレント型が少なかった。痴呆の行動上の症状では，アンビヴァレント型の患者は安定型や回避型の患者よりもうつや不安が高かったが，回避型の患者はアンビヴァレント型の患者よりも活動障害が多く見られ，安定型の患者よりも妄想症状が多く見られた。また，安定型の患者の介護者は，2 つの不安定型の介護者よりも総体的に負担感が低かった。回帰分析の結果，アタッチメントスタイルは介護者負担の予測において最大の分散を説明していた。つまり，介護者が報告した老親の病前のアタッチメントスタイルは，介護者にとっての老親に対する介護のしやすさを予測する結果となった。

　以上の先行研究から得られた知見をまとめると，介護問題はそれぞれの親子の歴史の上に成り立っていることがうかがえる。アタッチメントに対するネガティヴな関係性は介護者のより大きな負担感やストレスに結びつき，ポジティヴな関係性は介護者の負担感やストレスを緩和していた。老年期の親子関係は，

積み重ねられてきた歴史が長いだけに複雑であり，臨床的な課題と向かう時には，その歴史を捉える視点も重要になってくるのだろう。そして，この時期のアタッチメントの測定方法についても，いくつか考える必要がある。社会心理系の質問紙形式の測定法が用いられている場合，その根底にはロマンティックな要素がある場合が多い。対象者や文言を老年期に合わせた場合には，その信頼性や妥当性の検証が必要であろう。さらに，アタッチメント測定を本人の病前に行うなど，特に認知が衰えていく場合の測定時期などを考慮することが重要だろう。

8-3　本章のまとめ

　これまでのアタッチメント研究全体の歩みは，記述的研究から関連の実証へ，さらにはメカニズムへの関心へと進められてきた。この歩みに照らせば，老年期のアタッチメント研究は現在のところ記述的研究から関連の実証へと漸く歩を進めてきたばかりであり，今後はメカニズムへの関心が高まりを見せてくるものと予想される。特に，研究的には必要であると提起されているにもかかわらず（Bradley & Cafferty, 2001），アタッチメント対象者の喪失についての実証研究はほどんど見当たらないという。配偶者や近しい親友などを亡くす確率は，年をとればとるほど高くなる。その中で，喪失と悲嘆，アタッチメントの再組織化，あるいは，デタッチメントとの相違など，アタッチメントに関連しながらの喪失の課題が最大になる時期でもある。この喪失に関しては，病的な反応を示す者とそうでない者という個人差が顕著であること（e.g. Mikulincer & Florian, 1996）や，デタッチメントという概念の混乱した使用法など（e.g. Fraley & Shaver, 1999），取り組まなければならない課題は多い。

　再度，老年期のアタッチメントに焦点を当てると，老人にとってのアタッチメント対象とは誰なのか，という基本的な問いに対してさえ，明確な回答は得られていないというのが現状だろう。介護問題のところで述べたように，実際の日常生活において介護をしてくれる存在としての対象は，成人した子どもである場合が多いかもしれない。しかし，老人にとっての成人子との関係を，子

どもにとっての親との関係と同様に考えることは妥当なのだろうか。回想という行為の中では，老人たちにとって表象世界の誰が安全の基地となっているのだろうか。ひとりの老人の一生を考えてみた時，その老人にとって忘れがたく重要な意味を持ち続けている対象は，むしろ故人である場合の方が多いと考えた方が自然なのかもしれない。重要な人物の遺影や遺品に格別の意味を込める老人の姿は，我々にとっても経験的に馴染み深いものだろう。このことと実際の生活上で保護を与えてくれる存在との関係性ということを，今後どのように捉えていくべきかという課題も残されている。また，老親との関係で報告される成人子とは，多くの場合娘のようであり，このあたりのジェンダー的要因の検証も重要であろう。ジェンダーに絡んで考える場合に，特に，祖父と息子，祖父と孫，特に男孫との関係など，男性と男性との関係を中心とした男性の生涯発達とアタッチメントについては，まだまだ，取り組まなければならない課題が多い。

第8章 引用文献

Allen, K. R., & Walker, A. J. (1992) Attentive love : A feminist perspective on the caregiving of adult daughters. *Family Relations*, **41**, 284-289.

Antonucci, T. C. (1994) Attachment in Adulthood and Aging. In M.B.Sperling & W. H. Berman (Eds.), *Attachment in adults : clinical and developmental Perspectives* (pp. 256-272). New York : Guilford.

Bartholomew, K., & Horowitz, L. M. (1991) Attachment styles among young adults : A test of a four-category model. *Journal of Personality and Social Psychology*, **61**, 226-244.

Bradley, J. M., & Cafferty, T. P. (2001) Attachment among older adults : Current issues and directions for future research. *Attachment & Human Development*, **3**, 200-221.

Brian, C. D. (2001) Attachment bonds between adult daughters and their older mothers : Associations with contemporary caregiving. *Journals of Gerontology : Series B : Psychological Sciences & Social Sciences*, **56(B)**, 257-266.

Carstensen, L. L., Graff, J., Levenson, R. W., & Gottman, J. M. (1996) Affect in intimate relationships. In C. Magai & S. H. McFadden (Eds.), *Handbook of emotion, adult development, and aging* (pp. 227-247). New York : Academic Press.

Cicirelli, V. G. (1993) Attachment and obligation as daughters' motives for caregiving behavior and subsequent effect on subjective burden. *Psychology and Aging*, **8(2)**, 144-155.

Colin, V. L. (1996) *Human attachment*. New York : McGraw-Hill Companies.

Crispi, E. L., Schiaffino, K., & Berman, W. H. (1997) The contribution of attachment to burden in adult children of institutionalized parents with dementia. *The Gerontologist*, **37(1)**, 52-60.

Erikson, E. H. (1963) *Childhood and society* (2nd ed.). New York : Norton.

Erikson, E. H., Erikson, J. M., & Kivnick, H. Q. (1986) *Vital involvement in old age*. New York : W. W. Norton & Company.

Fraley, R. C., & Shaver, P. R. (1999) Loss and bereavement : Attachment theory and recent controversies concerning 'grief work' and the nature of detachment. In J. Cassidy & P. R. Shaver (Eds.), *Handbook of attachment : Theory, research, and clinical applications* (pp. 735-759). New York : Guilford.

Grossmann, K. E. (1996) Ethological perspectives on human development and aging.

In C. Magai & S. H. McFadden (Eds.), *Handbook of emotion, adult development, and aging* (pp. 43-66). New York : Academic Press.

Hazan, C., & Shaver, P. R. (1987) Romantic love conceptualized as an attachment process. *Journal of Personality and Social Psychology,* **52**, 511-524.

Kahn, R. L., & Antonucci, T. C. (1980) Convoys over the life course : Attachment, roles, and social support. In P. B. Baltes & O. G. Brim (Eds.) , *Life-Span Development and Behavior Vol.* 3. (pp. 253-286). New York : Academic Press.

Kirkpatrick, L. A., & Davis, K. E. (1994) Attachment style, gender, and relationsihp stability : A longitudinal analysis. *Journal of Personality and Social Psychology,* **66**, 502-512.

Levenson, R. W., Carstensen, L. L., & Gottman, J. M. (1993) Long-term marriage : Age, gender, and satisfaction. *Psychology and Aging,* **8**, 301-313.

Magai, C., & Cohen, C. I. (1998) Attachment style and emotion regulation in dementia patients and their relation to caregiver burden. *Journal of Gerontology : Psychological Sciences,* **53B**(3), 147-154.

Markiewicz, D., Reis, M., & Gold, D. P. (1997) An exploration of attachment styles and personality traits in caregiving for dementia patients. *International Journal of Aging & Human Development,* **45**, 111-132.

Mickelson, K. D., Kessler, R. C., & Shaver, P. R. (1997) Adult attachment in a nationally representative sample. *Journal of Personality and Social Psychology,* **73**, 1092-1106.

Mikulincer, M., & Florian, V. (1996) Emotional reactions to interpersonal loses over the life span : An attachment theoretical perspective. In C. Magai & S. H. McFadden (Eds.) , *Handbook of emotion, adult development, and aging* (pp. 269-285). New York : Academic Press.

Mikulincer, M., & Florian, V. (1999) The association between parental reports of attachment style and family dynamics, and offspring's reports of adult attachment style. *Family Process,* **38**, 243-257.

Miesen, B. (1992) Attachment theory and dementia. In G. M. M. Jones & B. M. L. Miesen (Eds.), *Care-giving in dementia : Research and applications.* (pp. 38-56). London : Routledge / Tavistock.

Miesen, B. M. L. (1993) Alzheimer's disease, the phenominon of parent fixation, and Bowlby's attacment theory. *International Journal of Geriatric Psychiatry,* **8**, 147-153.

Miesen, B. M. L. (1998) Attachment behavior in dementia : Parent orientation and parent fixation (POIFID) theory. In G. H. Pollock & S. I. Greenspan (Eds.), *The course of life : Vol. 7. Completing the journy* (pp. 197-229). Madison, CT : International University Press.

Simpson, J. A. (1990) The influence of attachment styles on romantic relationships. *Journal of Personality and Social Psychology*, **59**, 273-280.

Simpson, J. A., Rholes, W. S., & Nelligan, J. S. (1992) Support seeking and support giving within couples in an anxiety-provoking situation : The role of attachment styles. *Journal of Personality and Social Psychology*, **62**, 434-446.

Sitnnett, N., Carter, L. M., & Montgomery, J. E. (1972) Older persons' perceptions of their marriages. *Journal of Marriage and the Family*, **32**, 428-434.

菅沼真樹 (1997) 施設老人の愛着スタイルと適応性 日本発達心理学会第10回大会論文集, **68**.

菅沼真樹 (1998) 老年期に語られる自分史と愛着スタイル――老人は被養育経験をいかに語るか 日本発達心理学会第9回大会論文集, **247**.

Townsend, A. L., & Franks, M. M. (1995) Binding ties : Closeness and conflict in adult children's caregiving relationships. *Psychology and Aging*, **10**, 343-351.

Waters, E., Hamilton, C. E., & Weinfield, N. S. (2000) The stability of attachment security from infancy to adolescence and early adulthood : general introduction. *Child Development*, Vol. 71, **3**, 678-683.

Webster, J. D. (1997) Attachment style and well-being in elderly adults : A preliminary investigation. *Canadian Journal on Aging*, **16**, 101-111.

Williamson, G. M., & Schulz, R. (1990) Relationship orientation,quality of prior relationship,and distress among caregivers of Alzheimer's patients. *Psychology and Aging*, **5**, 502-509.

Wright, L. K., Hickey, J. V., Buckwalter, K. C., & Clipp, E. C. (1995) Human development in the context of aging and chronic illness : The role of attachment in Alzheimer's disease and stroke. *International Journal of Aging and Human Development*, **41**, 133-150.

第9章 文化とアタッチメント

数井みゆき・利根川智子

　アタッチメント研究の大多数はアメリカやヨーロッパなどを中心に行われてきたが，Ainsworth の最初の研究はフィールドワーク的手法により，アフリカのウガンダで行われたのである。1954年から1955年の2年間にわたり，28名の乳児とその親たちの生活状態を観察し，特に，農作業などから母親が戻ってきた時の再会時に見せる乳児の行動に個人差があることを見出した（Ainsworth, 1967）。その積み重ねがアメリカ，バルティモアにおける最初のストレンジシチュエーション実験へとつながっていった。そして，この実験手法がもたらした簡便さと標準さが，その後のアタッチメント研究を飛躍的に増加させることにもなり，同時に文化間比較を容易にし，多くの賛否両論を巻き込んだ議論を産出してきたのである。

　その議論を概略すると大きく2つに分かれる。第1点は，SSP で測定された乳児の3分類のタイプ比における文化間での差異から，SSP をアメリカ以外の国で使用することに対する妥当性の問題であった。しかし，SSP の妥当性を否定するには十分な証左は得られず，むしろ，その使用方法（例，ある文化では母親との分離が大変苦痛であるにもかかわらず，分離時間を短縮しないなど）における問題を解決することで，対応可能なのではないのかという見解が提示され（Main, 1990），おおむねその方向で議論が収束している感がある。

　2点目は，理論的な観点そのものが問われる部分である。それは，アタッチメントは人類にとって普遍的なのかどうかという点である。比較文化的にアタッチメントを検証していくには，アタッチメント理論の主張がどのように検証

仮説に置き換えられるのかを提示していかなければならない。アタッチメント理論では、乳児とその養育者間におけるアタッチメント関係の形成は進化の結果であるという主張を理論の基礎のひとつとして持つ（Bowlby, 1969/1982）。言い換えれば、アタッチメント理論の中核には、どのような文化的状況にあろうとも、乳児は養育者に対してアタッチメントを形成する方向で生得的なバイアスを持つという人類共通性の主張がある。ただし、この主張は、アタッチメントの絆が形成されるという点を普遍的であるとしているが、どのようなアタッチメントタイプ（例、安定型、回避型、アンビヴァレント型）が形成されるのかという点は、文化的な状況からの影響が大きいとしている（van IJzendoorn & Sagi, 1999）。

　本章は、アタッチメント研究の比較文化的な側面からのまとめである。最初に、アメリカ以外の国における代表的な研究をレビューし、次に日本で行われた研究とその結果について起こった議論を紹介する。

9-1　アメリカ以外の国

9-1-1　ドイツ

　アメリカの Ainsworth らによる研究と比較対照される代表的な縦断研究は、ドイツ北部で行われてきた（Grossmann *et al.*, 1985）。赤ん坊側の変数として志向性の能力や興奮しやすさといった新生児期の社会的相互作用へのレディネスが、そして、母親側の変数として、2カ月、6カ月、10カ月時点での敏感性が評定された。アタッチメント分類については、12カ月では母親との間で、18カ月時点では父親との間で SSP を使用してデータが収集された。SSP の再会行動においては、バルティモアと同様の行動を観察したものの、各群への分類割合はバルティモア（A群26％、B群57％、C群17％）とは異なって安定群が少なく、回避群が2倍近く多いこと（ドイツ：A群49％、B群33％、C群12％）が示された。母親への SSP アタッチメント分類と社会的相互作用のレディネスとの関係では、安定群に分類された子どもの特徴として志向性の能力の

高さが，アンビヴァレント群に分類された子どもの特徴として興奮しやすさが見出されている。また，両親のうち少なくとも一方との間で安定群に分類された子どもの 69％で志向性の能力が高かった。

　関連して，SSP 実施中に子どものホルモン量や心拍数の変化など生理的指標も記録された (Spangler & Grossmann, 1993)。分離場面において，回避型の乳児は一見探索行動（遊びなど）にふけっているように見えるにもかかわらず，安定型の乳児と同じほどに心拍数が増加していることがわかった。さらに，SSP セッションの前後で測定されたコーチゾルのレベルについては，安定型の乳児よりも回避型の乳児の方がそのレベルが高いことが示された。一見不安そうに見えない回避型の乳児において，むしろ，ストレスレベルが高いのではないかと解釈されている。また，母親からの分離という心的苦痛（distress）が高まった場面で，安定型の乳児は分離に動揺し母親を探すが，回避型の乳児は動揺を表出せずに，おもちゃなどの物に注意を向けるという行動の差異も観察されていた。つまり，心的苦痛状態において，回避型の赤ん坊が親を安全の基地として利用できていないらしいことが推測されている。

　アタッチメント分類の一貫性については，ドイツ南部に居住する 40 組の母子を対象に，乳児期の SSP 分類と 6 歳時点の再会時の行動によるアタッチメント分類との連関で縦断的に検討されている (Wartner et al., 1994)。両時点でのアタッチメント分類の一致は ABC の 3 分類法で 87.5％，ABCD の 4 分類法では 82.1％であった。1 歳時点の SSP 分類から 6 歳時点のアタッチメントタイプの予測が可能であることが示された。

　アタッチメントの世代間伝達は，Grossmann らの縦断的研究の一部として，検討されている。乳児の SSP を測定してから 5 年後に，親に対して AAI を実施した。20 組の母子において 85％の一致率が見られている (Grossmann et al., 1988)。SSP により安定型と分類された赤ん坊を持つ母親は，5 年後の AAI の分類結果から，アタッチメントを価値あるものと認識していることが示されたが，SSP で不安定型の分類を得た子の母親はアタッチメントに価値をおいていない様子がわかった。バークレーにおける AAI 分類の結果と同じように，回避型に赤ん坊が分類された母親の 5 年後の AAI には，親を理想化したり，子

ども時代についてあまり記憶がなかったり、そして、いろいろと理屈をつけたりするという防衛的な特徴がみられた。

9-1-2　イスラエル

イスラエルには、「キブツ」という集団で生活を営むシステムがあり、これが自然実験場面として、多くの発達研究者の興味関心を呼んでいる。乳児が生後1、2カ月から「乳児の家」という集団で保育されることや、日中「家族の時間」というふれあいの時は持つもの、一部のキブツでは夜間の就寝時も、乳児や幼児は子ども同士で就寝する習慣があるなど、アタッチメント研究においても、親子関係の影響を検証する上で、伝統的な家族形態だけでは伺いしれない側面からの研究が可能で、その努力がなされている。

Sagiらのグループでは、共同生活を基盤とするキブツ、家族を基盤とするキブツ、そして、都市の一般的な家庭で保育園に子どもを通園させている家族という、3群の家族形態を扱ったサンプルで、子どものアタッチメントの発達についての研究を行ってきている (Sagi *et al.*, 1985, 1995, 1997)。SSP分類において、59％のキブツ組赤ん坊が安定型に分類され、保育園通園組では75％の乳児が安定群に分類された。また、不安定型に分類されたほとんどは、アンビヴァレント型であった（表9-1参照）。

さらに、キブツで生活する家族で、夜の就寝形態がアタッチメント形成に与える影響を検討している。「乳児の家」で保育者と集団就寝する群（以下、キブツ就寝組）と、親のところに戻って就寝する群（以下、家庭就寝組）の2つの比較から (Sagi *et al.*, 1994)、キブツ就寝組の赤ん坊の48％が、家庭就寝組の赤ん坊の80％が、母親とのアタッチメントで安定型に分類された。これらのサンプルでは、子のライフ・イベント、気質、母と子の遊びでの相互作用のパターン、昼間の養育者との相互作用などを含めた環境要因、母親の分離不安、関わりにおける敏感性などを含めた変数も検証されたが、アタッチメント分類の比率の違い以外ではこの2群間で、有意差は見られなかった。

この37％のキブツ就寝組の乳児がアンビヴァレント型に分類された理由として、夜の就寝時に母親による関わりがほとんど得られないことがあげられて

いる。日中には，慣れた保育者や母親から，応答的な関わりを受けることができるのだが，夜間の世話をする保育者は日中の慣れた保育者ではなく，赤ん坊がまだアタッチメントを形成し得ていない大人による見回りとなり，それはストレンジャー不安を引き出すという悪循環にもなり得る。つまり，日中の敏感性ある応答的な世話から，一挙に応答性が低く不安の高い夜間の関わりに反転しており，乳児の側からみれば，一貫性のない反応パターンにより1日のサイクルが構成されていることになる。そのため，慣れた養育者がいつまた不在になってしまうのか不安な心境になり，このようなアンビヴァレント型の増加に関連しているのではないかと推測されている。

さらに，アタッチメントの世代間伝達における就寝形態の差異の影響も検討されている（Sagi et al., 1997）。キブツ就寝組と家庭就寝組の1歳児45名とその母親を対象に，乳児にはSSPが，母親にはAAIが実施された。AAIではとらわれ型とアタッチメント軽視型の人数が少なかったため，それらをあわせてひとつの不安定群とした。子どものアタッチメントはすべて安定群，あるいはアンビヴァレント群に分類された。その結果，母親と子どもの一致率はキブツ就寝組において40％であり，家庭就寝組は76％であった。このことは，アタッチメントの世代間連鎖というものが，特定の養育状況に依拠している可能性を示しており，キブツでの就寝（夜間，親と分離している）という文脈的な要因は，親のアタッチメント表象に導かれた相互作用からの影響を中和するらしいことが示唆された。

その他，キブツ養育という「自然実験」場面を持つイスラエルの特徴から，保育者とのアタッチメントについて，貴重な発見をもたらす研究も報告されている。詳しくは，第5章5-2に記述されている。

9-1-3 アフリカ

アフリカでのアタッチメント研究は，Ainsworthが行って以来，あまり蓄積されずにきている。SSPを使用した実証的な研究と，自然観察場面におけるフィールドスタディからの記述的な知見の両方が得られている。

SSP分類 アフリカで，アタッチメント理論に基づいた仮説検証を，系統立

てて行った研究が報告されている。西アフリカにあるマリの町，Dogan から，拡大家族と共に暮らす 42 名の乳児と母親とのアタッチメント研究が報告されている（True, Pisani, & Oumar, 2001）。42 組中 14 組は村落から，27 組は市街地からの参加となっている。ほとんどがイスラム教を信望している関係で，父親が複数の妻を娶っており，妻らとその子どもらによって形成される拡大家族で生活している。村落のほうでは，電気はなく，飲料水も井戸からくみ上げる生活であり，乳児の平均死亡率は生後 1 年以内には 10％，5 歳までに 25％が亡くなる。ただし，True が関わったある村では，生後 1 年で 20％の赤ん坊が亡くなり，5 歳までに 46％の子どもが死亡していることがわかった。

　生後 1 年間は，生母によって赤ん坊は世話を受けるが，その後，年上のきょうだいや他の大人によって，子どもは養育される。特に最初に生まれた男児は，父方の祖母によって育てられるが，空腹時には生母によってミルクを与えられ，夜寝る時も生母と一緒に寝る。母親と赤ん坊の敏感性のデータは，体重測定と料理場面（母親に何らかの作業がかかっており，俊敏に赤ん坊に応答できない状況設定として）における母子の相互作用がコーディングされた。また，母親の怯え脅かす行動についても，観察されて得点化された。最終的に有効な結果として，市街地サンプル（n＝25）では 68％（17 組）が安定型に，8％（2 組）がアンビヴァレント型に，24％（6 組）が混乱型に分類され，回避型はみられなかった。村落のサンプル（n＝14）では，安定型には 64％（9 組），アンビヴァレント型には 7％（1 組），混乱型には 29％（4 組）が分類され，こちらでも回避型は見られなかった。なお，両サンプル合わせた比率は，表 9-1 にあるとおりである。

　この研究では，母親の敏感性のレベルよりも，コミュニケーションの阻害という変数が，乳児のアタッチメントのタイプをより強く予測していた。体重測定の場面において，体重計に赤ん坊をのせ，その間の 1 分半は助手が子どもの成長などについて母親から聞き取りを行い，その後，体重計から赤ん坊を抱き上げる，ということを 2 回繰り返す。その間の母子の相互作用やコミュニケーションを乳児側と母親側において，それぞれ 4 つの尺度から，コーディングする。乳児側の尺度項目として，的確なシグナル行動，回避，抵抗，混乱があり，

第9章 文化とアタッチメント

表9-1 母子のアタッチメント分類の各国割合比較

地域	被験者数(人)	アタッチメント分類(%)			
		回避	安定	アンビヴァレント	その他
アフリカ					
ガンダ（Ainsworth, 1967）	28	18	57	25	−
Gusii（Kermoian & Leiderman, 1986）	26	−	61	−	−
Dogan（True et al., 2001）	39	0	67	8	25*
中国					
北京（Hu & Meng, 1996）	31	16	68	16	−
イスラエル					
集団就寝キブツ（Sagiら,1985, 1995）	104	7	56	37	−
家族就寝キブツ（Sagiら,1995）	25	0	80	20	−
家族（都市）(Sagiら,1985)	36	3	80	17	−
日本					
札幌（Takahashi, 1986）	60	0	68	32	0
東京（Durrettら,1986）	39	13	61	18	8
西欧					
9サンプル分析（van IJzendoornら,1988）	510	28	66	6	−
アメリカ					
21サンプル（van IJzendoornら,1992）	1584	21	67	12	−

van IJzendoorn & Sagi（1999）；True et al.（2001）を参照して作成。

注 ＊：無秩序・無方向型

　母親側の尺度項目として，協調性，ひきこもり，乳児の陰性感情・行動の無視，怯え脅かす行動がある。母親のコミュニケーション阻害度が高いほど，赤ん坊は不安定になっていた。また，混乱型の比率が高いことについては，乳児の死亡率が高いことと関連して，母親が赤ん坊を失った経験について，心的にとらわれている状況が背景にあるのかもしれないと考察している。

　ケニアのGusiiで，Kermoian & Leiderman（1986）が，住民の生活を観察しつつ，子どものアタッチメントの発達を検討した。ここでは，母親のみが子育てを担うのではなく，年長のきょうだいが日中の多くの時間において，年少の子どもの相手をする。母親は赤ん坊の健康の管理と身体的な世話を担当し，きょうだいらの他の養育者は社会的場面や遊び中心の関わりというように役割分業されている。乳幼児のいる26家族に参加してもらい，各母子が住むテントの外で，修正されたSSPを実行し，乳児のアタッチメント行動の分類をした。

16名（61％）の乳児は母親に対して安定型に，14名（54％）の乳児は母親以外の養育者に対して安定型に分類された。ただし，回避型とアンビヴァレント型とを区別した不安定型の分類は行われなかった。

記述研究　ナイジェリアのHausaにおける研究（Marvin *et al.*, 1977）では，SSPを使用した実証研究は行われなかったが，乳児のアタッチメントについて記述的に報告されている。イスラム教を信望している地域であり，夫は4名までの妻を娶ることができる。Doganと同じように，この理由で複数養育状態となっている。こちらの妻たちは田畑で働く必要がないので，互いに子どもの世話をしあっており，乳児の年上のきょうだいを保育者代わりにするという子どもを使った複数養育形態ではない。この研究では18名の乳児を記述的に調査している。自然状況の場面において，アタッチメント行動と探索行動がどのように出現するのかを見ているが，どの乳児でも，平均して3，4名の大人（父親を含む）に対してアタッチメント行動を向けていることが観察された。

9-1-4　中国

中国ではアタッチメント研究はまだまだ，数が少ない。以下では，中国を代表する研究とは言えないかもしれないが，北京で行われた研究を見てみる。北京に在住の31名の母子（全員が一人っ子の中流家庭で，1家族以外は祖父母も同居している家庭）に協力してもらった（Hu & Meng, 1996）。表9-1にあるように，68％の子どもが安定型に，16％が回避型に，そして，16％がアンビヴァレント型に分類された。一人っ子政策のもと，男児が好まれるなか，このアタッチメント分類に関しては，男女差がなかった。興味深いことに，このアタッチメントタイプと母親の就労形態が関連しており，回避型と安定型の子を持つ母親は就労しているが，アンビヴァレント型の子の母親は専業主婦であった。さらに，回避型の子を持つ母親は，安定型の子を持つ母親よりも，保育所を使用せずに，祖父母に頼っていた。

9-1-5　プエルトリコ

プエルトリコはかつてのスペイン領で，現在はアメリカの自治領である。ス

ペイン語が第一言語で，英語は第二言語として教育が義務づけられている。このプエルトリコにおいて，Harwood ら（Harwood et al., 1995；Harwood, et al. 1999）は SSP そのものを用いずに，親のアタッチメントについての認識を調査している。そこに居住する1，2歳の子を持つ母親と，アメリカ本土の白人の対照群で，SSP で用いられる分離前，分離中，再会場面の各エピソードに見られる子どもの反応について，母親の評価を検討している。プエルトリコの母親にとっては，分離前では母親のそばにすわり，おもちゃで遊び始める前には親の承認を待ち，そして，分離中には母親が戻るまでおとなしく待っている子どもの行動特徴が望ましい行動として認識されていた。対照的に，アメリカの母親は，分離前には母親から少し離れて遊びつつ母親を相互作用に巻き込み，分離中にも楽しそうに遊び，再会時には母親をうれしそうに迎え接触を求めて接近することを望ましい行動としてあげていた。また反対に，望ましくない行動として，プエルトリコの母親は，どのエピソードでも非常に活発な子どもや回避的な子どもをあげ，アメリカの母親は分離前のエピソードにおいて，母親にしがみつくこと，分離中には遊ばずに泣き続けること，また，再会時に悲しみを表現することをあげていた。SSP で分類されるアタッチメントの下位タイプについても，プエルトリコの母親は安定型の B3 を好むが，アメリカの母親は回避型の A1 や安定型の B1 のタイプを好んでいた。アンビヴァレント型はどちらのグループからも望ましくないと判断されていたが，特にプエルトリコの母親から否定的な評価を得た。

　この結果から，プエルトリコの母親とアメリカの白人の母親との間には，それぞれの文化に即した子育てについての考え方と一致する方向で，子どもの行動の望ましさとその理由づけに明確な差異が見られている。しかし，Harwood らの研究において，母親たちは実際の SSP における各場面のビデオをみて判断をしているのではなく，各場面の特徴を記述した文書から評価を与えており，これは，アタッチメントの下位分類についても同じである。文章は，各々における行動特徴の差異を特に明確に説明してあるゆえに，その特徴について判断しやすい。しかし，実際のビデオ場面の行動は文書ほど明確な差異を表出しないこともあるので，母親がビデオによる観察をした時に，SSP 場面の

子どもの反応を，記述された分類状況と同じように，文化に沿って判断するかどうかを見極める必要があるだろう。

9-1-6　日本におけるアタッチメント研究

乳児期を扱った研究として代表的なものは北海道大学のプロジェクトである（三宅，1992；Takahashi, 1986）。生後数カ月から，各家庭に出向いて母子の相互作用をビデオに収め，赤ん坊が12カ月になった頃には標準的なSSPを実施した。この結果，特に議論になった点は，アンビヴァレント型の乳児が32％と多く，回避型には誰も分類されなかったことであった（表9-1参照）。

なぜ，このような差が生まれたのかということで，いくつかの議論が存在する。まずは，SSPの実施方法に関することである。欧米では親との分離場面で乳児の泣きが激しい時は，20秒ほどで親に戻ってもらうのに，こちらでは分離後2分が過ぎてから，つまり，泣いている赤ん坊は2分間泣き続けた状態のままで，母親が戻ってきたので，SSPが意図する以上のストレスを乳児に体験させ，そのため分離ストレスのレベルがかなり高まったのではないかという議論がある（Takahashi, 1986）。もう少し低いストレスレベルだったならば，安定型や回避型に分類されたかもしれない子が，高い不安状態に置かれたために，母親に対する近接行動や接触行動を示した可能性である。

あるいは，日本の1980年代前後の家庭では，子どもと母親が離れるという状況が大変少ないので，SSP全体が子どもにもたらすストレスがすでに中程度以上の経験になっているのではないかという議論もある。この議論はSSPがそもそも日本におけるアタッチメントの測定法として，信頼性や妥当性が明確ではないという問題をもたらす。つまり，測定されたものがアタッチメントなのか，恐怖反応なのかがわからないのである。

その後，同じサンプルを使用して，SSPより先行して行われた母子相互作用からの母親の敏感性レベルに関する評定と，アタッチメント分類との関連が検討された（Nakagawa, Lamb, & Miyake, 1992）。この結果からは，4カ月時，8カ月時，12カ月時に観察された母親の敏感性レベルは，SSPで測定されたアタッチメント分類とは関連しなかった。また，後の予測要因を検討した結果

(臼井，1992），23カ月時における母親に対する服従・協力行動ではタイプ差が検証されなかった。しかし，社会・情緒的行動についてロボットを用いて調べたところ，23カ月時点においては，12カ月時に安定型であった子の方がアンビヴァレント型であった子よりも，ロボットにより接近した（中野，1992）。ただし，42カ月時での仲間への反応や，就学前時の集団適応という変数においては，アタッチメントの個人差よりも，行動抑制傾向という気質的要因によって，子どもらの行動・情動特徴が説明されやすいとまとめられている。

　以上の結果より，SSP上に現れる個人差の最重要候補である先行要因としての母親の敏感性，ならびに，SSPから予測され得る社会性の発達の両方において，欧米で報告されているような理論的な関連がほとんど観察されなかったことが明らかになった。この結果については，SSPを正しく使用していないことによって，SSP分類が正確でない以上，理論が予測する要因との関連は当然得られないという議論も可能であろう。さらに，その根源的な理由として，前述のSSP全体が日本人乳児にとってはストレスが高すぎるという議論もあるだろう。ただし，Durret *et al.* (1984) によって東京でデータ収集が行われたものには，異なる結果が出ている。こちらでは，表9−1のように，回避，安定，アンビヴァレント各々のタイプの比率はだいたいアメリカの中流家庭のサンプルと類似していた。そうなると，日本における国内差がSSPの実施方法，つまり乳児の心的苦痛が激しい場合に分離場面を短縮したかどうかと関連している可能性について，検証する必要性があることを示すことになる。

9-2　アタッチメント分類の差異の文化的養育背景

　ここでは様々な国・地域・文化におけるアタッチメントの発達を概観してきた。しかし，文化特異的な考え方から，養育そのものについての違い，つまり，アタッチメントに関連するだろう養育についての文化における差異を考える必要もあるだろう。この場合に関連する概念は，親の柔軟性のレベルではないかと提起している研究者がいる（George & Solomon, 1966, 1999；Leiberman, 1996）。柔軟性の高い養育とは，特に条件が課されない状況で，ヒトの乳児が弱い存在

であることを考慮に入れて，赤ん坊の信号に敏感性高く応答することから始まる。その後は子どもが成熟するにつれて，直接，親が世話を焼いたり注意を払ったりすることを徐々に減少させる養育方法を指す。そして，乳児時代における集中的な関わりが，子どもの発達に伴い，少しずつ距離をおいた関わりや独立を促すことにつながっていくという柔軟な育児方略は，ほとんどの社会において，見ることができるという（Whiting & Whiting, 1975）。

　ただし，条件が課される養育状況では，前述の柔軟性が高い養育が必ずしも，母親の観点から有利ではない場合もある（Hinde & Stevenson-Hinde, 1991）。多産多死の地域では，子どもの早期独立が望まれることがあり，その場合には，距離をとる養育方法が選択されやすいようだ。この距離を保った養育方法では，子どもに注意を向けるという親の能力や願望を制限し，親に対する近接可能性を子ども側に制限する。このように育った場合は，子ども側のアタッチメントとしては回避型と関連しやすい（Main, 1990）。回避型の乳児の母親は親密な身体的接触を拒絶するが，この距離をとる方略は，幼児期になってもあまり変わらないようである。しかし，危機的状況における子どもの保護については，回避型の子の母親は安定型の子どもをもつ母親と比べて，特に差異は見られなかった（Solomon et al., 1995）。この条件下で成長した者は，アタッチメントの重要性を過小に考える場合が多いのだが，このような態度は生まれた土地からの離散（移住）がある場合には有利になるかもしれないという。

　逆に，子どもの成熟を遅らせ，子どもに親の世話をさせることが望ましい条件下では，身体的・心理的な緊密さ，そして，子どもを依存させることを維持する養育が好まれるという。そして，この養育方略で育てられた場合，子どもはアンヴァバレント型のアタッチメントを形成しやすいのである（Main, 1990）。乳児の不快や不安のシグナルには一貫性なく応答する一方，緊密な情緒的相互作用に子どもを巻き込むことをする。子どもが成長して，幼児期，児童期になると，親との相互作用を陽性だと感じさせ，依存を子どもとの間で培う傾向にある（Solomon et al., 1987）。この子どもとの密接感を重視する方略では，親は子どもや環境からのシグナルに対して鈍感になる可能性がある。というのも，子どもが単に近くにいるということで，子どもは安全であると錯覚しやすくな

るからである。この条件下で育った場合，生まれた土地に留まるときに，遅れた自立は有利に働く可能性があるという。

　この「子どもに親の世話をさせることが望ましい条件下」という状況は，日本的な養育条件に近いと言えるのではないだろうか。表向きはともかく，少なくとも実質的には子どもの依存を奨励する傾向は否めない。そのような養育文化の背景が，SSPにおける分類の傾向をアンビヴァレント型の方向に押す形で影響を及ぼしたという推測も可能であろう。反対に，アメリカなど独立を好む地域では回避型の方向にシフトしやすいとも予測できるだろう。

9-3　本章のまとめ

　この章では主に，各国の研究を紹介することが目的であった。ここでは，比較文化研究におけるいくつかの課題を簡略にまとめてみる。

　文化的な差違にまつわる問題や課題を考えた時に，アタッチメントを正確に評定することが一番の問題になるだろう。例えば，日本の札幌で収集されたデータに関してはSSPをマニュアルどおり正確に，ひどくストレスを感じ泣いていた子まで2分以上の分離を経験させたために，その子の本来の組織化されたアタッチメント行動が崩れてしまった可能性もあり，そのため測定誤差が発生したことも考えられる（Takahashi, 1986, 1990）。そこに文化的な養育形態の違いも重なった可能性もあるだろう。また，イスラエルのデータでは，集団就寝と家庭就寝での分類の差は，実質的な養育形態の差異がそのまま反映されている可能性もある。

　また，SSPに文化を超えた妥当性があるのかどうか，という議論が一時盛んであった。しかし，比較文化という文脈で，SSPによる分類の比率における差異自体はあまり多くの情報を提供してはおらず，むしろ，様々な地域における「差異」の様相が，それを生み出した要因を求める動機づけとなり，研究が活発化したとSagi（1990）は述べている。また，Grossmann & Grossmann（1990）も，SSPだけに依拠し，アタッチメントといえばSSPによる測定だけで検討されるという事実のほうがむしろ，比較文化的には問題で，他のデータ

や情報と組み合わせることで，より意味のある結果がでるのではないかと議論している。そのひとつの方法として，自然場面における親子の相互作用の観察を含むことも大切であろう。SSP がストレスを喚起し，マイルドな危機的状況の中で保護を求める行動を中心に設定された場面なら，AQS 法は，慣れた場所で，アタッチメント行動を含む，養育者に対する安全基地行動が評定できる代表例と言えるだろう（cf. 遠藤，1998）。

　その際に，アタッチメントの安定性という概念がどの程度，文化的に共有されているものなのかを検証する必要があるが（van IJzendoorn & Sagi, 1999），このことは，AQS 法を使用して一部調査されている（Posada et al., 1995）。コロンビア，ドイツ，イスラエル，中国，日本，ノルウェー，アメリカ各国の母親たちに，理想的な子ども像と，自分の実際の子どもについて尋ね，さらに，これらの国における発達心理研究の専門家にも，最適な安全基地行動について評定を求めた。その結果，それぞれの文化でも，子どもの母親に対する安全基地行動は認められるが，行動そのものは文化間で多少異なることや，母親が理想的とする子どもの安全基地行動は文化間で比較的類似していることが示された。専門家による最適な安全基地行動の評定については，文化間で酷似しており，母親が評定した理想的な子どもの安全基地行動と専門家が評定したものは，それぞれの国内でも，そして異なる国間でもよく類似していた。ただし，文化間あるいは文化内での評定は類似しているが，相関係数は中程度の強さであるので，子どもの実際の安全基地行動の特徴や，あるいは，その行動に対する親側の評価には，ある程度の違いが存在するだろう。母親と専門家の考える望ましいアタッチメント行動は，欧米・非欧米ともかなり似ている，あるいは，少なくとも，大きく異なることはないことが示されたのである。

　また，個々のアタッチメント行動が文化間で類似の様相を示すということよりも，むしろ，安全基地行動はシステムとしての機能を果たすという目的での比較がじつは重要なのである。つまり，行動パターンや行動の組織化，そしてそれらが近接や安全を得るように機能しているのかどうか，というレベルを問題にすべきだろう。例えば，近接や接触を得る方法（例，呼びかける，直接近づく）や，また，近接や接触の仕方（例，手を握る，おんぶをする）の表出が異な

っていても，保護を得るという目的が達成されているならば，各々の行動が文化特異的な行動であっても，アタッチメントの本質は汎文化的であると言えるだろう。

さらに，比較文化という視点だけではなく，国内比較でも，サンプル間の差異が大きいことが報告されている（van IJzendoorn & Kroonenberg, 1988）。それは，サンプルにどのような特徴を持つ家族が多く参加しているかが重要な要因となっている。アメリカでは，社会階層が低いか，あるいは，黒人の家族で低所得者層や婚姻関係が不安定な群では特に，不安定型が多くなっていた。ただし，黒人の研究に関しては，アメリカにいる黒人が，中流レベルの白人を中心に概念化された測定法や操作的定義に，正しく当てはまるのか，また，当てはまらないときには「異端」として解釈されないか，さらに差別を助長しないかという懸念（Jackson, 1993）が表明されている。

国外比較では，アフリカ，Dogan の研究（True et al., 2001）でも，母親であることに対する意味づけや定義や，西欧的でない方法で家族を形成し（一夫多妻）子育てをすること，そして，アタッチメントそのものについて，その村落や市街地における標準的な現地情報がないまま，アタッチメント研究の解釈をすることが，研究そのものに制限を課すと議論されていた。また，同様に，Main（1990）が理論的な議論をしている，文化や慣習が子どもを離す方向に作用する回避化と，子どもを親の周りに密接させる近接化という養育方略についても，検討が必要であろう。

それぞれの文化で，アタッチメント理論が妥当性を持つのかどうかについては，以下の4仮説を検証することを提示している（van IJzendoorn & Sagi, 1999）。1番目は人類共通性仮説といい，すべての乳児はひとりあるいはふたり以上の養育者にアタッチメントを形成すると提起されている。そして，この仮説を支持する結果が一番強く得られていると説明している。2番目の仮説は安定型標準仮説といい，安定的なアタッチメントが数値的にも，生理学的にも，人類にとって標準らしいという。これも，標準的な養育をうければ確率的に安定型になる率が高いという比較文化の結果から支持されていると結論づけられている。そして，3番目の敏感性仮説は，アタッチメント信号に対する養育者の敏感性

の高い応答がアタッチメント安定性の先行要因であるというもの，4番目の有能性仮説は，アタッチメント安定性が後の社会情緒性の発達を予測するというものである。ただし，3番目と4番目の仮説に対する支持はまだ不十分だと述べている。

　アタッチメントの比較文化研究は，その本質が縦断型の形態をとることが望ましいが，なかなか実行が困難であるのが現状と言えよう。現在でも，イスラエルやドイツ，アジアやアフリカにおいて，アタッチメント研究が行われている。異なる国を含む新たなデータの積み重ねで，さらにアタッチメントについての知見が提供されることが重要であろう。

―― **TOPIC** 9-1 ――

「アタッチメント」概念と「甘え」

　日本において，アタッチメント関係を考える上で，よく混同される概念が「甘え」や「依存」である。Vereijken（1995）は，8名の日本の心理学者に協力を得て，この問いに対するひとつの答えを提供している。心理学者に，「甘え」「依存」「アタッチメント」のそれぞれの概念について，行動レベルで描写される程度を，AQS法で使用する90枚のカードを使って分類してもらった。このAQS法に使用されるカードは，アタッチメントに関する行動特徴を示した記述のみから構成されているのではなく，1歳から5歳前後の子どもが取りうる多様な行動様式が具体的に記載されている。この8名の心理学者が評定した結果は，これら3つの概念が異なる行動特徴から形成されていることを示すことで一致していた。さらに，Vereijkenは日本の幼児を持つ母親に，最も理想とする子どもを想定して，このカードの記述がどのように分配されるのかを尋ね，それが専門家による「甘え」「アタッチメント」「依存」の行動記述とどの程度関連するのかを検証した。その結果，日本人の母親は欧米の研究者によって定義された「安定した子ども」像を好むことや，理想とする子どもについては，「甘え」や「依存」をむしろ見せない子どもを良しとする傾向を持っていることが明確になった。

　甘えとは，動揺したり不安になったりした時に，母親などとの身体的接触を持つことで，ネガティヴな気持ちから回復できるプロセスだと大まかに定義できる（Kojima, 1999）。子どもだけではなく大人でも当てはまるのだが，制限がない無分別的な甘え行動は，受容されにくく，そのような場合における，「甘えている」という表現は批判を意味するであろう。年齢や場面，状況に即し，またそうした行動を向ける対象の妥当性が成り立って，初めて，甘え行動は適切であると判断されるのである。そのため，むやみにダダをこねたり，我を通そうとするような行動は，甘え行動といえども嫌悪感を引き起こすと説明している。

表 9-2　母親の AAI（安定型と不安定型）と子どもの安定型得点と甘え得点との比較

母親の AAI 分類と人数	人数	AQS 安定性得点 平均値	SD	甘え得点 平均値	SD
安定型（F）	34	.54	.21	−.12	.18
不安定型（Ds, E, U）	16	.11	.37	−.22	.18
		$t = 5.21$, $p < .001$		$t = 1.77$, $p = .10$	

甘え得点は Vereijken（1995）のデータをもとに算出。

表 9-3　母親の AAI における 4 分類別でみた子どもの AQS 安定性得点と甘え得点

母親の AAI 分類と人数	人数	子どもの AQS 安定性得点 平均値	SD	F-test	甘え得点 平均値	F-test
安定型(F)[abc]	33	.54	.22	13.69	−.22	1.486
アタッチメント軽視型(Ds)[ad]	10	.25	.27	$p < .001$	−.16	$p = .23$
とらわれ型(E)[be]	3	.23	.25		−.05	
未解決型(U)[cde]	4	−.25	.49		−.10	

注：abcd の同じアルファベット同士の組み合わせが LSD 法による事後検定で安定性得点にのみ有意差あり。

　甘えは，甘え行動のスタイル，程度，強度，その甘え行動を示す関係の特質，そして，過去の甘え行動の相互作用の歴史，という文脈の中で，その意味および妥当性が解釈される。"良い甘え"と"良くない甘え"が存在し，Vareijken の研究では"良くない甘え行動"は，日本の普通の母親たちにとっても，好ましくないものとして受け止められていることを示した。ちなみに，表 9-2，表 9-3 に，数井・遠藤他（2000）のデータの AQS から，甘え得点を算出した結果を載せてある。甘え得点の平均値は −.18（SD = .21）であり，甘え得点とアタッチメント安定性得点との関連は，ピアソン相関係数（$r = -.10$）で検討したが，有意な相関は見られなかった。母親の AAI をもとに，母親を安定型と不安定型の 2 群に分けた分析では，2 群間に傾向はあったが，母親の AAI を 4 分類にした分析では，子どもの甘え得点間に有意な差は見られなかった。この結果からでは，アタッチメントと甘えが異なる概念であり，関連しない独立的な変数同士であると結論づけられよう。

数井みゆき

第 9 章　引用文献

Ainsworth, M. D. S. (1967) *Infancy in Uganda : Infant care and the growth of love.* Baltimore : Johns Hopkins University Press.

Bowlby, J. (1969/1982) *Attachment and loss : vol. 1. Attachment* (2d). New York : Basic.

Durrett, M. E., Otaki, M., & Richards, P. (1984) Attachment and the mother's perception of support from the father. *International Journal of Behavioral Development*, 7, 167-176.

遠藤利彦　(1998)　アタッチメント研究の方法論に関する一試論――Strange Situation Procedure と Attachment Q-sort は何を測り得るのか？　九州大学教育学部紀要（教育心理学部門), 43, 1-21.

George, C., & Solomon, J. (1996) Representational models of relationships : Links between caregiving and attachment. *Infant Mental Health Journal*, 17, 198-217.

George, C., & Solomon, J. (1999) Attachment and caregiving. In J. Cassidy & P. R. Shaver (Eds.), *Handbook of attachment* (pp. 649-670). New York : Guilford.

Grossmann, K. E. & Grossmann, K. (1990) The wider concept of attachment in cross-cultural research. *Human Development*, 33, 31-47.

Grossmann, K., Fremmer-Bombik, E., Rudolph, J., & Grossmann, K. (1988) Maternal attachment representations as related to patterns of infant-mother attachment and maternal care during the first year. In R. A. Hinde & J. Stevenson-Hinde (Eds.), *Relationships within families : Mutual influences* (pp. 241-260). Oxford : Clarendon Press.

Grossmann, K., Grossmann, K. E, Spangler, G., Suess, G., & Unzner, L. (1985) Maternal sensitivity and newborn's orientation responses as related to quality of attachment in northern Germany. In I. Bretherton & E. Waters (Eds.), Growing points of attachment theory and research. *Monographs of the Society for Research in Child Development*, 50(1-2), 233-256.

Harwood, R. L., Miller, J. G., and Lucca Irizarry, N. (1995) *Culture and Attachment : Studying culture and attachment : Perceptions of the child in context.* New York : Gilford.

Harwood, R. L., Schoelmerich. A., Schulze, P. A., & Gonzalez, Z. (1999) Cultural Difference in maternal Beliefs and Behaviors : A study of middle-class Anglo and Puerto Rican mother-infant pairs in four every day situations. *Child Development*, 70, 1005-1016.

Hinde, R. A., & Stevenson-Hinde, J. (1991) Perspectives on attachment. In C. M Parkes , J. Stevenson-Hinde, & P. Marris (Eds.), *Attachment across the life cycle* (pp. 52-65). New York : Routledge.

Hu, P., & Meng, Z. (1996) *An examination of infant-mother attachment in China. Poster presented at the meeting of the International Society for the Study of Behavioral Development*, Quebec City, Quebec, Canada.

Jackson, J. F. (1993) Multiple caregiving among African Americans and infant attachment : The need for an emic approach. *Human Development,* **36**, 87-102.

数井みゆき・遠藤利彦・田中亜希子・坂上裕子・菅沼真樹 (2000) 日本人母子における愛着の世代間伝達. 教育心理学研究, **48(3)**, 232-332.

Kermoian, R., & Leiderman, P. H. (1986) Infant attachment to mother and child caretaker in an East African community. *International Journal of Behavioral Development,* **9**, 455-469.

Kojima, H. (1999) Emotionale entwicklung und ewixchenmenschliche beziehungen im kulturellen context Japans. In W. Freidlmeier & M. Holodynski (Eds.), *Emotionale entwicklung* (pp. 295-315). Berlin : Spektrum-Verlag. (英文題 : Emotional development and interpersonal relationships in Japanese cultural contexts).

Leiberman, A. F. (1996) Aggression and sexuality in relation to toddler attachment : Implications for the caregiving system. *Infant Mental Health Journal,* **17**, 276-292.

Main, M. (1990) Cross-cultural studies of attachment organization : Recent studies, changing methodologies, and the concept of conditional strategies. *Human Development,* **33**, 48-61.

Marvin, R. S., VanDevender, T. L., Iwanaga, M. I., LeVine, S., & Levine, R. A. (1977) Infant-caregiver attachment among the Hausa of Nigeria. In H. McGurk (Ed.), *Ecological factors in human development* (pp. 247-259). Amsterdam ; North-Holland.

三宅和夫 (編著) (1992) 乳幼児の人格形成と母子関係 東京大学出版会

Nakagawa, M., Lamb, M. E., & Miyake, K. (1992) Antecedents and correlates of the Strange Situation behavior of Japanese infants. *Journal of Cross-cultural Psychology,* **23**, 300-310.

中野 茂 (1992)乳児期から就学前時にかけての社会・情緒的行動の連続性 三宅和夫 (編著) 乳幼児の人格形成と母子関係 (pp. 167-188) 東京大学出版会

Posada, G., Gao, Y., Wu, F., Posada, R., Tascon, M., Schoelmerich, A., Sagi, A., Kondo-

Ikemura, K., Haaland, W., & Synnevaag, B. (1995) The secure-base phenomenon across cultures : children's behabior, mother's preference, and experts'concepts. In E. Waters, B. E. Vaughn, G. Posada, K. Kondo-Ikemura (Eds.), *Monographs of the Society for Research in Child Development*, **60**, 2-3.

Sagi, A., Lamb, M. E., Lewkowicz, K. S., Shoham, R., Dvir, R., & Estes, D. (1985) Security of infant-mother, -father, and metapelet attachments among kibbutz-reared Israeli children. In I. Bretherton & E. Waters (Eds.), Growing points of attachment theory and research. *Monographs of the Society for Research in Child Development*, **50(1-2)**, 257-275.

Sagi, A. (1990) Attachment theory and research from a cross-cultural perspective. *Human Development*, **33**, 10-22.

Sagi, A., Donnell, F., van Ijzendoorn, M. H., Mayseless, O., & Aviezer, O. (1994) Sleeping out of home in a Kibbutz comunal arrangement : It makes a difference for infant-mother attachment. *Child Development*, **65**, 992-1004.

Sagi, A., van IJzendoorn, M. H., Aviezer, O., Donnell, F., Koren-Karie, N., Joels, T., & Harel, Y. (1995) Attachments in a multiple-caregiver and multiple-infant environment : The case of the Israeli Kibbutzim. *Monograph of the Society for Research on Child Development*, **60**, 2-3.

Sagi, A., van Ijzendoorn, M. H., Scharf, M., Joels, T., Koren-Karie, N., & Aviezer, O (1997) Ecological constraints for intergenerational transmission of attachment. *International Journal of Behavioral Development*, **20(2)**, 287-299.

Solomon, J., George, C., & Ivins, B. (1987, April) *Mother-child interaction in the home and security of attacment.* Paper presented at the binneial meetings of the Society for Research in Child Development, Baltimore, Maryland, USA.

Solomon, J., George, C., & Wallerstein, J. (1995, March) *The development of attachment in separated and divorced families.* Paper presented at the binneial meetings of the Society for Research in Child Development, Indianapolis, Indiana, USA.

Spangler, G., & Grossmann, K. E. (1993) Biobehavioral organization in security and insecurity attached infants. *Child Development*, **64**, 1439-1450.

Takahashi, K. (1986) Examining the strange-situation procedure with Japanese mothers and 12-month-old infants. *Developmental Psychology*, **22**, 265-270.

Takahashi, K. (1990) Are the key assumptions of the 'Strange Situation' procedure universal ? A view from Japanese research. *Human Development*, **33**, 23-30.

True, M., M., Pisani, L., & Oumar, F. (2001) Infant-mother attachment among the Dogan of Mali. *Child Development*, **72**, 1451-1466.

臼井　博　(1992)　23ヶ月時における母親に対する服従・協力行動　三宅和夫（編著）乳幼児の人格形成と母子関係（pp. 149-165）　東京大学出版会

van IJzendoorn, M. H., & Kroonenberg, P. M. (1988) Cross-cultural patterns of attachment: A meta-analysis of the Strange Situation. *Child Development*, **59**, 147-156.

van IJzendoorn, M. H., & Sagi, A. (1999) Cross-cultural patterns of attachment. In J. Cassidy & P. R. Shaver (Eds.), *Handbook of Attachment: Theory, Research, and Clinical Apprications*. New York: Guilford.

Vereijken, C. M. J. L. (1995) *The mother-infant relationship in Japan: Attachment, dependency, and amae*. Netherlands: Labyrint Publication.

Wartner, U. G., Grossmann, K., Fremmer-Bombik, E., & Suess, G. (1994) Attachment patterns at age six in South Germany: Predictability from infancy and implications for preschool behabior. *Child Development*, **65**, 1014-1027.

Whiting, B., & Whiting, J. (1975) *Children of six cultures: A psycho-cultural analysis*. Cambrigde, MA: Harvard University Press.

第10章　アタッチメントと病理・障害

北川　恵

　アタッチメントと精神病理との関連については，最近，非常に多くの研究活動が活発になってきている。もともと，Bowlbyは，精神分析学を踏襲し，対象関係論の影響を受けながら，実証性や環境要因を重視するために，比較行動学や認知科学の知見を取り入れてアタッチメント理論を展開させた（Bowlby, 1969）。当時の精神分析学では，子どもの直接観察を資料として用いることはまれであり，精神分析家たちが乳幼児期について持っている諸概念のほとんどは，年長者のデータに基づいて生活史的に再構成されたものである。Bowlbyは，より有用なパーソナリティ理解のためには，こうした回顧的再構成で得られた理論のみではなく，乳幼児の直接観察に基づく未来予測的な理論化が必要と考えた。そして，とりわけ乳幼児期の心的外傷（母性的人物の喪失）に注目し，その結果として共通に現れる心理的・精神病理的諸過程を追跡するアプローチを採用した。

　ここでは，不安定なアタッチメントと精神病理との関連，アタッチメントの形成における危険要因，そして，それらへの介入について，概説していく。

10-1　アタッチメントが関わる精神病理

　アタッチメントと精神病理との関連には次の2通りがある。まず，生後一年間の非定型なアタッチメントパターンそのものを初期障害，あるいは精神病理の初期型と考える場合，すなわちアタッチメント障害である（表10-1参照）。

表10-1 アタッチメントと精神病理との関連

アタッチメント障害	アタッチメント型の個人差としての不安定型と同義ではない。将来，他の精神病理を呈するリスクが高いというよりも，乳幼児期においてすでに介入が必要なほど逸脱が極端な障害。	DSM-Ⅳでは， 　抑制性（inhibited）アタッチメント障害 　脱抑制性（disinhibited）アタッチメント障害 DSM-5では， 　反応性アタッチメント障害 　脱抑制型対人交流障害（Disinhibited Social Engagement Disorder）
	DSM-Ⅳ，DSM-5やICD-10では，被虐待や養育者の不在などを背景として，様々な対人場面で障害が現れるものと定義している。対人相互作用を開始・反応できない，選択的アタッチメントを示さず無差別に接近を求める，などの状態。	ICD-10では， 　反応性（reactive）アタッチメント障害 　脱抑制性（disinhibited）アタッチメント障害
	Zeaneh et al. (2000) は，①特定のアタッチメント対象を識別していないもの，②特定のアタッチメント対象はいるが，深刻なまでに不健康な関係を示すもの，③アタッチメント対象を突然喪失した場合に適用されるものの3種類（その下に下位分類）から捉えている。このうち①が，DSM-ⅣやICD-10で診断されるものと対応しており，特定のアタッチメント対象を識別しないため，様々な対人場面で障害が現れる。しかし②は関係特異的に障害が現れる。③については，アタッチメント対象喪失体験が個人に破壊的な影響を与えた場合にアタッチメント障害に至る。	Zeanah et al. (1993) では， ①アタッチメント未成立障害 　　（Disorders of nonattachment） 　Nonattachment with emotional withdrawal 　Nonattachment with indiscriminate sociability ②安全基地行動の歪曲（Secure base distortions） 　Disordered Attachment with Self-Endangerment 　Disordered Attachment with Inhibition 　Disordered Attachment with Vigilance/Hypercompliance 　Disordered Attachment with Role Reversal ③混乱性アタッチメント障害（Disrupted attachment disorder）

DSM-Ⅳ，DSM-5，ICD-10，Dozier et al. (1999)，Zeanah (1996)，Zeanah et al. (2000) を参照して作成。

2番目に，アタッチメントが，様々な精神病理へのリスクを増加したり緩和したりする媒介役割をとる場合である（Carlson & Sroufe, 1995；Greenberg, 1999）。

10-1-1　アタッチメント障害

アタッチメント障害という見立ては以下のように認識され定義されてきた（Greenberg, 1999）。まず，Bowlbyによるマターナルデプリベーション提唱以降，主要なアタッチメント対象との関係の剥奪や障害が，子どもの行動，認知，

情動の障害を引き起こし得ることが認められた。剥奪については，乳幼児期に親密なアタッチメントを形成しなかったこと，応答性の悪い歪んだ世話や虐待を受けること，確立された関係を喪失すること，の3通りがあげられた。アタッチメント関係の問題や欠如に起因する障害が診断学的に認識されるようになったのは，1980年のDSM-Ⅲからである。これは「反応性愛着障害（reactive attachment disorder）」と定義され，複数の関係性を通した広範な障害を特徴として持ち，かつ，8カ月前に発生し，そしてアタッチメントとはほとんど関係のない成長の失敗（failure to thrive）に関する症状を呈する，という基準を満たすものとされた。その後DSM-Ⅲ-RやICD-9では，発生年齢が5歳前に修正され，成長の失敗は基準から除外された。

引き続く，DSM-Ⅳにおいて，アタッチメント障害は「抑制型（対人的相互作用のほとんどを，発達的に適切な形で開始したり反応したりできないことが持続）」と「脱抑制型（拡散したアタッチメント）」の2種類に分けられた。また，ICD-10においては，「反応性」と「脱抑制性」の2種類に分別された。加えてDSM-Ⅳでは，これらの障害が，発達の遅れのみではうまく説明されず，広汎性発達障害の基準も満たさないこと，そして，病的な養育（子どもの基本的な情緒的要求の無視，身体的要求の無視，主要な養育者の頻繁な交替による安定したアタッチメント形成の阻害）がこれらの障害の原因と見なされることを診断基準としている。

DSM-5においてアタッチメント障害は，心的外傷およびストレス因関連障害に区分されるようになった。抑制型は「反応性アタッチメント障害」，脱抑制型は「脱抑制型対人交流障害」という2種類の診断基準となり，不十分な養育の極端な様式（基本的な情動欲求の充足が持続的に欠落する社会的ネグレクト，主たる養育者の頻回な変更，選択的アタッチメントを形成する機会の極端な制限）が原因とみなされることなどが診断基準になっている。

アタッチメント障害は，乳幼児期においてすでに介入が必要なほど障害が明らかな極端なアタッチメントの逸脱であり（Carlson & Sroufe, 1995），不安定なアタッチメント型とは識別されるものである。アタッチメント障害児は新奇場面法（SSP）で不安定なアタッチメントを示すであろうが，逆に，SSPで不安

定型を示す乳児は必ずしもアタッチメント障害ではない（Greenberg, 1999）。Zeanah *et al.* (1993) も，アタッチメント障害は，SSP で測定されるアタッチメントの個人差と同義ではなく，より深く広範な安全感（feelings of safety and security）の障害であると述べている。そして，アタッチメント障害は個人内ではなく対人間の障害であるのだから，診断の際にはアタッチメント対象者を安全基地として用いながら探索活動をする「アタッチメント─探索」のバランスに注目できるような，自然な状況でのアタッチメント関係測定が必要であると主張している。そして，現在の診断学には次のような問題点があると指摘している。つまり，(1) DSM-Ⅳ も ICD-10 も様々な対人場面で障害が現れることを診断基準としているが，発達研究ではアタッチメントは関係によって異なり得ることが明らかにされているのだから，アタッチメント対象者との関係に注目して診断すべきである，(2)診断基準が，極端な被養育状況の子どもだけに限定されており，ひどい虐待やネグレクトはなくても不健康な関係にいる子どもを説明しない，(3)臨床的経験から，現在の定義ではアタッチメント障害が呈するものを適切には捉えていない，ということである。

そこで Zeanah *et al.* (1993) は，理論的仮定と発達研究を踏まえながら新たな診断基準を提案した。その後，発達研究に基づいて広い範囲のアタッチメント障害を適切に定義・分類できるよう基準を改定し，アタッチメント障害を「アタッチメント（愛着）未成立障害（Disorders of nonattachment）」「安全基地行動の歪曲（Secure base distortions）」「混乱性アタッチメント（愛着）障害（Disrupted attachment disorder）」の 3 種類に広く分類した（Zeanah & Boris, 2000 ; Zeanah, Boris, & Lieberman, 2000）。「アタッチメント未成立障害」は精神年齢 10 カ月を超えて認知能力が備わりながらも特定のアタッチメント対象を識別しない場合であり，情緒的に退却した状態（nonattachment with emotional withdrawal）と，人見知りなく慰めを求める状態（nonattachment with indiscriminate sociability）とがある。いずれも乳児はアタッチメント対象を識別しないため，障害は様々な関係性に共通して現れると考えられる。

この「アタッチメント（愛着）未成立障害」に関しては，ルーマニアの孤児の研究から様々な示唆が得られている。1989 年にチャウセスク政権が崩壊し

た時に，当時のルーマニアの孤児院から1万人以上の孤児が，アメリカ，カナダ，イギリスなどへ養子として引き取られていった。Chisholm のグループ (1995, 1998) は，その中の一部の孤児を追跡調査している。孤児院で過ごした月日が4カ月未満の孤児で養子にもらわれた者は養子になって4年が過ぎたときには，8カ月以上孤児院にいて養子にもらわれた子よりも有意に安定型となっていた。さらに，孤児院4カ月未満で養子になった群は，カナダに住む実子の統制群と差がなかった。顕著であったのは，8カ月以上孤児院にいた群では，30カ月時でのアタッチメント測定よりも今回（その2年後）におけるアタッチメント測定で安定型が増えたにもかかわらず，無差別友好態度が依然見られたことである。ただし，この無差別友好態度が見られた子は，孤児院時代に数少ない保育者から「お気に入り」とされていた子であったこともわかった。この研究者らは，無差別友好態度が直接，無差別なアタッチメントと関連すると言えないと議論している。というのも，8カ月以降に養子にもらわれた群であまりアタッチメントが安定しなかった子たちの養親の特徴として，社会的階層が低く，より多くのストレスを抱えている現状が明らかになったからである。孤児院での劣悪養育経験によって形成された（されなかった）アタッチメントは，現在の養親の生活環境という家族システムの状態も把握した上で分析しないと，孤児院での経験のみが子どもの発達に悪影響を与え続けると結論づけられてしまう危険性がある。

　ところで，特定のアタッチメント対象を識別しながらも，その対象との関係が不健康な「安全基地行動の歪曲」では障害は関係特異的に現れる。これはさらに，安全基地を顧みずに探索し危険な行動をとる状態（disordered attachment with self-endangerment），探索をせず不安でしがみついている状態（disordered attachment with inhibition），養育者の不機嫌を恐れるかのように従順で迎合的な状態（disordered attachment with vigilance / hypercompliance），情緒的な支持や保護などの役割が親子で逆転している状態（disordered attachment with role reversal）という4つの下位分類によって構成されている。

　3つ目の「混乱性アタッチメント（愛着）障害」は，アタッチメント対象を突然喪失した子どもに適用される。診断基準は，親との短期間の分離を体験し

た乳児が抗議・絶望・離脱の過程をたどるという研究に基づく記述と一貫するものである。乳幼児期にアタッチメント対象を喪失することは，他の時期の喪失体験とは質的に異なる破壊的な影響があるという理論的根拠に基づいて，アタッチメント障害にこの分類が設定された。しかしながら，例えば，他のアタッチメント対象がいることによって喪失の影響は緩衝されるのか，不健康な関係のアタッチメント対象より健康で安定した関係のアタッチメント対象を喪失する方が子どもは傷つきやすいのかといった疑問は残されたままである。同じく喪失を体験しても，他のどのような状況によって，アタッチメント障害という状態に至るのかという問題についてさらなる研究が必要である。

アタッチメント障害については，診断基準の妥当性について，乳児期のアタッチメント障害が後の発達のプロセスをどのようにたどっていくのかについてなど，多くが今後の研究課題である（Greenberg, 1999）。

10-1-2　リスク因としてのアタッチメント

人生早期のアタッチメントパターンが次第に子どもの属性になっていくメカニズムは内的作業モデル（IWM）仮説で説明されている（Bowlby, 1973, 1988）。第2章で述べられたように，子どもはアタッチメント対象者と日々繰り返す実際の相互作用に基づいて，アタッチメント対象者の応答性についての確信と自身がアタッチメント対象者に応答され得るかについての確信とを相補うように形成する。こうした確信に基づいて予測をたて，アタッチメント対象者との間で最も安心感を得られる行動を決定するようになる。アタッチメント対象者が応答的で，自身も応答され得る人物という表象モデルをもつ子どもは，不安な時に，アタッチメント対象者に接近を求めなぐさめを得る。

しかし，アタッチメント対象者が一貫した応答性を示さない時には，次善の方略（Main, 1990）として，アタッチメント行動の表出レベルや認知過程を操作する防衛が働くようになる。これは，乳幼児期には養育者との関係性において適応するための方略であったが，IWMとして個人特有の心的ルールとなることで，その後の多くの状況でも同様に防衛的に作用し続けることとなる。そうなると，成長後，ストレスが高い状況下において，不安や苦痛を緩和するた

めに，有効に他者との関係性や環境を利用することができず，悪循環に陥ることが考えられる（Carlson & Sroufe, 1995）。こうした心的弾性のなさが，精神病理のリスクを高めると考えられる。

　IWM の防衛的な情報処理方略と精神病理との関連については次のように説明されている（Dozier, Stovall, & Albus, 1999）。乳児が非応答的な養育者との間でとる方略パターンには，アタッチメント欲求の表現を<u>最小化</u>する試みと<u>最大化</u>する試みの 2 通りがある。最小化方略とは，苦悩や養育者の有効性についての問題から防衛的に注意をそらすような働きであり，自分自身の感情にはあまり接近せず，養育者の有効性については非現実的な描写を育むようになる。最大化方略とは，苦悩や養育者の有効性についての問題に防衛的に注意を向ける働きであり，もつれからまった心の状態となり，自分自身の恐れの感情が妥当なものであるのか，養育者は有効なのかが正確に判断できなくなる。そして，これらはどちらも精神病理へのリスクとなる。最小化方略は否定的な表象を解決することなく，不安や苦痛といった自己内部の問題が行動上の問題となって現われる<u>外向性次元の障害</u>（反社会性人格障害や摂食障害）と関連しやすい。最大化方略では注意は養育者の有効性に集中しており，否定的な表象は痛々しいほど活性化されているために，不安や苦痛そのものを症状とするような内向性次元の障害（不安障害や境界性人格障害）と関連しやすい。

　一方で，乳児期のアタッチメントが後の精神病理へのリスクとなるという過度に単純化したモデルには注意が必要である。つまり，リスクは不安定なアタッチメントだけではなく，子どもや家族がおかれている環境に属する他の要因も含めた文脈の中で捉えられる必要がある。むしろ，安定したアタッチメントが，ストレスの高い状況下で病理に陥るリスクを低める保護要因になる可能性もある。アタッチメントと精神病理との関連は，親子をとりまく環境を含めた広い文脈で理解することが必要である（Greenberg, 1999）。

10-1-3　子どもの不適応とアタッチメント

　乳児の SSP によるアタッチメントのタイプとその後の不適応との関連を検討する縦断研究は，主に外向性次元である行動上の問題に注目したものが多く

(Greenberg, 1999)。社会状況的な問題を抱える高リスク群を対象とした研究において，アタッチメントと問題行動との有意な関連が認められている。

　代表的な縦断研究としては，若年の未婚の母親（高リスク群）とその子どもを青年期まで追跡した the Minnesota Parent-Child Project（Egeland & Sroufe, 1981 など）がある。この一連の研究によって，回避型（Avoidant）のアタッチメントが後の攻撃的な行動や不適応と関連していることが確かめられた。例えば，6 カ月時に高い侵入性を示した母親 45 名の子どもを追跡し，統制群と比較したところ，12 カ月時のアタッチメントは回避型が多く，42 カ月時点の実験室観察では言うことをきかず回避的であったり多動であったりし，小学校 1 年時では教師評定による問題行動の得点が高かった（Egeland, Pianta, & O'Brien, 1993）。同サンプルから，乳児期のアタッチメントの回避型が小学校 1～3 年生の男児における攻撃性と受動的な引っ込み思案の両方を予測することも見出されている（Renken et al., 1989）。

　また，抑うつの母親という高リスク群を対象とした Cambridge の縦断研究がある。Lyons-Ruth et al.(1991)は，62 組の母子を対象とし，18 カ月時の無秩序・無方向型(Disorganized)を含めた 4 分類法によるアタッチメント型と，5 歳時の問題行動との間に有意な関連を見出した。幼稚園で仲間に攻撃的行動を向ける子ども 17 名のうちの 71％が，かつて無秩序・無方向型と分類された子どもであり，また，無秩序・無方向型に分類された子ども 27 名中 59.2％が回避型に副分類(未組織／回避型)されていた。一方，主分類が回避型の子どもは必ずしも攻撃的ではなかった。つまり，攻撃行動と関連するのは，アタッチメントの回避的な傾向よりも，方略が組織化されていない状態であることが示唆された。

　一方，経済的に恵まれた低リスク群を対象とした研究では，乳児期のアタッチメントと後の攻撃的行動との間に有意な関連が見出されていない（Lyons-Ruth, 1996）。例えば，18 カ月時に明確に回避型ないし安定型（Secure）と分類された 81 名について，24～48 カ月までの両親評定や，家庭およびグループでの二度の観察から，問題行動との関連を検討した結果，有意な関連は回避型の女児においてグループ観察での評定との間で得られたのみであった（Fagot & Kavanagh, 1990）。

このように低リスク群を対象とした場合，被験者は研究に自発的に協力してくれた中流階級が中心であり，そもそも乳児のアタッチメントが不安定型に分類される比率が低く（30％以下），また，成長後においても問題行動の出現は少ない（Greenberg, 1999）。Lyons-Ruth（1996）は，社会状況的な問題が低い場合には，回避型の防衛的な方略が攻撃性の危険因子とならないと述べている。また，無秩序・無方向型についても2種類の下位集団がある可能性を指摘しており，それは中流階級の低リスク群で見られる安定型寄りの無秩序・無方向型（安定—無秩序・無方向型）と，高リスク群における回避型寄りの無秩序・無方向型（回避—無秩序・無方向型）である（Lyons-Ruth *et al.*, 1991）。彼らは，安定—無秩序・無方向型の子どもを持つ母親が子どもからひきこもるのに対して，回避—無秩序・無方向型の子どもの母親は侵入的で役割逆転を示しがちであること，また，抑うつや被虐待の既往，入院歴，虐待歴など深刻な心理社会的問題がある場合が多いことを見出した。

　こうした結果が示す通り，子どもの問題行動が発現するメカニズムを考える上では，アタッチメントの質以外のリスク要因も含めた理論モデルが必要であることが明らかだろう。Greenberg *et al.*（1993）は，攻撃的な問題行動の発生に寄与する要因として，家庭内ストレス（夫婦葛藤，片親，低収入，低学歴，家族の多さ），親のしつけの厳しさ，子どもの気質や器質的要素，アタッチメントの質という4因子モデルを提唱している。すなわちアタッチメントの質のみが，攻撃的行動の発生への必要十分条件ではないのである。

10-2　成人の精神病理とアタッチメント

10-2-1　不安障害

　不安障害と診断された成人を対象として，AAIによる現在の心的状態を調べた研究はあまり多くないが，自らの不安感に圧倒される内向性次元の病理である不安障害にはとらわれ型の特徴が現れることが予測できる。様々な病理の臨床群を対照群と比較したFonagy *et al.*（1996）の研究においては，不安障害

は3分類中ではとらわれ型に分類されることが最も多い（安定自律型7名，とらわれ型29名，愛着軽視型8名）が，他の臨床群と比較して有意に多い比率ではなかった。むしろ，4分類での未解決型が他の臨床群と比較して有意に多く（不安障害44名中未解決型は38名），不安の背景として心的外傷を体験しそれが心的に未解決なままであることが示唆された。また，Rosenstein & Horowitz (1996) は，Millon Multiaxial Personality Inventory の不安尺度得点が高い者のうち，65％がとらわれ型の心の状態であることを示した。残る35％はアタッチメント軽視型であった。

　不安障害が，必ずしもアタッチメント要求を最大化する防衛方略と対応する結果を示さないことについて，Dozier et al. (1999) は以下のように述べている。すなわち，不安障害には，恐れ（Fear）を中心とする症候と回避（Avoidance）を中心とする症候とが混在しており，前者は一般的な不安障害やパニック障害といった内向性次元の病理となり，後者は広場恐怖を伴うパニック障害や恐怖障害といった外向性次元の病理となる。そのため，不安障害とアタッチメントに関する心の状態との関連を検討する際には，内向性次元と外向性次元という観点から不安障害の特定の下位診断を考慮する必要があると述べている。

10-2-2　摂食障害

　アタッチメントの観点から摂食障害を検討したところ（Cole-Detke & Kobak, 1996），摂食障害という病理について，自身の感情や苦悩から注意を食行動に向ける試みであると考察されている。その結果，うつを報告した女子大生やうつと摂食障害を報告した女子大生にはとらわれ型が多かったが，摂食障害のみを報告した女性にはアタッチメント軽視型が多いことが認められ，摂食障害には最小化方略が，うつには最大化方略が関連していると報告している。一方Fonagy et al. (1996) の研究から，摂食障害は，3分類中ではとらわれ型に分類されることが最も多く（安定自律型1名,とらわれ型9名,愛着軽視型4名），4分類では14名中13名が未解決型に分類された。ただし，こうした摂食障害群における分類の偏りは，他の臨床群と比較して有意に多い比率ではないという。

　これらの研究結果の矛盾について，Dozier et al. (1999) は次のように議論し

ている。Cole-Detke & Kobak のサンプルでは，摂食障害であると同時にうつを報告した者が過半数を超えており，うつの併発群にとらわれ型が多かった。しかし，Fonagy らのサンプルでは，臨床群そのものに DSM 第 1 軸（気分障害，不安障害，摂食障害，物質乱用など）の併発率が高かったために，他を併発する者も含めて摂食障害の診断がついた者の特徴を検討し，純粋に摂食障害のみの群を抽出していない。もし，摂食障害者にうつの確率が高いのならば，Fonagy らのサンプルには，うつを併発していた者が多く含まれていた可能性があるだろう。併発者を除外した，純粋な摂食障害者の結果は，Cole-Detke & Kobak と同様に，アタッチメント軽視型が多かった可能性が考えられる。

　Fonagy らの研究で，摂食障害群が他の臨床群と比べて有意に際立つ特徴を示したのは，AAI の下位評定である「親の理想化」得点の高さである。彼らは，臨床場面で摂食障害者に感じる完全主義的な印象と重なる結果であり，標準というものを誇張しすぎる心性が両親に対しても向けられていることを示す結果であると考察している。「理想化」とは，親について，意味記憶レベルでは理想化された抽象的な描写をするものの，それを裏づけるエピソード記憶が語られない（具体的な記憶の想起不能など）という語りの特徴である。アタッチメントにまつわる記憶や感情の活性化を避けようとする最小化方略の現れといえる。彼らのサンプルでは，うつ群の理想化得点は有意に低かった。摂食障害群にうつ併発者が多く含まれていたとしても，摂食障害の有意な特徴として，高い理想化という最小化方略が認められた結果は，摂食障害を外向性次元の障害（アタッチメントに関する心配事から注意をそらし，より外的で，より到達可能な身体の変化という目標に注意を向けたもの）とする Cole-Detke & Kobak（1996）の提言と合致するものと考えられる。

10-2-3　うつ

　うつは最大化方略と関連すると考察した（Cole-Detke & Kobak, 1996）研究がある一方，うつは最小化方略と関連することを示す研究結果も得られている（Patrick et al, 1994）。

　うつについても，内向性の方略が優勢なものと外向性の方略が優勢なものと

が混在していることが指摘されている (Dozier et al., 1999)。つまり，内向性の方略が働くと自責や自己非難が現れ，外向性の方略が働くと対人関係の敵意が現れる。他の精神病理との併発を考慮した研究結果を概観すると，この指摘は妥当であると考えられる。Rosenstein & Horowitz (1996) は，うつと行為障害（外向性次元）とについて次の結果を得た。すなわち，純粋にうつのみを示した群では，とらわれ型に69％が分類されたことに対し，うつと行為障害の併発群では25％，行為障害群は14％のみがとらわれ型であった。また逆に，Patrick et al. (1994) は，境界性人格障害（内向性次元）群では100％がとらわれ型であったことに対し，境界性人格障害ではなく，うつのみに疾患している群では50％がアタッチメント軽視型に分類されたと報告している。以上より，内向性次元の症状あるいは外向性次元の症状いずれかに併発している群を除外することによって，うつとAAIとの関連のあり方が異なっていることがわかる。

また，Fonagy et al. (1996) は，うつの下位タイプによってアタッチメント分類型に有意差があることを示している。大うつ病性障害は，双極性障害や気分変調性障害よりも安定自律型が有意に多く（安定自律型の比率は順に，40％，19％，10％），双極性障害は，大うつ病性障害や気分変調障害よりもアタッチメント軽視型が有意に多かった（アタッチメント軽視型の比率は順に，38％，7％，14％）。この結果について，大うつ病性障害は慢性的な気分障害などと比べてエピソード的な性質をもつために，全般的な心の状態の一貫性は損なわれないという可能性と，大うつ病性障害には器質的な要因が強いため養育環境との関連は弱くなるという可能性を考察している。

10-2-4　解離性障害と境界性人格障害

解離性障害や境界性人格障害に特有の，表象がバラバラで断片化された状態は，Bowlbyの多重モデルと対応し，接近と回避の葛藤は，組織化されていないアタッチメントの無秩序・無方向型の特徴に対応する。外傷後，養育者が敏感な世話や保護の感覚を与えることができると子どもの恐怖は解決されやすいが（Main & Hesse, 1990），養育者が情緒的サポートを与えることができないか，養育者自身が恐怖の源である場合，子どもは長期的に恐怖にさらされ続ける。

圧倒されそうな恐怖から解離するという防衛は，子どもにとっては生存のために必要な手段なのだが，慢性化するとささいなストレスでも解離状態に陥りやすくなり，後の解離性障害へとつながる可能性となる（Main & Morgan, 1996）。また，親自身が恐怖の源である場合，子どもは親表象をひとつのモデルに統合できないまま苦痛にとらわれることになり，最大化方略が優勢な境界性人格障害にいたる（Main & Hesse, 1990）。

解離性障害については，the Minnesota Parent-Child Project の縦断研究において，乳児期の無秩序・無方向型が，小学校や高校での教師評定による解離症状や，19歳時の自己報告による解離症状と関連することが示された（Carlson, 1998）。なお，乳児期に無秩序・無方向型に分類されることは，内因性の先行要因（周産期の異常や母親の病歴）とは関連がなかった。さらに，構造方程式モデルによる分析は，早期の被養育体験と，思春期の精神病理および解離症状を，無秩序・無方向型のアタッチメントが媒介している傾向にあることを示した。

境界性人格障害については，AAI との関連を検討した研究が行われている。Patrick et al.（1994）は，境界性人格障害の患者12名と，同数の気分変調性障害の患者を比較した結果，境界性人格障害群では12名ともとらわれ型に分類され，うち10名が外傷体験へのとらわれを特徴とする型（E3）に下位分類された。その上，12名中9名が未解決型と判定された。これに対し，気分変調性障害群ではアタッチメント軽視型が優勢（12名中6名）で，外傷体験を解決していることが多く，未解決型は2名に過ぎなかった。以上より，外傷体験そのものの有無よりも，それを心的に解決できていないことが，境界性人格障害と関連することが示唆された。

同様に，Fonagy et al.（1996）では，36名の境界性人格障害患者のうち，27名（75％）がとらわれ型に，そのうち17名がE3型に下位分類された。また，未解決型は32名（89％）であった。さらに彼らは，被虐待体験と洞察的自己（Reflective Self）（Fonagy, Steele, & Steele, 1991）のレベルとが境界性人格障害に関連するあり方を分析した。洞察的自己とは，AAI の下位評定であるメタモニタリングに準ずる心の状態として，彼らが独自に開発した尺度であり，自己や他者にもそれぞれ意図や動機があることを理解する能力を評価するものであ

る。また，洞察的自己低群（洞察的な理解能力が低い群）では，虐待を報告した29名中28名まで（97％）が境界性人格障害の診断を受けていたのに対して，洞察的自己高群では，虐待を報告した24名中でその診断を受けたのはわずか4名（17％）であった。子ども時代の被虐待体験は心的機能を抑制しやすく，それによって虐待体験も未解決のままとなることが境界性人格障害を顕在化させるという発症プロセスが推測されていた。

10-3　アタッチメント形成過程における危険要因

10-3-1　機能不全家族（アルコール症）

　機能不全家族の代表的なものとして，アルコール症の親をもつ家庭がある。そこで育った子どもは，成長後に特有の生きにくさを抱え，自らをAC（ACOA：Adult Children of Alcoholics）と称している（Gravitz & Bowden, 1985 大越訳, 1994）。米沢（1995）は，親がアルコール症の家族の特徴を次のように述べている。まずお酒のせいで約束が守られないなど，信頼感が喪失する。同時に，ルールや役割やコミュニケーションといった家族システムが変化する。加えて子どもは，暴力を受けたり目撃したり，自分を大切な存在と思えなかったり，自分の感情を無視したりすることを覚えるようになると考えられる。

　父親のアルコール症という問題については，Eidenたちが一連の実証研究を展開しており，次のような結果を報告している。まず，父親がアルコール症であると，父親も母親も抑うつを呈しやすいという親の精神病理リスク，結婚不満足などの家庭環境リスクが高くなる（Eiden & Leonard, 1996；Eiden, Chavez, & Leonard, 1999）。

　さらに，父親のアルコール症という問題が，これらのリスク要因と相互作用しながら，両親の子どもへの関わりとどのように関連するかを検討した。その結果，母親の子どもに対する敏感性については，父親のアルコール大量摂取，母親の抑うつ，結婚満足の低さが関連し，これらいずれかの条件を満たすと，母親の子どもに対する敏感性は低かった（Eiden & Leonard, 1996）。父親の子ど

もに対する敏感性については，父親がアルコール症の場合，父親の子どもに対する敏感性は低く，この関連を父親の抑うつが媒介していた（Eiden *et al.*, 1999）。また，母親の子どもに対するいらだちについては，父親がアルコール症の場合に高く，父親のアルコール症と母親の抑うつとは，それぞれ独立して，母親の子どもに対するいらだちと関連があった（Eiden & Leonard, 2000）。父親の子どもに対するいらだちも，父親がアルコール症の場合に高く，この関連を父親の抑うつと反社会的行動がそれぞれ媒介していた（Eiden & Leonard, 2000）。これらの結果より，父親のアルコールの問題が，すでに乳児期における母子や父子の機能と関連することが認められた。

父親のアルコール症は，乳児のアタッチメントとも有意に関連することが確認された（Eiden, Edwards, & Leonard, 2002）。乳児が父親に示すアタッチメントについては，アルコール症の父親は乳児への敏感性が低く（父子遊び場面での否定的情緒の強さ，肯定的関わりの少なさ，敏感な応答性の低さ），その結果，乳児の父親へのアタッチメントが有意に不安定になっていた。乳児が母親に示すアタッチメントについては，父親のアルコール症と母親へのアタッチメントとの関連を，母親の抑うつが媒介していた。つまり，父親のアルコール症があり，母親の抑うつが高いと，子どもの母親へのアタッチメントは不安定となりやすかった。

以上より，父親のアルコール症が家族の機能や親子関係の質に影響することが検証された。乳児のアタッチメントは家族環境の中で発達するのであり，この環境がアタッチメント安定性に有意な影響を及ぼすプロセスが支持されたといえる。

10-3-2 子ども虐待

家庭内における子ども虐待は，家族の機能不全の最も極端な状況と言える。こうした状況に置かれた子どもは，被虐待経験によって不安定な表象モデルを形成し，それによって自らが親になった時に子どもと不適切に関わる確率が高くなる，とも言われている。

虐待についての先駆的な研究としては，Main & Goldwyn（1984）のものがある。虐待する親には，攻撃性のコントロールが困難で，他者の苦痛を嫌悪し

非共感的に反応，孤立する傾向といった特徴が見られやすく，虐待を受けた子どもはわずか1～3歳にして同様の行動特徴を示している。また，虐待を受けていなくても，母親から拒絶された子どもは同様の行動特徴を示していた。さらに，被虐待経験のない母親にAAIを施行した結果，自分の母親に拒絶された経験と，自分が子どもを拒絶・回避することとの関連が確認された。このような母親はAAIで子ども時代の記憶欠如の傾向も高かったため，母親が経験で学んだ行動をそのまま子どもに繰り返しているというより，経験が内在化された表象モデルが無意識的に現在の行動を導いているメカニズムが考察された。

　虐待を受けた子どものアタッチメントについての研究を概観したMorton & Browne (1998) によると，諸研究結果を平均して，被虐待児の76％が不安定型のアタッチメントを形成しており，統制群の34％と比べて有意に多かった。ただし，研究が開始された当初には，被虐待児のアタッチメントを3分類で捉えた場合，相当な比率で安定型が存在するという報告があった。例えば，Egeland & Sroufe (1981) では，ネグレクトされた乳児24名中，12カ月時には36％が，18カ月時には47％が安定型に分類され，また身体的虐待を受けた乳児4名は，12カ月時には半数，18カ月時には全員が安定型であった。Schneider-Rosen, Braunwald, Carlson, & Cicchetti (1985) は，12，18，24カ月時の縦断研究を行い，被虐待児の安定型比率は各時点で，29％（17名中），23％（26名中），32％（28名中）であったと報告している。しかし，被虐待児の安定型は，典型的安定型の特徴には当てはまらず，むしろ抵抗と回避のどちらも高いことが特徴であった。

　そこで，Crittenden (1985) は，被虐待児のこれらの群を回避—アンビヴァレント型と名づけた。その後，SSPで分類不能とされたケースを被験者の特徴を共に検討していたMain & Solomon (1990) は，ストレスに対処する方略が組織化されていないことや，奇怪な行動を示すことを特徴とする無秩序・無方向型を見出した。そして，Crittendenが提唱した回避—アンビヴァレント型は，無秩序・無方向型の中でも被虐待児に特徴的な下位分類の一つではないかと指摘した。そこで，Carlson, Ciccetti, Barnett, & Braunwald (1989) は，かつてのデータを，無秩序・無方向型を含めた4分類法で再評定したところ，被

第10章　アタッチメントと病理・障害

虐待児の82％が無秩序・無方向型（統制群では19％）であり，安定型は14％に過ぎないことを確認した。

　一方，自らの被虐待体験が心的に未解決なまま（未解決型）の母親には，組織化されないアタッチメント（無秩序・無方向型）の乳児が有意に多いという結果が得られている。喪失や外傷体験のある母親とその子どものアタッチメントを検討したAinsworth & Eichberg（1991）は次のような結果を見出した。すなわち無秩序・無方向型乳児の母親15名中，10名が過去にアタッチメント対象を亡くし，喪の作業が未完遂であった。残り5名のうち，2名は喪失や外傷を報告しなかったが，4名はAAIの直前に，生死に関わる病気，夫の薬物やアルコールの嗜癖，父親に虐待された経験があり，それぞれ未解決であった。また，無秩序・無方向型の子どもは，喪を解決している母親20名のもとでは2名，喪失を経験していない母親15名のもとでは3名であったのに対し，喪が未解決であった10名の母親の子どもは全員無秩序・無方向型に分類されている。心的外傷が未解決なままであると，恐怖の記憶が現在の日常生活に突然侵入してかつての不安がよみがえり，そのような時の母親のふるまいはその場に生じていることとは無関係であるために乳児を脅かすのではないかとAinsworth & Eichberg（1991）は考察している。Main & Hesse（1990）も，無秩序・無方向型の子どもが示す接近と回避の葛藤は，アタッチメント対象が恐怖を引き起こす存在でありながら同時にその恐怖を緩和する存在でもあるところに由来し，それらが同時に触発される結果，相互に抑制し合い，行動や表情の停止という状態が生じると述べている。

　一方，外傷体験のある母親であっても，それを心的に解決できている場合は，未解決の場合より，子どもが無秩序・無方向型である比率が少ないことをAinsworth & Eichberg（1991）は指摘している。虐待が必ずしも繰り返されないケースにも注目することによって，悪循環を断ちきるための介入に有効な知見が得られることと思われる。

10-4　本章のまとめ

　応答性の悪い養育や外傷的な体験によって，特定の防衛が働くIWMが形成

され，それによって特定の病理や養育行動につながりやすいという経路が本章では示された。その一方で，乳児期の表象が変容する可能性も示されている。乳児の時の SSP と同一個人の成人での AAI が有意に一致した2つの報告 (Waters, Merrick, Treboux, Crowell, & Albersheim, 2000 ; Hamilton, 2000) において，その中で不一致であった青年は，18歳までに，親の死，親の離婚，親や自分の生死に関わる病気，親の精神的障害，身体的性的虐待など，不幸な出来事を経験していた者が多かったことがわかった。さらに，Weinfield, Sroufe, & Egeland (2000) は，生活環境が安定しにくい高リスクの被験者で縦断研究を行った。こうした被験者群においては縦断的な一致率は50.9%と有意ではなかった。一致しなかった被験者群には特有の困難な人生の出来事があった。例えば，乳児期に不安定型であった被験者のうち，虐待経験のない者はある者より安定型に移行することが多く，乳児期に安定型であった被験者のうち，母親がうつになった者はならなかった者より不安定型に移行することが多かった。これらの研究結果をうけて，Waters, Weinfield, & Hamilton (2000) は，縦断的に一致する場合も一致しない場面も含めて説明できる理論化が必要と述べている。特に不一致については，アタッチメントに関する人生の重大な出来事が影響することが考えられる。例えば母親がうつになるということは，応答性が実際に変化することであり，これによって子どもの IWM が変化するのではないかと考察している。逆に，乳児期に不安定なアタッチメントを形成していても，後に応答的な関係性を体験することで，IWM は修正的に変容することが考えられる。そして，ひとつ覚えておかなければならないことは，回避型やアンビヴァレント型はひとくくりに「不安定型」と呼ばれることが多いものの，これらはひとつのリスク因とはなる場合があるものの，発達の不利益を決定づけるものではないことである。

　発達初期に形成される表象の重要性や持続性については認められつつも，後の経験による変化の可能性も視野に入れた理論化が，臨床場面への応用のためにも必要と考えられる。そして，特に臨床的な影響を考える上では，母子孤立や貧困などアタッチメントの形成に不利益に働く環境要因も考慮することが大切であろう。

TOPIC10-1

インターベンションとしてのアタッチメント

問題を抱えた母子への臨床的な介入の有効性について,いくつかの研究や実践が行われている。

アタッチメント形成過程の乳児とその母親への臨床的な介入は,母子関係の改善を目標として,母親の敏感性を高める支持的な介入や,母親の表象に働きかける洞察志向の心理療法が主に行われている(Morton & Browne, 1998)。介入の効果は,母親の敏感性や応答性の改善,あるいは乳児のアタッチメントの安定化,いずれかのみに認められることが多く,一貫した結果は得られていない(Lieberman & Zeanah, 1999)。介入についての研究を概観した van IJzendoorn, Juffer, & Duyvesteyn (1995) によると,いずれの介入も,アタッチメントの質の改善を目的とするという点では共通しているが,その方略,計画,効果は多様である。介入の焦点として,具体的な母子相互作用のみを扱うものもあれば,高リスク世帯に経済面などの環境全般を支援しながら母子関係の改善を目指すものもある。介入の強度も,介入者と被験者が接触を持たずに活字での情報提供のみがなされるものもあれば,50回以上のセッションを持つものもある。これらの諸研究結果を一般化することは難しいが,現在までのところ,介入の効果は,不安定型アタッチメントの比率が高い被験者群において,行動レベルでの短期的な改善に有効性が示されていると言える(van IJzendoorn, Juffer, & Duyvesteyn, 1995)。

例えば,第10章でも何度か取り上げた the Minnesota Parent-Child Project の研究結果に基づいて,Steps Towards Effective, Enjoyable Parenting (STEEP) という地域志向のプログラムが実践されている(Erickson, Korfmacher, & Egeland, 1992)。ここでは,母子関係について母親自身が有する感情や態度,表象に焦点づけて,母親の IWM の変容をはかることが目標とされている。対象者は,ストレスフルな生活環境,貧困,若年,不十分な教育,社会的孤立といったリスクを抱える母親であり,妊娠中の家庭訪問によって,子ど

もの要求についてや親になることへの感情について話し合いがなされ，子どもの誕生への準備がなされる。その後も子どもが1歳になるまで，洞察的で治療的な関係性に基づく家庭訪問や，グループセッションも併用されることによって，母親自身の養育機能についての手応えを高めることが促進される。この介入によって，子どものアタッチメントへの予防的効果があるかについては，有意な結果が今のところ認められていない。これは，統制群には介入がなされなくても安定型の比率が多いという天井効果が理由として考えられる。また，表象に働きかける介入は，行動レベルに働きかける介入より，不安定なアタッチメントの根元に影響を及ぼすものであるのだから，長期的には効果が高い可能性を除外してはならないと van IJzendoorn *et al.* (1995) は述べている。このプログラムそのものは高リスク母子を対象に多くの地域で取り組まれている。

 臨床的介入についての研究を概観した Lieberman & Zeanah (1999) によると，介入前後に，母親の表象，母親の敏感性，乳児の表象を測定して効果を検証した研究はまだ報告されていない。van IJzendoorn *et al.* (1995) は，行動レベルのみが改善するような介入では，子どもの発達に応じて適切で敏感な養育行動がとれない可能性を指摘し，行動レベルの介入も表象レベルの介入も長期的な効果を検証する縦断研究が必要であると述べている。理論と臨床実践とを有効に橋渡しするような研究が，今後一層進展することが期待される。

北川　恵

---------- TOPIC 10-2 ----------

外部脅威とアタッチメント

　アタッチメントとは，簡単に言えば，養育者との相互作用のプロセスから，安心（安全）─不安のバランスをどのように自分の中に取り込むのかということだろう。そして，アタッチメント理論がとっている立場は，その安心感という心的状態が養育者との関わりで育まれるということであり，至近的な養育者や保育者との関係のほか，つまり環境からの安心・安全性は，ほとんど問題にされてこなかったと言えよう。

　しかし，アタッチメントが安心・安全の度合いを問題にしていることを考えれば，そこに脅威を与える要因が，子どものアタッチメントの発達にも影響を表すことが考えられるだろう。そのひとつが，この第10章でも取り扱った，親が子どもに脅威となる子ども虐待である。ここでは，本来，安全・安心を供給すべき親が，子どもに恐怖を与える存在となる。ネグレクトの方は，加害的な行動はとらないものの，食事を与えない，不衛生な状況を改善しないなど，何もしないことで子どもの安全を脅かすことになる。程度の差はあれ，このように親によって，自分の生存を脅かされる要素が日常的に蔓延していると，機能不全のアタッチメントを形成しやすいことは，すでに見てきたとおりである。

　この家庭内部における脅威とは対照的に，家庭の外にある脅威はどのように影響をするのであろうか。外部脅威の代表は，戦争やテロ，迫害などがあがるだろう。その中で，アタッチメントの領域で代表的な報告として，第二次世界大戦中のユダヤ人大量虐殺関連の研究がある。

　ナチスドイツによる第二次世界大戦中のユダヤ人大量虐殺は，ホロコーストと呼ばれている。その時に親や親族を殺されたり，自分も迫害を受けた人たちの多くが西欧やイスラエルに移住した。そのような生存者を対象としたアタッチメント研究が行われている（Bar-On *et al.*, 1998 ; Sagi *et al.*, 2002）。ホロコーストの生存者の多くは，家族を持ち，後の社会環境で適応していると言われている反面，持続的な不安感やうつを長期にわたって症状化しているという報告も

ある。ただし，生存者の精神病理的な側面が強調される背景には，サンプルの多くが臨床群から得られているという偏りがあるとの指摘もある。

Sagi らはサンプリングの問題を解決しようと，3万人を基礎サンプルとする生存者群から，非臨床的な様々な条件に当てはまった48名（平均年齢65.5歳）とそれに適合した50名の統制群（平均年齢64.7歳）から被験者を構成し，アタッチメント表象はAAIを使用して，未解決な心的状態と異常な信念の測定は質問紙を用いて研究を行った。AAI分類では統制群と有意差はなかった。生存者群では，安定自律が16名（33％），愛着軽視が21名（44％），とらわれが4名（8％），分類不能が7名（15％）であった。統制群では，それぞれ，23名（48％），23名（48％），2名（4％），2名（4％）であった。最も多かったのは両方とも愛着軽視型で，4割強という分布であった。しかし，生存者は未解決な心的状態を測定する質問紙では，その得点が有意に高く，喪失について混乱や恐れの反応などを多く見せていた。このことは，解決されていない喪の過程を今でもある程度は経験していることを意味している。

外部脅威に関するアタッチメント研究から，議論されていることがある。それは，いわゆる，不安定型とされている回避型（愛着軽視型）やアンビヴァレント型（とらわれ型）は，脅威によってアタッチメントや自分の安全が脅かされる環境では，次善の最適さを保った，防衛的な対処方法として機能しているのではないかということである。Sagi らは，ホロコースト生存者が愛着軽視型のアタッチメント表象を身につけるのはひとつの防衛的な対処方略で，これ以上，人間関係で失望したくない（親しい人を作ればそれを亡くすのはつらい）という気持ちとも関連するのではないかと述べている。

また，もうひとつの方向性は，これだけ悲惨な経験をしたなかでも，安定したアタッチメントを築いたり，保持したりできるということである。イスラエルの研究では，特に両親の喪失を含む悲惨な体験だけが，アタッチメント表象を混乱させる要因ではなく，他のトラウマ的な状況がさらに重なるような場合に，異常な信念を持ち，未解決型の表象を形成する確率が高くなるようであった。

世界には，戦争だけではなく，災害，飢饉など様々な脅威となる出来事があ

る。そのような避けようのない状況だからこそ，人との関係性の持つ意味がひときわ際立つのだろう。

数井みゆき

TOPIC10-3

発達障害とアタッチメント

　SSPでアタッチメントの発達や個人差を測定することは，実は，認知や情動の発達が月齢相応に達成していることに依拠している。しかし，実際，なんらかの発達障害を持つ子どものアタッチメントの発達は確かに見られている。最も測定が困難ではないタイプの障害としては，聴覚障害があげられる。耳が聞こえないという以外には，視覚的に見知らぬ人の接近や，親との分離再会も確認できる（Meadow, Greenberg, & Erting, 1983）。また，視覚障害の場合には，SSPでのやり方に，皮膚的な接触や音声的な工夫があり，環境を探索する時間的な配慮があれば，測定は可能だという（Fraiberg, 1975）。

　他の障害として，神経的な障害，身体的な障害，呼吸器系の障害などにおいて，SSPをそれぞれに合わせて，適宜変容して用いる場合に，アタッチメントの測定は可能であると報告されている。たとえば，先天的な顔面および身体の形成不全のある乳児にSSPを行うことが出来たこと（Wasserman *et al.*, 1987），神経上の障害のある乳児の80％にはアタッチメント分類が可能であったこと（Stahlecker & Cohen, 1985），さらに，嚢胞性線維症の乳児でも可能であったこと（Fisher-Fay, *et al.*, 1988）が報告されている。

　知的な遅滞がある場合では，物や人の永続性などの認知が遅れているだけではなく，情動表出が抑制されてしまう傾向にもある。たとえば，33カ月のダウン症の子どもを健常な乳児と比較した場合，ダウン症の幼児は母親への接近や母親を探索することをあまりせず，そして，特に泣きによる信号行動が少なかった（Serafica & Cicchetti, 1976）。ただし，ダウン症の子どもにアタッチメント自体が発達しないのではなくて，SSPの分離場面などに健常な子どもほど心的苦痛を感じないようではあるが，母親に対してアタッチメント行動を示していることが報告されている。他のダウン症の子どもを対象とした研究でも類似の結果がでており，健常な子どもほどSSPで心的苦痛を感じないらしいが，目的修正的パートナーシップの段階を表す行動が明らかに現出していることが

わかっている (Thompson et al., 1985)。ダウン症以外の知的障害では、3歳から8歳までの100名の重度知的障害の子どもに対して、変容されたSSPでの測定を行った研究がある (Bleacher, 1987)。そこでは、個人差のタイプを分類することは困難であったが、その子らが養育者との間で形成している関係が、アタッチメント関係のようなものなのかどうかの弁別は可能であったらしい。ただ、最も重度の知的障害の場合には、目的修正的パートナーシップを表す行動はほとんど見られなかったと報告されている。

　自閉症の場合には、その病態そのものからして、アタッチメント関係が成立しないと考えられてきた。しかし、最近出版された、アタッチメントと自閉症に関する15の研究 (N = 287) をメタ分析した論文によれば (Rutgers et al., 2004)、ほとんどの研究で、自閉症の子どもにおいて、アタッチメント行動が確認されているという。4つの研究では、SSPにおける相互作用から、53％ (72名) の子どもが安定型に分類されている。ただし、健常群と比較すると、自閉症の子どもの方が不安定に分類される確率は高いということであるが、高機能自閉症児のサンプルや軽度の自閉症スペクトラムのサンプルでは、健常群との差異は見られなかった。研究者らは、アタッチメントが安定的に発達することは、単に自閉症という障害で阻害されるものではないと考察している。しかし、知的な遅滞がある場合は、アタッチメントが不安定化する確率を高めると結論づけている。日本においても、小林 (2000) がアタッチメントがなぜ、自閉症児にとって重要な機能なのかを、関係性と知覚・認知等の観点から説明している。

　また、ADHDとアタッチメントに関しては、数は多くないが、5歳から10歳を対象にした研究から、ADHDの障害があるとアタッチメントが不安定化しやすいと報告されている (Clarke et al., 2002 ; Stiefel, 1997)。ただし、これは、アタッチメント関係をそもそも築きにくいために、アタッチメントが不安定化することもあり、一概に結論づけられないらしい。ただし、一部のグループでアタッチメント関係を強化する介入が必要なことは確かであるとまとめられている。

数井みゆき

第10章 引用文献

Ainsworth, M. D. S.,& Eichberg, C. G. (1991) Effects on infant-mother attachment of mother's unresolved loss of an attachment or other traumatic experience.In C. M. Parkes, J. Stevenson-Hinde, & P.Marris (Eds.), *Attachment across the life Cycle* (pp. 160-183). New York : Routledge.

Bar-On, D., Eland, J., Kleber, R. J., Krell, R., Moore, Y., Sagi, A., Soriano, E., Suedfeld, P., van der Velden, P. G., & van IJzendoorn, M. H. (1998) Multigenerational perspectives of coping with the Holocause experience : On the developmetal weauelae of trauma across generations. *International Journal of Behavioral Development*, **22**, 315-338.

Bleacher, J. (1987, April) *Attachment between severely impaired children and their mothers : Conceptual and methodological concerns.* Paper presented at the meeting of the Society for Research in Child Development, Baltimore.

Bowlby,J. (1969) *Attachment and Loss : Vol. 1. Attachment.* New York : Basic.

Bowlby,J. (1973) *Attachment and Loss : Vol. 2. Separation.* New York : Basic.

Bowlby,J. (1988) *A Secure Base : Clinical Applications of Attachment Theory.* London : Routledge.

Carlson, E. A. (1998) A Prospective longitudinal study of attachment disorganization / disorientation. *Child Development,* **69**, 1107-1128.

Carlson, E. A., Cicchetti, D., Barnett, D., & Braunwald, K. (1989) Disorganized / Disoriented attachment relationsihps in maltreated infants. *Developmental Psychology,* **25**, 525-531.

Carlson, E. A., & Sroufe, L. A. (1995) Contributions of attachment theory to developmental psychopathology. In D. Cicchetti & D. J. Cohen (Eds.), *Developmental psychopathology* (Vol. 1, pp. 581-617). New York : Wiley.

Chisholm, K. (1998) A three year follow-up of attachment and indiscriminate friendliness in children adopted from Romanian orphanages. *Child Development,* **69**, 1090-1104.

Chisholm, K., Carter, M. C., Ames, E. W., & Morrison, S. J. (1995) Attachment security and indiscriminately friendly behavior in children adopted from Romanian orphanages. *Development and Psychopathology,* **7**, 283-294.

Clarke, L., Ungerer, J., Chahoud, K., Johnson, S., & Stiefel, I. (2002) Attention deficit hyperactivity disorder is associated with attachment insecurity. *Clinical Child Psychology & Psychiatry,* **7**, 179-198.

Cole-Detke, H., & Kobak, R. (1996) Attachment processes in eating disorder and depression. *Journal of Consulting and Clinical Psychology,* **64**, 282-290.

Crittenden, P. (1985) Maltreated infants: Vulnerability and resilience. *Journal of Child Psychiatry and Psychology,* **26**, 85-96.

Dozier, M., Stovall, K. C., & Albus, K. E. (1999) Attachment and Psychopathology in Adulthood. In J. Cassidy & P. Shaver (Eds.), *Handbook of attachment* (pp. 469-496). New York: Guilford.

Egeland, B., Pianta, R., & O'Brien, M. A. (1993) Maternal intrusiveness in infancy and child maladaptation in early school years. *Development and Psychopathology,* **5**, 359-370.

Egeland, B., & Sroufe, L. A. (1981) Attachment and early maltreatment. *Child Development,* **52**, 44-52.

Eiden, R. D., & Leonard, K. E. (1996) Parental alcohol use and the mother-infant relationship. *Development and Psychopathology,* **8**, 307-323.

Eiden, R. D., Chavez, F., & Leonard, K. E. (1999) Parent-infant interactions in alcoholic and control families. *Development and Psychopathology,* **11**, 745-762.

Eiden, R. D., & Leonard, K. E. (2000) Parental alcoholism, parental psychopathology, and aggravation with infants. *Journal of Substance Abuse,* **11**, 17-29.

Eiden, R. D., Edwards, E. P., & Leonard, K. E. (2002) Mother-infant and father-infant attachment among alcoholic families. *Development & Psychopathology,* **14**, 253-278.

Erickson, M. F., Korfmacher, J., & Egeland, B. (1992) Attachments past and present: Implications for the therapeutic intervention with mother-infant dyads. *Development and Psychopathology,* **4**, 495-507.

Fagot, B. I., & Kavanagh, K. (1990) The prediction of antisocial behavior from avoidant attachment classifications. *Child Development,* **61**, 864-873.

Fisher-Fay, A., Goldberg, S., Simmons, R., Morris, P., & Levinson, H. (1988, April) *Chronic illness and infant-mother attachment.* Paper presented at the meeting of the International Conference on Infant studies, Washington, D. C.

Fonagy, P., Leigh, T., Steele, M., Steele, H., Kennedy, R., Mattoon, G., Target, M., & Gerber, A. (1996) The relation of attachment status, psychiatric classification, and response to psychotherapy. *Journal of Consulting and Clinical Psychology,* **64**, 22-31.

Fonagy, P., Steele, H., & Steele, M. (1991) Maternal representations of infant-mother attachment at one year of age. *Child Development,* **62**, 891-905.

Fraiberg, S. (1975) The development of human attachments in infants blind from birth. *Merrill-Palmer Quarterly,* **25**, 315-334.

グラヴィッツ H. L. 大越崇（訳）（1994） リカバリー 星和書店（Gravitz, H. L., & Bowden, J. D. (1985) *Recovery : A Guide for Adult Children of Alcoholics*).

Greenberg, M. T. (1999) Attachment and Psychopathology in Childhood. In J.Cassidy & P. Shaver (Eds.), *Handbook of attachment* (pp. 469-496). New York : Guilford.

Greenberg, M. T., Speltz, M. L., & DeKlyen, M. (1993) The role of attachment in the early development of disruptive behavior problems. *Development and Psychopathology,* **5**, 191-213.

Hamilton, C. E. (2000) Continuity and Discontinuity of Attachment from Infancy through Adolescence. *Child Development,* **71**, 690-694.

小林隆児（2000）自閉症の関係障害臨床 ミネルヴァ書房

Lieberman, A. F., & Zeanah, C. H. (1999) Contributions of Attachment Theory to Infant-Parent Psychotherapy and Other Interventions with Infants and Young Children. In J. Cassidy & P. Shaver (Eds.), *Handbook of attachment* (pp. 555-574). New York : Guilford.

Lyons-Ruth, K. (1996) Attachment relationships among children with aggressive behavior problems : The role of disorganized early attachment patterns. *Journal of Consulting and Clinical Psychology,* **64**, 64-73.

Lyons-Ruth, K., Repacholi, B., McLeod, S., & Silva, E. (1991) Disorganized attachment behavior in infancy : Short-term stability, maternal and infant correlates, and risk-related subtypes. *Development and Psychopathology,* **3**, 377-396.

Main, M. (1990) Cross-cultural studies of attachment organization : Recent studies, changing methodologies, and the concept of conditional strategies. *Human Development,* **33**, 48-61.

Main, M., & Goldwyn, R. (1984) Predicting rejection of her infant from mother's representation of her own experience : Implications for the abused-abusing intergenerational cycle. *Child Abuse and Neglect,* **8**, 203-217.

Main, M., & Hesse, E. (1990) Parents' unresolved traumatic experiences are related to infant disorganized attachment status : Is frightened and / or frightening parental behavior the linking mechanism ? In M. T. Greenberg, D. Cicchetti, & E.

M. Cummings (Eds.), *Attachment in the preschool years* (pp. 161-182). Chicago : University of Chicago Press.

Main, M., & Morgan, H. (1996) Disorganization and disorientation in infant strange situation behavior : Phenotypic resemblance to dissociative status. In L. K. Michelson & W. J. Ray (Eds.), *Handbook of dissociation : Theoretical, empirical, and clinical perspectives* (pp. 107-138). New York : Plenum Press.

Main, M., & Solomon, J. (1990) Procedures for identifying infants as disorganized / disoriented during the Ainsworth strange situation. In M. Greenberg, D. Ciccheti, & M. Cummings (Eds.), *Attachment during the preschool years* (pp. 121-160). Chicago : University of Chicago press.

Meadow, K. P., Greenberg, M. T., & Erting, C. (1983) Attachment behavior of deaf children with deaf parents. *Journal of the American Academy of Child Psychiatry*, **22**, 23-28.

Morton, N., & Browne, K. D. (1998) Theory and observation of attachment and its relation to child maltreatment : A Review. *Child Abuse and Neglect*, **22**, 1093-1104.

Patrick, M., Hobson, R. P., Castle, D., Howard, R., & Maughan, B. (1994) Personality disorder and the mental representation of early social experience. *Development & Psychopathology*, **6**, 375-388.

Renken, B., Egeland, B., Marvinney, D., Mangelsdorf, S., & Sroufe, L. A. (1989) Early childhood antecedents of aggression and passive-withdrawal in early elementary school. *Journal of Personality*, **57**, 257-281.

Rosenstein, D. S., & Horowitz, H. A. (1996) Adolescent attachment and psychopathology. *Journal of Consulting and Clinical Psychology*, **64(2)**, 244-253.

Rutgers, A. H., Bakermans-Kranenbrug., M. J., & van IJzendoorn, M. H., & van Berckelaer Onnes, I. A. (2004) Autism and attachment : A meta-analytic review. *Journal of Child Psychology & Psychiatry*, **45**, 1123-1134.

Sagi, A., & van IJzendoorn, M. H. (2002) Disorganized reasoning in Holocause survivors. *American Journal of Orthopsychiatry*, **72**, 194-203.

Schneider-Rosen, K., Braunwald, K. G., Carlson, V., & Cicchetti, D. (1985) Current perspectives in attachment theory : Illustration from the study of maltreated infants. In I. Bretherton & E.Waters (Eds.), *Growing points of attachment theory and research. Monographs of the Society for Research in Child Development*, **50**, 195-210.

Serafica, F. C., & Cicchetti, D. (1976) Down's syndrome children in a strange situation. Merrill-Palmer Quarterly, **22**, 137-150.

Stahlecker, J. E., & Cohen, M. C. (1985) Application of the strange situation attachment paradigm to a neurologically impaired population. Child Development, **56**, 502-507.

Stiefel, I. (1997) Can disturbance in attachment contribute to attention deficit hyperactivity disorder? A case discussion. *Clinical Child Psychology & Psychiatry*, **2**, 45-64.

Thompson, R. A., Cicchetti, D., Lamb, M. E., & Malkin, C. (1985) Emotional responses of Down's syndrome and normal infants in the strange situation: the organization of affective behavior in infants. *Developmental Psychology*, **21**, 828-841.

van IJzendoorn, M. H., Juffer, F., & Duyvesteyn, M. G. C. (1995) Breaking the intergenerational cycle of insecure attachment: A review of the effects of attachment-based interventions on maternal sensitivity and infant security. *Journal of Child Psychoogy and Psychiatry*, **36**, 225-248.

Wasserman, G. A., Lennon, M. C., Allen, A., & Shilansky, M. (1987) Contributions to attachment in normal and physically handicapped infants. *Journal of the American Academy of Child and Adolescent Psychiatry*, **26**, 9-15.

Waters, E., Merrick, S., Treboux, D., Crowell, J., & Albersheim, L. (2000) Attachment Security in Infancy and Early Adulthood: A Twenty-Year Longitudinal Study. *Child Development,* **71**, 684-689.

Waters, E., Weinfield, N. S., & Hamilton, C. E. (2000) The Stability of Attachment Security from Infancy to Adolescence and Early Adulthood: General Discussion. *Child Development,* **71**, 703-706.

Weinfield, N. S., Sroufe, L. A., & Egeland, B. (2000) Attachment from Infancy to Early Adulthood in a High-Risk Samples: Continuity, Discontinuity, and Their Correlates. *Child Development,* **71**, 695-702.

米沢　宏（1995）「いい子」が危ない——機能不全の家族に育つ子どもたち　こころの科学，**62**, 90-97.

Zeanah, C. H., Mammen, O., & Lieberman, A. (1993) Disorders of attachment. In C H. Zeanah (Eds.), *Handbook of infant mental health* (pp. 322-349). New York: Guilford.

Zeanah, C. H. (1996) Beyond insecurity: A reconceptualization of attachment disorders in infancy. *Journal of Consulting and Clinical Psychology*, **64**, 42-52.

Zeanah, C. H., & Boris, N. W. (2000) Disturbances and disorders of attachment in early childhood. In C. H. Zeanah (Eds.), *Handbook of infant mental health 2nd eds.* (pp. 353-368). New York: Guilford.

Zeanah, C. H., Boris, N. W., & Lieberman, A. F. (2000) Attachment disorders of infancy. In A. J. Sameroff, M. Lewis, & S. M. Miller (Eds.), *Handbook of developmental psychopathology 2nd eds.* (pp. 293-307). New York: Kluwer Academic / Plenum Publishers.

執筆者紹介

数井みゆき　　1961年生まれ
　　　　　　　茨城大学教育学部教授

遠 藤 利 彦　　1962年生まれ
　　　　　　　東京大学大学院教育学研究科教授

坂 上 裕 子　　1971年生まれ
　　　　　　　青山学院大学教育人間科学部准教授

田中亜希子　　1969年生まれ
　　　　　　　WellShare International 職員　（アメリカ, ミネソタ州）

園 田 菜 摘　　横浜国立大学教育人間科学部准教授

北 村 琴 美　　1972年生まれ
　　　　　　　大阪人間科学大学人間科学部健康心理学科准教授

安 藤 智 子　　1965年生まれ
　　　　　　　筑波大学人間系教授

菅 沼 真 樹　　1971年生まれ
　　　　　　　東海大学文学部心理・社会学科准教授

利根川智子　　1972年生まれ
　　　　　　　東北福祉大学総合福祉学部准教授

北 川 　 恵　　1969年生まれ
　　　　　　　甲南大学文学部人間科学科教授

アタッチメント
生涯にわたる絆

| 2005年4月5日 | 初版第1刷発行 | 〈検印省略〉 |
| 2016年7月20日 | 初版第9刷発行 | |

定価はカバーに
表示しています

編 者	数 井 み ゆ き
	遠 藤 利 彦
発 行 者	杉 田 啓 三
印 刷 者	林 初 彦

発行所　株式会社　ミネルヴァ書房
607-8494 京都市山科区日ノ岡堤谷町1
電話代表　(075)581-5191番
振替口座　01020-0-8076番

Ⓒ数井みゆき・遠藤利彦ほか, 2005　　太洋社・新生製本

ISBN978-4-623-04107-7
Printed in Japan

書名	著者	判型頁数	本体価格
アタッチメントと臨床領域	数井みゆき／遠藤利彦編著	A5判320頁	本体 3500円
アタッチメントを応用した養育者と子どもの臨床	ダビッド・オッペンハイムほか編　数井みゆきほか訳	A5判340頁	本体 4000円
よくわかる情動発達	遠藤利彦／石井佑可子／佐久間路子編著	B5判228頁	本体 2500円
愛着臨床と子ども虐待	藤岡孝志著	A5判456頁	本体 5000円
愛着障害と修復的愛着療法——児童虐待への対応	T. M. リヴィー／M. オーランズ著　藤岡孝志／ATH研究会訳	A5判490頁	本体 6400円
「関係」からみる乳幼児期の自閉症スペクトラム——「甘え」のアンビヴァレンスに焦点を当てて	小林隆児著	A5判260頁	本体 3200円
発達支援　発達援助——療育現場からの報告	古田直樹著	A5判208頁	本体 2200円
発達相談と援助——新版K式発達検査2001を用いた心理臨床	川畑　隆ほか著	A5判216頁	本体 2400円
ひとがひとをわかるということ——間主観性と相互主体性	鯨岡　峻著	A5判312頁	本体 3000円
〈わたし〉の発達——乳幼児が語る〈わたし〉の世界	岩田純一著	A5判236頁	本体 2400円
子どもの発達の理解から保育へ——〈個と共同性〉を育てるために	岩田純一著	A5判240頁	本体 2400円
子どもの心的世界のゆらぎと発達——表象発達をめぐる不思議	木下孝司ほか編著	A5判226頁	本体 2400円
アイデンティティ生涯発達論の展開——中年期の危機と心の深化	岡本祐子著	A5判216頁	本体 2700円
人生を物語る——生成のライフストーリー	やまだようこ編著	A5判296頁	本体 3000円

― ミネルヴァ書房刊 ―